周蓓　主編

『民國專題史』叢書

史俊民　著

河南人民出版社

中日國際史

重點記述清末至五四運動期間中日外交的歷史發展，是較早研究中日關係史方面的專著

圖書在版編目(CIP)數據

中日國際史 / 史俊民著. —鄭州 : 河南人民出版社, 2016. 4(2017. 1 重印)
(民國專題史叢書 / 周蓓主編)
ISBN 978 - 7 - 215 - 10089 - 3

Ⅰ. ①中… Ⅱ. ①史… Ⅲ. ①中日關係 - 國際關係史 Ⅳ. ①D829. 313

中國版本圖書館 CIP 數據核字(2016)第 077607 號

河南人民出版社出版發行
(地址 : 鄭州市經五路 66 號　郵政編碼 : 450002　電話 : 65788063)
新華書店經銷　　河南新華印刷集團有限公司印刷
開本 710 毫米×1000 毫米　1 / 16　印張 23. 75
字數 340 千字
2016 年 4 月第 1 版　　2017 年 1 月第 3 次印刷

定價 : 154. 00 圓

出版前言

中國現代學術體系是在晚清西學東漸的大潮中逐步形成的。至民國初建，中央政治權威進一步分散和削弱，加之新文化運動帶給國人思想上的空前解放，新學的啓蒙，新知識分子的産生，民國學術如草長鶯飛，進入一個自由而蓬勃的時代。中國傳統學科乃中國學術之根基與菁華所在，民國學人采用『取今復古，別立新宗』之方法，引入西方的學術觀念，積極改造，使史學、文學等學科向現代學術方向轉型。此外，大力推介西方社會科學的新學科和自然科學，在學習、借鑒乃至移植西方現代學術話語和研究範式的過程中，逐漸建立中國現代學科，使中國的學科門類迅速擴展。一時間，新舊更迭，中西交流，百花齊放，萬壑争流，開創了中國現代學術的源頭。

伴隨知識轉型和研究範式轉换而來的，還有學術著作撰寫方式的創新。中國古代的著作向來以單篇流傳，經後人整理匯編後，方以成册成集的面目出現并持續傳播。直到十九世紀末，東西方的歷史編撰體裁不外乎多卷本的編年體、紀傳體和紀事本末體等，章節體的出現標志着近代西方學術規範的産生和新史學的興起。章節體具有依時間順序，按章節編排；因事立題，分篇綜論；既分門別類，又綜合通貫的特點。以章、節搭建起論述之框架，結構分明，邏輯清晰，較傳統的撰寫體裁容量大、系統性强。它的傳入，使中國現代學術體系從内容到形式被納入了全球化的軌道。民國時期專題史的研究、譯介、編纂、出版恰恰是在這樣的背景下欣欣而發，是學術的實驗場，也是歷史的記録儀。編選『民國專題史』叢書的初衷正是爲了從一個側面展示中國學術從傳統向現代過渡的歷史進程。

專題史是對一個學科歷史的總結，是學科入門的必備和學科研究的基礎，也是對一個時代艱深新鋭問題的解答，是學術研究的高點。民國專題史著作中，既包含通論某一學科全部或一時代（區域、國別）的變化過程的，又囊括對一時代或一問題作特殊研究的，還有少部分是對某一專題的史料進行收集的。原創與翻譯并重，翻譯的底本大多選擇該學科的代表著作或歐美大學普及教本，兼顧權威性和流行性，其中日本學者的論著占據了相當比重。日本與中國同屬東亞儒家文化圈，他們在接納西方學術思想和研究模式時，已作了某種消化與調適，從思維轉換的角度看，更便于中國借鑒和利用，他們的著作因而被時人廣泛引進。

與當代學術研究日趨專業化、專門化、專家化的『窄化』道路迥乎不同的是，中國傳統學術崇尚『學問主通不主專，貴通人不尚專家』的通識型治學門徑，處于過渡轉型期的民國學術在不同程度上保留了這種特徵。民國學術大師諸學科貫通一脉，上千年縱横捭闔之功力自不待冗言，外交家著倫理政治史、文學家著哲學史、化學家著戰争史等亦不乏其人，民國專題史研究呈現出開放、融通、跨界撰述的特點。與此同時必須看到，自晚清以來，中國的命運就在外侮屢犯、内亂頻仍的窘境中跌宕彷徨，民族存亡仿若命懸一綫。這股以創建學科，總結經驗，解决問題爲指歸的專題史出版風潮背後，包裹着民國學人企望以西學爲工具拯民族于衰微的探索精神，及以學術救亡的愛國之心。梁任公曾言：『史學者，學問之最博大而最切要者也，國民之明鏡也，愛國心之源泉也。』這種位卑未敢忘憂國的歷史使命感和國民意識是今人無法漠視和遺忘的。

『民國專題史』叢書收録的範圍包括現代各個學科，不僅限于人文社會科學，學科分類以《民國總書目》的分科爲標準，計有哲學、宗教、社會、政治、法律、軍事、經濟、文化、藝術、教育、語言文字、中國文學、外國文學、中國歷史、西方史、自然科學、醫學、工業、交通共19個學科門類。本叢書分輯整理出版，内不分科，單本發行，方便讀者按需索驥。既可作爲大專院校圖書館、學術研究機構館藏之必備資源，也可滿足個人研讀或興趣之收藏。

與目前市場已有的一些專題史叢書相比，『民國專題史』叢書具有規模大、學科全、選本精、原版影印的特點。本叢書選目首重作者的首創、權威和著作影響力，尤其注重選本的稀見性。所謂稀見，即建國後没有再版，且多數圖書館没有收藏，或即便有收藏，也是歸于非公開的珍本之列予以保存，普通讀者難以借閲。部分圖書雖有電子版，但作爲學術研究的經典原著讀本，紙質版本更利于記憶和研究之用。本叢書精揀版本最早、品相最佳的原版圖書作爲底本，因而還具有很高的版本收藏價值。

『民國專題史』的著作是民國學者對于那個時代諸問題之探究，往往有獨到之處，無論其資料、觀點短長得失如何，要之在中國現代學術史的構建與發展進程中，自有其開宗立論之地位。

作者史俊民

自序

中國政府。向無外交方針。中國國民。向鮮外交常識。故政府對外交常居被動。人民對外交每多盲從。惟其然也。故被動者。不能以己國爲本位。而輕重緩急利害得失之間。無在而不授人以機會之可乘。於是有利用民氣之說者。益復蹤橫跌宕。日挾一國民後盾之標幟。與當軸爭一時之意氣。夫力不足與相侔。而心欲與人俱壯。論其終極。其能有俾於事。見重於人者。究有幾何。而原始要終。益增折衝之苦痛者。蓋有之矣。嗟夫外交豈易言哉。有樞機焉。神而明之。存乎其人。有綱領焉。融會貫通。以窮其變。旋轉在我。縱不能令。要不失其重心。若夫以榮辱論成敗。則當視國力爲斷矣。中國地處東亞。日相接觸。而足以資借鏡者。莫如日本。日本自維新以後。對外政策。朝野一心。措施有序。如甲午之戰。仇我也而志在急於自拔。迨拳匪之變。對我有庚子之師。助我也而意在保持東亞。彼善用其操縱因應之宜。由是而日俄之役。常賴我北軍之助力。一舉一動。莫不收己國極大之利。雄視歐亞。有由來矣。其對德宣戰而攻膠州也。着手之初。於英法方面。固已約定權利。世所稱爲日英密約者。即根於此。其對我要求滿蒙也。乃有二十一條之提出。論其攘奪無厭。凡屬國民。豈不疾心痛首。特彼既冒不韙以凌我。則彼所躊躇滿志而出之者。殆非漫無根據。惟此時代。其對手適爲袁總統。利用各國輿論。以鼓吹排日。利用元老勢力。以迫隈藤讓步。卒使此二十一條外交案。日本不得遂其最初之志願。而野心弱點。平日決不輕露色相者。至是迫於對手迎拒之術。至不能不暴著於世界。馴至示弱於講和之末日。平心論之。不能不紀念項城之怪傑。而斯時折衝之尚有人才也。說者謂假使五號不撤銷。則中國已不成爲獨立國。安有合肥參戰之舉。更無列席和會之機。設日人利用歐戰最劇。中國積弱之時。挾其萬鈞之威。以求其所必得。則五號一欵。亦必無倖免之理。然形勢旋轉。中國縱受盟而還。日本方自嗟其結局。則是二十一條交涉之人才。尚有差强人意者。其人惟何。即外交總長陸徵祥。次長曹汝霖。公使陸宗輿諸人是也。曹陸之爲近世詬病者。謂其借用日款而爲北方戰備。夫民國成立。政府日賴外債爲生。借欵實繁有人。貸與不止一國。其爲曹陸貸借之欵。經報章披露。及有人實地攷察者。咸謂歷次條件。絕無絲毫折扣佣金。設曰有之。則今日不登大雅之論調。平日風影之疑似。且欲悉加之於其人。又孰肯爲之隱諱。至借欵以備戰。固爲國內和平之遺憾。顧戰端之起。必有自來。或言曹陸有借欵之手腕。而後合肥有備戰之决心。我則以爲段內閣必先有參戰之决心。而後寺內閣有極端之援助。寺內不援段。雖曹陸奚濟。舊國會與南方要人不反對參戰。何至南北背道而馳。釀成戰端。段當日參戰主張。竟爲國會所尼者。又安得與寺內携手。故夫事變之來。必窮其迹象。而此迹象。又根於事實。世以借欵主戰責人者。又安知層累曲折。其初已經過若干之事跡耶。今者事過境遷。幸而參戰主義得告成功。雖搆南北之兵。尚無滅亡之禍。以和平會議。尚能廁身其間也。然證以近日所聞。如某某等國。已有排段忌日之意。鳥盡弓藏。古有同慨。日外相本野。若預知歐戰後。有是等見端。在當時必力陳黃種自振之議。充斯旨也。寺內閣時代之與我當軸提携。聯我援我者。揆之當時情勢。固未可厚非。特人心各趨極端。則輿論渺無眞相。此中功過是非。似不可因人之成敗。徒逞快心之論。或爲無責任之譏評。爰不揣譾陋。採集中日近年各種條約密約合同等。加以按語。附以事實。其或偶加論斷。則本諸良心與經驗。期與閱者相見以悃忱。既不願居被動之名。復深懍夫盲從之戒。若夫言之無文。未盡詳備。則著者好奇之心勝。而編述之例疎。所望讀是書者。畧迹原心。毋持成見。知我罪我。無責焉已。

中華民國八年十二月四明史俊民序於都門

中日國際史

目錄

刊誤

第十六頁第十一行末正宋

第二十九頁第二行既不能衍既不以

第七行電正雷

第十三行續正觸

第三十一頁第六行八遺日

第四十三頁第十五行兵正近

第八行疊正壘

第四十四頁第二行奉正拳

第四十九頁第六行爲遺重

第五十一頁第一行枝遺路

第六十六頁第二行過正滿

第六行絕正經

第七十一頁第一行顧不改不顧

第七十三頁第六行京遺礴

第七十四頁第一行海遺關

第八十六頁第十行關遺外

第九十八頁第三行鐵正道

第一一九頁第十五行和冀改冀和

第一二四頁第三行堆正惟

第一二九頁第二行大遺中

第一三九頁第六行滿正政

第一四一頁第二行日本改本日

第一七〇頁第二行人正文

第一七九頁第六行忘正亡

第一八〇頁第八行軍正運

第二〇四頁第十一行代正伐

第二一八頁第九行全府改府全

第二七四頁第九行奉令亦改亦奉令

第二八四頁末行踞正距

第二八五頁末行含正舍

第二八九頁第九行山遺東

第二九二頁第二行直接遺間接

第二九七頁第六行會遺議

第十一行興正與

第十二行兩正西

第三一一頁第三行冒敢改敢冒

第三三五頁第十二行持主改主持

末行　茶正荼

第三四四頁第十二行次遺日

第十三行門見京改門京

第三四六頁第十三行定與正宗與

第三四七頁第十三行通遺電

第三〇五頁第六行德內境改境內德

第三〇八頁第十四行承遺認

第三一六頁第一行策正東

又第十一行懲正徵

第三一八頁第二行締正協

又第三行締正協

又第五行次正協

第三一九頁第四行主正武

第三五三頁第八行時正特

第三五五頁第一行利之刪去

又第二行其遺利

第三五七頁第五行團軍改軍團

第三六五頁第十五行捕正鋪

中日國際史

四明史俊民箸

第一章

緒言

日本居太平洋之西北相離我國不遠地少人稀即三大島及多數小島組合而成不甚有名迨後取我琉球割我台灣滅我高麗遂成亞東之一雄國計其人民不過五千萬非若我國之繁也其鑛產以銅爲大宗金銀鐵錦煤等產量極寡而非金屬之石炭硫磺石油陶土尙見豐富惟石炭之佳者亦少見也至植物推農業爲最盛閒入其鄉境蓬蓬郁郁一望皆禾田也每年二熟與我國南方相同其餘則栽粟米蔬菜山多叢林與夫荳麥棉花靛青烟草茶葉桑樹蠟樹等不計其數其中茶桑二種最爲繁盛動物中除家畜外有熊狼猪狐猴貛鷺鶴梟雉鯖鱒比目等物實爲充斥論工藝與我國不相上下直至明治維新之後與列强互市取法歐美煥然改觀所製磁漆器具等精巧絕倫惜不耐用綜觀日本情形欲爭存於世界不得不與我中國發生絕大國際關係以謀其種種之發展也

如欲知中日國際上之關係須先明瞭日本之概史否則無從辨白考日本人類究屬何類各有其說夷考其古史本諸大和種族熊襲種族穴居種族三大種同居而其中最多者係大和種族也更

查大和種族之來源或云由朝鮮人與馬來人混合而成或云自亞洲西部淡斯近傍所移往之人種或云自今之西韃靼古國所移居之人民或俗傳我漢族僑居三島之遺嗣雖有其說不能臆斷大都謂漢人種中國種之類是也

自從日本開國至今約歷三千年其國號自古來有大人州國葦原中國水穗國大和國秋津島敷島內木綿眞作國等之稱然其國體爲萬世一系之天皇可分爲五時代曰上古時代自神武天皇之紀元元年起凡千二百四年曰中古時代自孝德天皇之大化元年起凡五百四十一年曰近古時代自後鳥羽之文治二年起凡四百十三年曰近世時代乃德川氏覇府之時代凡二百九十七年曰維新時代即自明治王政維新之時代也

第一節 上古時代

上古時代論者始自神武天皇平定中州諸賊後越二年於辛酉年正月以大倭國故傍之橿原地爲京都新築宮室而即皇位是爲日本之紀元時我國周惠王十七年即西曆紀元前六百六十年其即位禮式先建神籬祭祀八王鎭護國家命下臣持矛盾侍於御前護衛宮門備侍衛儀仗棒天璽鏡劍三種神器置於神殿自稱天下天皇又名神日本磐余彥天皇至薨後追謚爲神武天皇而上古時代終於皇極天皇三年其間歷代諸帝之偉績歷見於日本古史者爲崇神天皇實行調查人口創設課稅又於天皇六十五年（紀元六百二十八年）有任那國（古時朝鮮南部之一國）往

朝貢其使者名蘇葛叱知經天皇封男侍皇太子是爲日本海外交通之濫觴更至垂仁帝即位後三年有古時朝鮮南部之新羅國王子名天日槍者往獻寶物歸化日本斯爲外國人歸化日本之始點自是與朝鮮往來亦漸頻繁迄成務天皇（景行之皇子）方布郡縣之制依山河之形勢劃分國郡界限改定官制國置國造縣置縣主邑置稻置等官以謀行政之便利先是當神武天皇時國造縣主之官制雖經創設然百度皆屬於草創並無完全之法規至此時大加整頓政治漸見進步成務崩無嗣子擁尊王子繼帝位名仲哀天皇其時國內熊襲種族復叛天皇與皇后統師親征先駐在穴門之豐浦宮六年後進至築紫之儺縣久未平服皇后即獻策謂熊襲得新羅國之後援而屢叛不若先討新羅則熊襲自平天皇不從泯崩陣中於是皇后自握帝政改稱神后皇后與大臣武內宿彌謀親帥師侈向新羅新羅王大驚備戰不及而降臣服日本朝貢不絕斯爲日本出兵國外之首次也

神后皇后崩後應神天皇即位（紀元九百三十九年）自即位至欽明天皇二十三年間日本征滅新羅任那兩國因是與三韓（今之朝鮮即當時之三韓分南北兩部北部爲中國領土南部有百濟新羅任那高麗諸國互相角逐而其中尤强大者爲新羅百濟高麗三國即稱之曰三韓）交通益加便利故非僅彼邦之文物輸入日本而我國之文字與佛教亦由三韓傳入日本此可謂日本文明進步初次發達之時代也

第二節 中古時代

中古時代自孝德天皇之大化元年至後鳥羽天皇之文治元年凡五百四十一年其間重要事績爲孝德卽位後力圖振作掃除積年之弊將國內制度重新改定效法隋唐組織中央政府定八省置八官登庸人材不問門第調查人口規定戶籍劃分田畝徵收課稅設立驛站便利交通設鐘匱以伸人民之寃改編軍制徵選全國壯丁三分之一服役軍隊更分兵士爲二種一稱防人爲專守邊境者一稱衞士專充護衞禁門之職服役年限防人三年衞士一年凡在軍隊之兵士不得從事農業軍隊分大中小三種大軍團兵士千人中團兵士六百人小軍團五百人以下每五六郡置一軍團依其大小以定之其軍官於平時有軍毅校尉等之名稱一至戰時有將軍副將軍監軍曹錄事等之官職

日本昔時本不鑄錢至天武始試鑄造通行未廣而佛敎以奈良時代爲最盛因是日本遣使唐朝及留學唐土者頗盛甚至有高岳皇太子（平城天皇之子）削髮爲僧入唐求法後赴印度途中遭虎害而薨斯爲日本人入印度之初次也

第三節 近古時代

近古時代自後鳥羽之文治二年至後陽城之慶長四年約四百十三年其間要史爲文永五年元主鐵木眞使高麗王說日本納貢不從於文永十一年即派兵征討斯爲中日正式交兵之首次也

至北條氏爲關白太政大臣(攝政大臣)高時耽於宴飲好鬬犬不理政治致失民望海內憤怒起兵作亂自此日本分南北兩朝南朝歷三代北朝歷六代其間閱五十七年之星霜後兩朝漸不自振於是足利義滿乘機說和傳神器於北朝明德天皇內亂得平及至天文十七年有基督教師三人往日本傳教建堂於京師一時奉教領禮者達三千人時日人呼之曰切士丹是爲耶穌教傳入日本之始也

自北條氏亡後日本近古時代史中最建功勳於國家者爲豐臣秀吉考秀吉生于尾張中村自幼不凡先爲織田信長之下吏後列部將屢次出戰多奏奇功旣平定內亂復出兵朝鮮及年六十三得病臨死時使德川家康前田利家浮田秀家上杉景勝毛利輝元爲五大老授以大權不意有石田三成等者嫉家康威名之盛舉兵犯京於慶長五年九月十五日兩軍相見於美濃之關原遂開戰三成軍大敗自是四方悉定天下大權統歸於德川氏掌握矣

第四節　近世時代

德川家康乃新田義貞之一族義重之裔也初義重世居於上野國後移居三河改姓曰松平氏又改曰德川氏家康之父名廣宗其祖父淸康頗有武術鄉里皆服之後至廣忠隸於今川義元迨義元死遂征服近鄰而自立初爲三河半國之主次爲秀吉之客將當討伐北條氏時從之有功賜關東八州官拜正二位內大臣慶長八年以治亂之功任征夷大將軍進右大臣由是子孫相繼政權

全歸於德川一門

德川一門之文教經家康之提倡漸次發達其最興隆者則在綱吉之時也蓋綱吉好學深通經典遷忍綱之孔廟於本鄉之湯島並立學校以孔學教授本家及諸藩之子弟奬勵士林優待學者於是文學發達實爲日本文藝史上一大進步之時代也至八代將軍吉宗在位解西洋通商之禁令始有西學傳入日本特設繙譯局於淺草以譯各種洋書自是西洋學術普及各處而日本與歐美之國交亦開始矣

文化元年有俄國使節往長崎要求通商經日政府拒絕至弘化二年有美國海軍提督皮克天拉率軍艦二艘往日請通商未准及安政元年美國復派海軍提督白羅利再率戰艦往日重申前請其結果僅許美船於下田長崎函館三港暫泊以購買應用物件而仍不准互市旣而俄英聞之亦先後要求貿易願效美國之例更至安政三年七月又有美使哈羅利斯往下田進入江戶城於五年三月與幕府商定修交條約十四欵惟因幕府憚於物議請乞朝裁未蒙敕許美俄兩國遂於次年六月先後派軍艦往抵橫濱欲以武力逼迫調印日政府察時勢如此不待日皇許可即由大老井伊直弼先與美使締結通商條約而英俄法德亦隨之告成

自井以直弼斷行通商政策以後反對黨聞之大怒遂現不穩之狀於是直弼遣吏入京捕殺主張鎖國諸人是謂安政之獄直至文久二年始敕使大原重德下關東改革幕政並召諸藩主入京守

護而薩長士三藩之得勢實始於此也後更敕三條實美等下鎖國之詔於是排夷之說益盛因之長藩遂奏請先行幸於大和舉攘夷親征軍議方決不料薩藩雖主張排夷然以討幕爲更要中止天皇之行幸于道於是朝議忽變更即使金澤薩摩兩藩守護京師嚴禁長藩入京並削長藩同黨三條實美等七卿之官爵迨慶應三年幕府之威信日墜時勢危急由將軍慶喜上奏願辭將軍之職歸還政權於朝廷誓與諸侯同心保護皇國會英美諸國先後派兵艦往日要求開港通商而日人亦漸知外國之不可侮竟許其請也

第五節　維新時代

嘉慶三年十二月天皇召諸藩議行新政先復三條實美等七卿之官爵將從前所有攝政關白征夷大將軍等之官概行廢棄設總裁議定參與三職命有栖以仁親王爲總裁舉嘉新親王三條實美等勤王功人爲議定使岩倉具視西鄉隆盛大久保通等爲參與而其登庸之法不問門第資格凡才能勝衆者即任以職迄明治即位勵行新政於元年三月十四日御南殿列五條誓約祭告天地

一、廣興會議萬機决於公論

二、上下一心以展經綸

三、自百官以至庶民各遂其志以促進步

四、破除舊習本乎天地之公理

五、求世界知識以振起皇基

自後一切施政莫不根據於誓文改官制分太政官爲議政設行政神祇會計軍務外交刑法等官又於是年八月二十七日行天皇即位禮於紫宸殿改元曰明治立一元一世之制而稱天皇辰誕爲天長節逾二年三月准大久保利通之奏遷都於江戶城改名東京惟當時大權雖全歸於朝廷而藩主尚私有土地人民以致政令殊多阻碍況人民染於舊習仍奉藩主之命是以薩長二藩先爲提倡會合土肥二藩連署奏明願以土地奉還朝廷其餘諸藩亦陸續仿行經天皇嘉許即命藩主爲其舊藩之知事以歲入十分之一作爲知事俸祿定全國爲府藩縣三治之制然藩治猶有舊染常輕視朝廷由木戶孝允大久保利通等畫策於四年七月下詔廢三治之制改分全國爲三府七十三縣命舊藩知事以既定之俸移往東京而天下之大權始集於朝廷管轄之下也

明治七年正月參議副島種臣江藤新平等連署上書請立國憲行議院制惟因當時守舊派藉口民智未開破壞甚力至十一年天皇巡幸諸道親自考察地方行政輿論群起皆以亟開國會爲要務其書紛至疊呈遂於十四年七月還幸之夜下開設國會之詔直至二十二年二月十一日以紀元節之佳辰開始宣布憲法共七章內分七十六條規定天皇之大權國民之權利及義務而日本第一次帝國議會即於明治二十三年實現矣

明治即位以後非僅力謀改新內政以圖自强抑且注意外交遣使列國以求親善故於同治九年派其大藏卿伊達宗城來華與辦理通商事務大臣李鴻章協商修好條規至同治十年七月二十九日成立共計十八欵規定中日兩國倍敦和誼各以禮相待不可稍有侵越邦土以期永久安全然兩國既經通好自必互相關切若他國對待中日兩國偶有不公及輕視之事一經兩國中一國知照必須彼此相助或從中調停以敦友誼其兩國政事禁令各有異同應聽己國自主彼此均不得代謀干預强請開辦再兩國互派欽使得帶隨員駐劄京師或隨時往來如兩國官吏之職掌彼此相等均用平行之禮其卑者與上官相見則行客禮所有往來公文中國僅用漢文而日本用日文須以漢文副之或只用漢文至通商地點則中國開上海鎮江甯波九江漢口天津牛莊烟臺廣州汕頭瓊州福州廈門台灣淡水十五處而日本開橫濱大阪新瀉長崎箱館神戸夷港築地八處是爲中日兩國正式結約互相通商各派駐使之開始也

按此條約如以第二欵云兩國既經通好自必互相關切若他國對待兩國偶有不公及輕視之事一經兩國中一國知照必須彼此相助或從中調停以敦友誼言之非僅爲通商一事似含有聯盟性質如果能本此主義進行則中日兩國人民早無惡感共維東亞大局實受幸福然日本執政者毫無誠意墨汁未乾忽於同治十三年攻我台灣光緒五年佔我琉球光緒二十年强奪朝鮮向我宣戰幸得勝利位列强國先與英國訂盟以戰俄繼與俄親以謀我國權利要求不休所提無一不

侵我國之權利會歐戰起天賜日本良機根據日英同盟條約列入協商國之間向德宣戰以便侵佔我山東之權利致激起我國民愛國之血性發現有史以來未見之絕大風潮今將中日兩國歷來之國際關係及其重要概史彙集於後以喚醒國人聊表國民一份子之義務云爾

第二章

古時中日國際史

考上古時代關於中日國際上交涉大半因朝鮮而起蓋朝鮮居中日兩國之間其最上古史無從推考惟可考者則自周武王代殷即帝位後立封建制度除封兄弟十五人同姓三十八人及開國元勳若太公望于齊周公旦于魯召公奭于燕武庚于殷外又因殷遺臣箕子率國人五千避居朝鮮特封箕子爲朝鮮王都于王險（今稱平壤）領黃海道以北之地其子孫相傳歷四十一世（約九百餘年）至末世箕準時有燕人衛滿率亡命之徒東出塞渡浿水往朝鮮漸漸得勢遂逐箕準而自立仍稱朝鮮王相傳三代至孫右渠在位時因屢次侵漢邊疆士殺漢都尉經文帝遣楊僕等統兵討之於是朝鮮人民懼殺右渠獻降而衛氏即亡漢分其地爲眞番樂浪玄菟臨屯四郡以治之然當時漢江以南之地如慶尙全羅忠清三道尙有三小國存在稱馬韓辰韓辨韓是也惟至後五十年間全歸西漢之版圖迨後漢高麗王鄒牟長子名孺留王定都于國內城而鄒牟王幼子温祚與兄孺留王不和南走據慰禮城建號百濟定都於漢山其時除高麗百濟兩國外尙有一新羅國其始祖爲朴赫居世起於辰韓故地都于金城共領朝鮮遂成鼎足之勢卽古史中稱三韓是也歷魏周齊三世皆臣服罔替

第一節 中日開交

朝鮮東岸與日本僅一水之隔交通既便往來亦久迄日本垂仁皇時以伍郡之名賜於大駕洛國考大駕洛國之始祖爲首露王起於弁韓故地建國於今之慶尙道金海城位居新羅百濟兩强之間因國弱常結同族五小國與新羅爭至終不能自支竟外附日本於是中日密接兩國邦交開始其見於漢史者若光武帝以印綬賜倭奴國使者與漢史所載之倭奴即指日本國日本人是也至吾國漢學文敎之傳入日本始自日本應神天皇即位之十五年先是日本無普通應用之文學會此歲百濟王遣臣阿直岐貢天皇良馬阿直岐深通我中國經典天皇使皇子菟道雅郎子就學而阿直岐更荐已國博士王仁爲皇子師次歲遂使百濟王徵王仁到日本獻論語十卷千字文一卷其後我書籍輸入日本漸多而孔孟道德卽傳染於日人學者之腦中矣如皇子菟道雅郎子繼皇位之後忽讓位於其兄說者謂受孔孟道德學之影響所致也

再觀佛敎之傳入日本始於日本繼體天皇即位之十五年有南梁人司馬達等往居於大和國板田原私從事布傳佛敎然當時日人斥以爲異域之神而不信之後經三十年百濟王獻佛像及經論以贊天皇之功德皇大悅召羣臣決其取捨有大臣蘇我稻木主張禮佛而大連物部尾輿中臣鎌子等主張擲棄之議論不一皇即以佛像賜稻木稻木特捨私宅改建向原寺以奉之會此歲日本國內疫癘流行四民病死甚多於是尾輿等奏曰皆因尊奉異國之神致召國神之怒請廢佛像皇許之卽敕有司將佛像擲於難波之掘江火燒向原寺然稻木等一派猶信佛法兩派之間互相

嫉怨直至日本聖德太子執政以佛教營國故奉佛者日增月盛及聖武孝謙二天皇在位時更傾其國帑廣築寺廟供養僧尼後孝謙自受戒於唐僧鑑眞起名沙彌勝滿又稱三寶奴其後有皇太子高岳親王削髮爲僧入唐求法當時日人崇佛之度槪可知矣

第二節　隋唐時代

隋初高麗據勢寖強先約新羅攻百濟繼結百濟討新羅文帝時高麗王元率靺鞨侵犯遼西文帝發水陸兵三十萬往討軍次遼水元懼謝罪入貢迄煬帝徵元入朝元頗缺藩禮煬帝大怒大業七年親統大軍百三十萬問罪因是國內騷動次年師渡遼水攻遼東城不克即移軍進渡鴨綠江不意竟陷於敵將奇計而敗退至九年復行親征亦無效十年又遣重兵往討師抵遼水高麗王遣使乞降帝拘其使者而返告於太廟仍徵元入朝元竟不奉命乃更圖後舉會海內大亂不果行然其時日本推古天皇久聞隋之威名特使小野妹子通聘於隋斯爲日本正式進其國書與我中國之權輿自是我中國與日本之交涉日盛迨唐朝時日僧航海來者更多而日皇遣使入朝之舉爲每代一次於未發之前必先命造舶司特造海舶四艘既成方定出發日期一抵上國即拜朝引見此時唐帝授節刀賜詔旨設餞於宮殿如來使過五人之數則有贈酬詩歌之例至朝歸見日皇進所賜節刀詔旨時頗受其皇優待之禮故當時日人得奉使唐之命荷非常之名譽

日本於遣使來唐時每選拔當時朝野之俊秀隨同來華留學故日本留學生之渡唐者頗盛其中

以吉備眞備河部仲麿二人爲最顯名眞備於元正之靈龜二年渡唐留學有十九年之久研究我經史博涉諸藝至天平間返日授大學博士任右大臣曾發明五十音圖傳於世仲麿年十六到唐改名朝衡學成將歸唐玄宗愛其才用於朝官至光祿大夫御史中丞與王維李白包佶趙驊等一流人物相交甚深留唐五十年而歿其餘諸日人若苦淡海三船紀清人舍人親王等皆日本留學生中之翹秀也

日本昔時無鑄錢之事後自我中國傳入隋之五銖錢唐之開化錢方有貨幣鑄造之舉時在日本天武二年也適此時對馬採白銀鑛始試鑄造惟通行未廣及至元明間得開掘銅鑛遂改年號曰和銅命鑄錢司仿照我中國銅幣鑄和銅開珍錢是爲日本鑄錢之原始

按唐代法律最爲完備而日本素無良全法律既得我唐之教育而其所定之大寶法令亦採用我唐律矣迨日本光仁恒武皇時其國內制度大備無需於我且因其時日本於操舟一術尙未精通渡唐船舶屢聞漂沒故自仁明天皇以後使聘來唐之舉遂絕亘五十餘年之久迄宇多天皇之寬平六年（唐末）重任菅原道眞爲大使記長谷雄爲副使入唐朝貢將起行時適遇在唐日僧返國報告唐亂是以中止此後使唐之舉亦永絕矣

唐時中日邦交雖見親密然爲朝鮮事兩國軍隊曾接戰一次其故於唐初高麗約百濟攻新羅而新羅不能自敵乞援於唐由是太宗詔諭高麗王泉蓋蘇文（元之異母弟弑其王建武自專政高

麗）罷兵新羅弗從帝憤怒督大兵親征任薛仁貴爲元帥渡遼水首拔蓋牟遼東進降白巖次克安市旋班師至高宗百濟又恃高麗爲後援連侵新羅故新羅復乞師於唐帝遣大將蘇定方伐百濟自成山進兵拔其都降其王以其地置熊津等五都督府自後百濟遺將迎降王之弟名扶餘豐由日本歸國且乞日本援之天智天皇允可派兵與唐軍接戰日兵大敗於白江（錦江口）百濟乃平轉圖高麗命李勣伐之圍平壤降其王高麗亦平置安東都護府以治之於是三韓惟新羅獨存迨唐末新羅女王眞聖王曼掌國政佞幸弄權國內大亂羣雄攘地若甄萱據完山號後百濟國弓裔據鐵圓建高麗國朝鮮復三分既而弓裔臣王建爲衆所推即王位定都於松岳（京畿道開城府）以平壤爲西京稱高麗太祖神聖王旋後百濟陷新羅因新羅與高麗親好降於高麗當時高麗其勢力甚强即發兵滅後百濟于是三國重歸於一直至宋代降於遼至遼滅屬於金

第三節 元明時代

日本自廢使唐之舉後禁止士人來渡中國然其僧侶商賈則仍公然許之至宋代尚互相貿易而宋人亦往日營商且有入其國籍者迨元初爲日本不肯藩屬致開戰端先是元烈祖也速該起世漠北蒙古漸次併吞鄰近諸部落至其子太祖奇渥溫鐵木眞始卽太汗尊位于黑龍江上流之斡難河自稱成吉斯汗先侵金滅夏次征中央亞細亞繼討印度波斯其時高麗王睡在位與元結好因契丹派兵渡大同江立國號曰遼遂乘勢進攻高麗於是元助高麗討平契丹此後高宗爲其臣林

衍所廢質于蒙古其太子雖得蒙古之援剿滅林衍而卽王位稱元宗然高麗已成爲元之屬邦而和州及慈嶺以北之地皆隸歸蒙古直至元太宗時高麗起叛屢殺元使經太宗派兵征服置達魯噶齊以監治及世祖忽必列時高麗復中止歲貢世祖再伐之降其王自是四方諸國莫不怖其威勢而多納貢惟日本不來朝貢故世祖先使高麗王勸說日本於是高麗王派大臣潘阜奉元牒狀到日京其時北條氏執日本政權既受之進呈御覽日皇文永見之大驚卽發還元牒至文永八年世祖又遣趙良弼爲國使齎書往日書中多惡言而日本竟然置之不答故世祖遂謀舉兵力先設征東中書於高麗以元宗爲左丞相整軍備至文永十一年十月命忽敦洪茶丘劉復京統元兵一萬五千人會同高麗兵八千人乘戰船渡海先襲對馬日守將代宗力戰陣亡卽進取一岐侵掠肥前諸島遂攻博多日軍皆出防應戰元兵發砲擊之激戰數日不意夜起颶風元軍戰船多被觸巖而沉故乘夜退回而日軍以大宰船追之元兵死者約計一萬三千餘人是爲日史所謂弘安之役及至翌年卽建治元年元世祖旣亡南宋統一華土卽登帝位立國號曰元於是國益强大再遣杜世忠何文著等齎書往日命其臣服于元而日皇時宗非惟斬元使者且陳兵備戰致惹世祖之怒命范文虎忻都洪茶丘諸將率元兵十萬高麗兵一萬戰船四千於建治四年五月師抵一岐對馬殺日人無數待之極慘酷進至博多因日將何野通有菊地武房竹崎季長等拚力死戰以致對抗二月之久當時日京居民忽傳元軍已入長門將犯京師日太皇龜山聞之憂甚親臨八幡宮求神

護佑國人得悉此信激起愛國熱血奮勇從戰被元探知深恐不敵暫行退駐肥前鷹島以待援軍迄次年閏七月朔頓起大風且下暴雨海水簸蕩元船幾全覆沈兵士淹死者不可勝數被日將少二景資探知出擊殘兵元軍大敗而返本國其後元世祖屢欲起兵雪讐經朝臣諫止查日本向無鐵砲此次元軍敗退遺下鐵炮多尊被日人所得未諳其法不能用之迨天文十二年有葡萄牙人往居於大隅之種子島方傳鐵炮之用法此後十年又有回國人傳大砲於大友氏自是日本於戰術上漸見進步矣

自元世祖征日以後日本與元唯商賈僧侶私相往來而已及至明初日本分南北兩朝時其浪士不得志於國內者多遠航謀生結羣爲盜剽掠我沿海貨船日久竟勾通黨魁張大成方國珍等侵略浙江江蘇進攻南京即明史謂之倭寇於是太祖屢派使日本要求日政府嚴加禁止并設防倭衞府于沿海各地以備不測直至日本南北兩朝統一以後日將足利義滿遣使於明受成祖之封而爲日本國王始歸平靜其册書大意如左

蓋以先哲至聖天下所尊雖遠及東洋亦知所敬自古聖王恩澤之加時有所聞龍圖龜書之文已達扶桑之境玉圭篆印之賜遠及汝邦王臣矣嗣以中原多亂音問阻絕今則祥雲又現汝王足利義滿既建島國歸心中土遣使西來歸光上國叩關萬里稱臣受制茲特册封汝爲日王兼派使者賚賜冠袍以爲尊古之制其善守之大國邊界宜盡守護之職其各安本土勿萌異志以

負大國之恩德也欽此

日本國王自受册封之後對於我國異常尊敬非僅力捕日人之爲海盜者以安航路而表服從且變更以前封閉政策廣開通商之道勸導本國商人與明貿易由是我國貨品輸入日本者甚夥日本前與唐交得模效我唐之制度文化後與明通好始得我國之美術工藝斯爲日本未文明前而兩大進步之時代也

其時高麗恭愍王在位已脫離元之羈束而奉明正朔傳至四世辛禑復與蒙古相善約同攻明派崔瑩李成桂等率兵先侵遼東不意李成桂中途叛變流崔瑩於商峰縣禁辛禑於江華島立其子辛昌爲高麗王又廢之而立恭讓王終爲李成桂所篡自即王位遣使於明受國號朝鮮及王之封册即朝鮮太祖康獻王爲明外藩歷世朝貢深表恭順至八世孫昖國勢益弱當日本神宗時日將豐臣秀吉既平內亂復欲揚威國外屢遣使于朝鮮要求假道侵明昖權明而不從因此秀吉大怒自臨肥前島指揮三軍任浮田秀家爲元帥加藤清正小西行長爲先鋒組織陸軍十三萬人水軍九千二百人于次年（元祿元年）向朝鮮出發於釜山浦上陸分水陸兩路進攻諸道望風陷落兵臨王城國王出走義州乞援於明而日軍又由王城進入咸鏡平壤擒朝鮮二王子會明將李松往援與日將行長接戰日軍大敗遁回王城明軍進追途遇日援軍被日將水旱川隆擊敗不半載朝鮮八道悉爲日軍佔據明廷震駭請和締約如左

一　和親若不僞願以明主之女爲日皇之后妃

一　勘合船（商船）仍如舊交易

一　朝鮮八道以四道歸於日本其餘四道授於李昭

一　李昭當以太子或大臣一二人質於日本

和約既成遂互呈國書秀吉見之即命通曉華文之日僧承兌讀譯忽聞書中有封秀吉爲日本國王之詞大怒手裂國書而抛於地於萬歷二十五年又發攻明之令派小早川秀爲大將毛利秀光浮田家康爲副將率兵十四萬渡韓朝鮮王西走向明告急明軍星夜往援包圍日軍所據之蔚山城歷十一月未破忽日軍來援內外夾攻明軍敗北此時秀吉病卒因之日軍始退出朝鮮溯自唐代以後中日爲朝鮮問題至此時已經二次大戰可爲信史矣

其後明朝國勢日衰及清大祖愛親覺羅努兒哈赤出現于滿赫圖阿拉併呑近鄰滿州長白東海扈倫四小蠻國之後次第征服諸國即從聚酋之勸即帝位稱覆育利國英明皇帝翌年大舉伐明破明與朝鮮之同盟軍四十七萬於赫圖阿拉之西進取瀋遼州即遷都遼陽謂之盛京建國號曰清以書勸朝鮮王降不從故親往申討而朝鮮王李倧不敵退保南漢山城上降勅令其眷屬遁江華島者爲清兵所虜倧旋自詣覲謝罪時明政已衰四境不安羣盜蜂起流冠李自成疊陷諸郡進逼京師明帝崇楨死於難於是明將吳三桂請援於清欲報大讐清即遣兵衛北京大破自成竊據

皇位而明遺族猶有分據各方以謀恢復者至終皆爲清兵所敗其中有明將鄭芝龍之子名成功集兵南澳率戰艦入長江克復鎭江南京惟因軍力過單派使日本求援而日本不應竟爲清兵擊敗奉魯王退據台灣未幾成功病歿其子鄭經猶據台島奉明正朔越十九年經死子克嗣經二年清水師提督施琅自澎湖島往征進台灣克知衆寡不敵乞降自是明正朔全絕而台灣悉歸清之版圖矣先是鄭芝龍曾往日本寓於平地娶日女田川氏爲妻生二子長者名森七歲返國明帝賜姓曰朱成（即揚義旗之鄭成功）稱國姓爺其後明儒朱之瑜亦往日本至水戶即日人所謂水戶學之貴師是也芝龍與之瑜既見本邦已覆恥爲清朝人遂歸化日本其後明之遺民往日者頗多矣

第三章

清朝中日國際史

考清朝之中日國際要史實始于同治十年（西歷一八七一年）中日通商條約而爭權奪地之交涉起於台灣生番戕害琉球航民一案查琉球羣島介乎日本台灣之間毗鄰我國東海本屬中國於明朝洪武帝時琉球國王察度嘗入貢稱臣太祖加以優禮册爲藩王自是奉明正朔年年進貢歲歲來朝歷世弗替迨明末清初復遣使清朝重請封册聖祖遣張學禮王垓兩臣爲封册使東詔赴琉球册以王位定二年入貢一次其後每易一主必來請封我國亦必遣使前往視爲成例

第一節　琉球割讓

溯自琉球臣服我中國以後倚仗大國聲威對於北鄰日本意多輕視遂啓日本仇恨之心至明萬歷二十年日本武將豐臣秀吉爲天正天皇之大政大臣既統一內部乃謀拓地於外當萬歷三十年派兵侵入琉球虜其尚寧王隸於薩摩藩監督其財政並定世子年及十五須遊鹿兒島之例迄我國同治六年日本明治變法實行帝國主義無時不抱野心至同治十年琉球航民六十六人航海遇險漂流至台灣被生番頓殺五十四人餘十二人經地方官竭力保護得歸琉球而日政府一聞此事即乘機封琉球王爲藩王通告列邦以琉球爲藩屬藉備與我國交涉越二年竟派其外務卿副島種臣以全權大使資格來北京向我總理衙門質問台灣生番是否在中國治下何以任其

殺害琉球人民其時主持總理衙門之王公大臣不明外交答以琉球係中國屬土其民被害毋煩日本干預且台灣生番未服王化其殺人劫掠事與中國無關此種言答顯係自墮主權貽人口實由是日本於由明治七年(同治十三年)五月起兵征台命陸軍中將西鄉從道爲統督任谷干城赤松爲參軍率兵艦五艘往台大軍由瑯璠灣登陸先破牡丹等十八社後入風港石門諸地討台日軍既得勝利卽定龜山爲大本營築舍建屋以謀久佔事急前清政府一方面派沈葆楨爲欽差大臣率精兵萬人入台以迫日軍退出一方面由總理衙門與日使柳原先覺交涉而日本果以前言爲藉口謂生番既不在中國治下自與中國無涉故日兵無退出之必要若必須退出則中國應賠償損失商議許久因日使堅求賠償致兩國邦交殆將斷絕於是駐京英使深恐中日啓釁妨礙其遠東商務出而調停日政府特派大久保利通爲全權公使來京磋商退兵事宜我總理衙門亦從英使苦勸與大久保利通締結和平解決條約三條如下

一　日本征討台灣生番係爲保民起見中國不認爲不是

二　中國給被害人民撫卹銀十萬兩給台灣修道費四十萬兩

三　自後中國宜嚴約生番不再加害旅客

依此條約第一款我國既認日本出兵爲保民起見實屬正當並第二款給撫卹銀十萬兩則無異默認琉球在日本統屬之下至給台灣修道費四十萬兩一節更自損主權蓋台灣既爲我國屬土

修道爲我國内政豈容日本干涉乃竟載明約章故當時左宗棠主張寧讓俄人一步于伊犁不可不出全力制日本於琉球惜前清政府不從而琉球遂亡日本於光緒五年（明治十二年）改琉球爲縣曰冲繩設知事治之

第二節　中日戰爭

其次爲朝鮮主權中日兩國實行武力競爭蓋朝鮮自臣服我國而後與日本亦多交際及日本擁戴尊王政見暴起朝鮮示以閉關政策以致兩國交通中斷至同治七年日本明治天皇遣使朝鮮要求修好觀其國書中有日本大皇帝字句故而朝鮮王拒之因此日本輿論大譁遂啓征韓之心適逢日使副島種臣爲台灣生番一事來華順便詰問我總理衙門對於朝鮮失禮日本一端中國是否負責而管理該衙門之王公大臣竟自失主權以朝鮮雖受中國封册奉我正朔然其內治外交皆由自主答之自此日本認朝鮮爲獨立國於光緒元年派軍艦測量沿海駛泊江華灣忽被守兵砲擊而應戰於是日政府立派黑田清隆率海陸兩軍赴韓與朝鮮欽使申櫶會晤責以拒絕國書砲擊軍艦兩事且要求訂約修好申櫶允許遂結約於江華其內容爲日本承認朝鮮爲獨立國擇定沿海之地開闢二商埠以便日本通商按此約中最重要者爲日本承認朝鮮爲獨立國之一條蓋日本加入斯條之用意係因朝鮮向爲中國藩屬一經明列此後遇事定可根據此項條約不容中國預聞而與朝鮮直接交涉雖然我國對於朝鮮既爲上國夙有宗主權則對此條約宜極端

反抗宣言否認且立逼取消不准實行乃前清政府竟不顧問默視其履行由是日本見我國無人更不顧忌而日本侵略朝鮮之第一步告成矣

朝鮮自與日本締約而後國際日益密切其王李熙遣人赴日攷察新政以致發現開化黨推金元均朴泳孝等為領袖主張親日惟攝政興宣君極力反對別樹一幟曰守舊黨專心傾向中國故兩黨勢同冰炭各不相下旋興宣君欲廢李熙而易以他人事未成為開化黨所擠奉外戚諸閔執政於是興宣君分勢幸軍人惡閔族專橫起而戕殺大政大臣並犯王宮遍搜諸閔王妃閔氏聞訊變服逃避興宣君乘勢入宮強迫李王收回政權不料此時適有痛恨日本之韓兵忽起而作亂襲日使館及其衛隊擊死日本陸軍中尉堀本禮等七名追襲日使花房義質至仁川幸遇英船乘之歸國後經日政府命其帶同軍隊重赴漢城謁李王提出要求數款限三日答覆被興宣君拒絕其時我國為保全宗主權起見即派北洋水師提督丁汝昌與廣東水師提督吳長慶率水陸兩軍往韓防護且由我國駐日公使與日本外務省交涉既無効力北洋大臣李鴻章非但不知利用親華派以制日人反電令我國駐朝鮮使臣馬建忠指揮諸軍包圍王宮逮捕興宣君及其同黨數十人押到天津問罪自是朝鮮內亂雖平然我國勢力已日見消滅矣蓋李王派李裕元為全權大臣至濟物浦與日使花房義質議定規約六條修好二條其內容為懲兇謝罪賠款及准日本派軍隊屯駐京城此即光緒八年日韓濟物浦條約也由此日本在朝鮮之勢力至金朴起亂更加擴張矣

光緒十年朝鮮京城郵政局舉行開業式當時各大臣皆蒞會而開化黨首領親日派金玉均已與日使竹添進一郞定謀屆時遣刺客刺死守舊黨右衛大將閔泳於場外而日使竹添又乘機藉口防亂發兵擊死守舊黨要人後營大將尹泰駿外衙門提督閔穆內衙門提督閔台鎬前營大將韓圭稷左衛大將李祖淵等並派日兵入宮強迫李王以金玉均朴泳孝等執政其時我中國駐韓全權委員袁世凱受閔妃及各大臣之請求亦率兵討亂既見日軍作無理之行動分兵與日軍應戰竹添不敵挾李王出宮旋李王以日本兵敗勢孤中途脫逃於袁營而竹添自焚使館退居仁川日政府聞警急派外務大臣井上馨統兵往漢城授以便宜行事全權至韓京詰問燒燬使館之罪李王派左議政大臣金宏集與之答辯告以此次變亂全出竹添公使之教唆而使館亦係竹添自焚朝鮮政府萬不負其責任然井上馨強辭奪理會我欽差大臣吳大澂亦抵韓京欲干預其議當被井上馨拒絕因之不得不要求另開中日談判之舉乃井上馨異常狡猾一見我國在韓軍勢甚壯卽於日韓交涉終結之後秘密歸國以免在韓開議中日交涉且歸國可與其政府商定對付我國方針不數日朝鮮政府將所結條約發表共四款

一　朝鮮政府派員往日本謝罪

二　懲罰戕害日人之兇手

三　朝鮮政府出恤金十一萬以作被難遺族之撫卹金又出二萬金以充日使館建造費

四　日本得於其使館左右可設衛兵營房

光緒十一年日政府對我國之外交方針既己抱定乃使宮內大臣伊籐博文來華開始談判朝鮮問題前清政府以北洋大臣李鴻章爲全權大臣迎之於天津當交涉時鴻章先主强硬手段未見效果纔思我國軍事毫無准備不得不稍作退步即於是年三月締結天津條約如左

一　中日兩國駐在朝鮮軍隊限四個月內全數撤歸

二　中日兩國皆不派員敎練朝鮮軍隊

三　中日兩國如欲出兵於朝鮮彼此必先行文知照

依此條約中日兩國在朝鮮之權力完全處於同等地位較之光緒二年日韓兩政府所結之江華條約更加損失我國宗主權而日本侵略朝鮮之第二步可謂告成矣

夫我國喪失朝鮮權利如此之甚無非爲顧全中日邦交以維東亞和平而日本尙未饜其野心於是內則整理軍務擴張武備外則市惠韓人以結其心預備乘時應機與我國開釁而達其佔領朝鮮之目的不幸朝鮮果現東學黨亂事遂使日本得實行其政策焉

東學黨者倡自韓人崔福成因見當時朝鮮政敎淩夷民不安生因思以東方之古學（即中國孔孟道學）宣講各處使明人倫促誅汚吏爲組織斯黨之本旨然其黨徒良莠不齊且雜有日本策士陽則爲之劃策定計以助其進行陰則慫恿起事以使日本得借治亂出兵惜黨人多不知其術

遽信任之卒致太阿倒持黨魁之令不行於光緒二十年四月作亂於全羅道聲勢極盛朝鮮政府發兵懲勦不勝大爲震驚卽向我國駐韓全權委員袁世凱乞援袁請示於北洋大臣李鴻章由是我國急派直隸提督葉志超率兵六營由海路前往以牙山爲大本營其時日本駐朝鮮公使大島圭介亦由本國調大兵約八千人抵韓當經李鴻章電令我國駐日公使汪鳳藻向日政府提出抗議謂中國出兵係從朝鮮政府之請求而日本實無出兵之必要乃日本置之不顧其軍隊仍然陸續出發及東學黨一見中日兩軍明知不敵悉數散去四方於是袁世凱照會日使大島要求同時撤兵而日政府遂訓令駐北京日使小村壽太郎向我政府提出下列之三項要求

一 朝鮮內亂未靖由中日兩國軍隊協同平之

一 亂定之後中日兩國各設委員於韓京以監督朝鮮財政及吏治

一 募集公債以充朝鮮政革經費

前清政府接閱此條件後電令汪公使答覆日政府畧謂朝鮮內政應由該國自行改革中國尚不干預況而日本夙認朝鮮爲獨立國更不應干預至朝鮮內亂一事則目下已經平定中日軍隊應卽撤退故中國不能贊同日本之提件逾日日政府答覆汪使謂朝鮮缺乏獨立資格日本爲其鄰邦交誼既深不能不代謀救濟故此時斷不能允中國之請求將駐在朝鮮之日軍撤回云云

日政府既抱定强硬宗旨於是電訓駐韓大島公使以兵力示威朝鮮李王畏之竟下詔罪己並與

日使協議改革政治袁世凱鬭之堅逼李王取消協議如不應允亦用武力對待不憶日本早已決志與我國沖突一意孤行强人所難於是中日兩國戰機已如積薪近火矣

當戰端未開之先各國皆認朝鮮爲中國屬邦多不直日本所爲有駐北京俄公使奉本國政府訓令向日政府提出忠告而日本陽示承諾陰則進行同時駐北京英公使深恐妨碍其遠東之商務亦居間調停然日本仍用對付俄國之故智以敷衍之果因日本派往朝鮮之軍隊繼續前進且一面照會清政府略謂日本決以獨力改革朝鮮內政即中國贊同前議此時日本亦難認可一面在朝鮮實行示威舉動於六月二十一日向朝鮮王宮進發力迫李王將以前與中國所締各條約一律宣布無効其時我駐韓全權委員袁世凱未奉本國訓令不願與日本開釁乃退出韓京而日本靦然反面不顧邦交於二十三日發兵攻我駐屯牙山之軍隊致英使之調停卒歸無効戰局遂開六月二十五日我國濟遠廣乙兩軍艦向豐島前進途遇日艦吉野浪速秋津即無端向我發炮濟遠不敵逃駛廣乙觸礁傷沉英船高陞由吳淞載德人敎練之自强新軍千三百人以炮艦操江一路護送遇見日艦未悉戰訊倉卒之間亦爲日艦擊沉人無生還操江不得已投降日矣斯爲第一次豐島之戰也至二十九日有日軍一混成旅由漢城進抵牙山以陸軍少將大島義昌之部隊爲先鋒破成歡攻牙山其時我國駐牙山軍隊之主帥爲聶士成開始應戰尙堪防禦其後日軍以炸彈隊襲聶營我軍大亂敗退洪州海陸兩戰既皆敗北我軍名譽由此掃地究其戰敗原因清政府

實爲厲階不得謂兵力之不厚也蓋兩國交涉危迫已現而於軍事上毫無設備坐令敵軍先發制人致得惡果豈非淸政府之咎乎日本旣不能以正當國際手續與我開戰一鬨勝報卽於七月初一日布告天皇宣戰之詔而我國亦下宣戰諭旨互撤兩國使臣足見其誤國之甚矣及至宣戰後淸政府方集馬玉崑衞汝貴豐陞阿左寶貴諸部以葉志超爲總帥由大連出發進軍平壤建二十餘營壘恃險守之而日本以廣島名古屋二師團等合爲一軍派陸軍大將山縣有朋爲司令長官分兵四路圍攻我軍因我防軍雜組將帥不和分守陣地各不策應以致戰敗左寶貴不敵而亡兵氣大沮立旗投降其其餘卽夜乘雷雨退屯九連鳳凰諸城斯爲平壤之戰也自後日本第一軍由陸路渡鴨綠江而入我國境內矣

先是日本海軍中將伊東祐京探知我國大軍由大連出發卽率其艦隊入大同江以爲日本陸軍之聲援及聞平壤陷落越二日遊弋黃海與我海軍提督丁汝昌所率之北洋艦隊遇於鴨綠江口雙方列陣交戰以戰鬬力言之我軍艦實超過日艦一倍然因我艦員多不諳戰術航路且艦長有貪生怕死者而炮彈雜用揣準未精其結果我致遠經遠超勇揚威廣甲五艦皆被日艦擊沉平遠來遠廣平三艦相繼續沒定遠鎭遠等餘艦敗走統計戰死士卒有千餘人之多反顧日艦無一沉沒僅三艘受傷死者三百餘人耳於是丁汝昌率殘艦駛歸威海衞潛伏口內不敢復出矣

自是黃海中我國軍艦蕩然不見矣而日本又派一軍稱第二軍命陸軍大將大山巖補爲司令長

官以軍艦護送由海道上陸於奉天花園河口猫子窩略取金州城轉攻大連灣守兵已先遁去復奪旅順要塞我軍主將龔照璵稍爲應戰以大連陷落孤軍難支由海路逃往烟台日軍入旅順後屠城四日休息經旬派游擊隊渡海侵山東榮成灣該處守兵僅有三哨不足抵抗向後退遁以致日軍登陸入榮成縣急向威海衞進兵銜枚夜走用暗度陰平之計佔領摩天嶺砲台俯攻其餘各要塞次第陷之我軍僅保劉公島日島兩處而日軍復由威海衞北岸砲擊劉公島於是丁汝昌欲率殘隊決一死戰不意軍士皆不從命咸願倒戈投降丁無可如何仰藥自盡日軍遂於光緒二十一年正月佔據威海衞全部矣至遼東方面當日本第一軍犯鴨綠江時其防禦由李鴻章配置派幇辦北洋軍務大臣宋慶統軍防守安東大通溝大孤山一帶黑龍江將軍依克唐阿統軍防守長甸寬甸一帶迄九月二十七夜日軍架橋於鴨綠江冒險登渡我守軍昏昧不知頓起應戰措手不及馬金叙與馬玉崑兩師皆因此敗北日軍既得九連安東二地乘勝進窺鳳凰城大本營而宋慶即棄城走奉天由是大東溝大孤山皆陷落屢戰屢敗宋慶馬玉崑姜桂弟魏光燾諸部下或降或逃無一得勝者牛莊要隘亦爲日軍所有時勢至此不得不出而媾和而日本深恐戰局延長非惟引起列強干涉且念本國之實力萬難支持亦頗願和也

先是我國於去年十一月旅順失守之後即任天津關稅務司德人爲議和專使携李鴻章致伊籐博文照會往日本議和伊籐以津稅務司無代表中國國家之資格且李鴻章之照會係私人通函

拒之不見故清政府改派總理衙門大臣戶部侍郞張蔭桓暨署湖南巡撫邵友濂爲全權大使而日政府復藉口國書及全權文憑不合格否認之及威海衞與牛莊陷落之後議和之機益熟我政府決意任李鴻章爲全權大臣由駐北京英公使介紹於日政府而日本以伊藤博文爲全權大使指定馬關爲會議地點至二月二十四日兩國全權會見先提議休戰條約伊藤要求以大沽天津山海關三處歸日軍管領凡存在該地之軍用品一併移交日軍於是李鴻章大爲躊躇幸至二十八李鴻章由會所歸寓忽有日本暴民名小山六之助於中途以短銃刺擊鴻章左頰及眼邊受傷頗重伊藤大驚馳赴慰問日皇特使御醫診視備極優渥蓋恐鴻章一旦負傷歸國則日本行爲不正必招列強之紛議也因之日政府退讓一步先簽休戰條約如下

一　奉直魯三省域內兩國海陸軍皆休戰

二　兩國休戰軍隊各有保持駐在所之利權但在休戰期內不得出入於駐在所之外

三　兩國休戰軍隊不得對於敵之方面準備進擊及一切關於戰鬬力之事

四　休戰期限自本約調印日起以二十一日爲止若滿期限議和不成本約卽行廢除

右約訂於光緒二十一年三月初六日由是兩國全權討論議和條款伊藤先提出要求案大旨如下

一　中國承認朝鮮爲獨立國

二　中國割讓奉天省之南部及台灣澎湖諸島

三　中國賠款三億兩

四　中國應照與歐洲各國所結條約爲基礎重結中日新約此外更開北京沙市重慶湘潭梧州蘇州杭州爲商埠且許日本汽船航行揚子江上流西江下流湘江自吳淞江以達蘇杭等埠

五　日軍暫時佔領威海衞奉天兩處俟賠款清償後歸還

李鴻章以此提案實喪我國權利太甚扶病作書駁覆要求減輕並提出修正案如下

一　中日共認朝鮮爲獨立國各不侵犯其主權

二　中國割讓安東寬甸鳳凰岫崖四處及澎湖列島與日本

三　中國賠償費一億兩無利息

四　中日通商條約以現時與歐洲列國之條約爲基礎彼此皆以最惠國待遇

五　准日軍暫佔威海衞

六　將來如有條約上之紛爭應請第三國仲裁

伊藤閱此修正案大不爲然其時休戰期限將滿日本陸續運兵過馬關以示軍威而表要求之决心李鴻章既見大勢緊迫不得已曲從伊藤意見締結下列和約是爲馬關和約之眞相也

第一欵

中國認明朝鮮確爲完全無缺之獨立自主國故凡有虧損獨立自主體制即如該國向中國所修貢獻典禮等嗣後全行廢絕

第二欵

中國將管理下開地方之權併將該地方所有保壘軍器工廠及一切屬公物件永遠讓與日本

一　下開劃界以內之奉天省南邊地方從鴨綠江口溯該江以抵安平河口又從該河口劃至鳳凰城及營口而止畫成折線以南地方所有前開各城市邑皆包括在劃界線內該線抵營口之遼河後即順流至海口止彼此以河中心爲分界遼東灣東岸及黃海北岸在奉天省所屬諸島嶼亦一併在所讓境內

二　臺灣全島及所有附屬各島嶼

三　澎湖列島即英國格林尼次東經百十九度起至百二十度止及北緯二十三度起至二十四度之間諸島嶼

第三欵

前欵所載及粘附本約之地圖所劃疆界俟本約批准互換之後兩國應各選派官員二名以上爲公同劃定疆界委員就地踏勘確定劃界若過本約所訂疆界於地形或治理所關有礙難不便等情各該委員等當妥爲參酌更定

各該委員等當從速辦理界務以期奉委之後限一年竣事但遇各該委員等有所更定劃界兩國政府未經認准以前應據本約所定劃界爲正

第四欵

中國約將庫平銀二萬萬兩交與日本作爲賠償軍費該欵分作八次交完第一次五千萬兩應在本約批准互換後六個月內交清第二次五千萬兩應在本約批准互換後十二個月內交清餘欵平分六次遞年交納其法列下第一次平分遞年之欵於

兩年內交清第二次於三年內交清第三次於四年內交清第四次於五年內交清第五次於六年內交清第六次於七年內交清其年分均以本約批准互換之後起算又第一次賠欵交清後未經交完之欵應按年加每百抽五之息但無論何時將應賠之欵或全數或幾分先期交清均聽中國之便如從條約批准互換之日起三年之內能全數清還除將已付利息或兩年半或不及兩年於應付本銀扣還外餘仍全數免息

第五欵

本約批准互換之後限二年之內日本准中國讓與地方人民願遷居讓與地方之外者任便變賣所有產業退去界外但限滿之後尚未遷徙者酌宜視爲日本臣民

又台灣一省應於本約批准互換後兩國立即各派 大員至台灣限於本約批准互換後兩個月內交接淸楚

第六欵

中日兩國所有約章因此次失和自屬廢絕中國約俟本約批准互換之後速派全權大臣與日本所派全權大臣會同訂立通商行船條約及陸路通商章程其兩國新訂約章應以中國與泰西各國現行約章爲本又本約批准互換之日起新訂約章未經實行之前所有日本政府官吏臣民及商業工藝行船船隻陸路通商等與中國最爲優待之國禮遇護視一律無異中國約將下開讓與各欵從兩國全權大臣畫押蓋印日起六個月後方可照辦

第一　現今中國已開通商口岸之外應准添設下開各處立爲通商口岸以便日本臣民往來僑寓從事商業工藝製作所有添設口岸均照向開通商海口或向開內地鎮市章程一體辦理應得優例及利益等亦當一律享受

一　湖北省荊州府沙市

二　四川省重慶府

三　江蘇省蘇州府
四　浙江省杭州府
日本政府得派遣領事官於前開各口岸駐紮
第二　日本輪船得駛入下開各口附搭行客裝運貨物
一　從湖北省宜昌上溯長江以至四川省重慶府
二　從上海駛進吳淞江及運河以至蘇州府杭州府
中日兩國未經商定行船章程以前上開各口行船務依外國船隻駛入中國內地水路現行章程照行
第三　日本臣民在中國內地購買經工貨件若自生之物或將進口商貨運往內地之時欲暫行存棧除勿庸輸納稅鈔派徵一切諸費外得暫租棧房存貨
第四　日本臣民得在中國通商口岸城邑任便從事各項工藝製造又得將各項機器任便裝運進口只交所定進口稅
日本臣民在中國製造一切貨物其於內地運送稅內地稅鈔課雜派以及在中國內地沾及寄存棧房之益即照日本臣民運入中國之貨物一體辦理至應享優例豁除亦莫不相同
嗣後如有因以上加讓之事應增章程規條即載入本款所稱之行船通商條款內

第七款

日本軍隊現駐中國境內者應於本約批准互換之後三個月內撤回但須照次款所定辦理

第八款

中國為保明認眞實行約內所訂條款聽允日本軍隊暫行佔守山東省威海衛又於中國將本約所訂第一第二兩次賠款交

淸通商行船約章亦經批准互換之後中國政府與日本政府確定周全妥善辦法將通商口岸關稅作爲剩欵並息之抵押日本可允撤回軍隊倘中國政府不即確定抵押辦法則未經交淸末次賠欵之前日本應不允撤回軍隊但通商行船約章未經批准互換以前雖交淸賠欵日本仍不撤回軍隊

第九欵

本約批准互換之後兩國應將是時所有俘虜盡數交還中國約將由日本所還俘虜並不加以虐待若或置於罪戾中國約將認爲軍事間諜或被嫌逮繫之日本臣民即行釋放併約此次交仗之間所有關涉日本軍隊之中國臣民槪予寬貸併飭有司不得擅爲逮繫

第十欵

本約批准互換日起應按兵息戰

第十一欵

本約奉大淸帝國　大皇帝陛下及　大日帝國　大皇帝陛下批准之後定於光緒二十一年四月十四日即明治二十八年五月初八日在煙臺互換爲此兩國全權大臣署名蓋印以昭信守

附約

第一欵

遵和約第八款所訂暫爲駐守威海衛之日本國軍隊應不越一旅團之多所有暫行駐守需費中國自本約批准互換之日起每一周年屆滿貼交四分之一庫平銀五十萬兩

第二款

在威海衛應將劉公島及威海衛口灣沿岸照日本國里法五里以內地方約合中國四十里以內爲日本國軍隊駐守之區

在距上開劃界照日本國里法五里以內地方無論其爲何處中國軍隊不宜偪近或駐紮以杜生釁之端

第三款

日本國軍隊所駐地方治理之務仍歸中國官員管理但遇有日本國軍隊司令官爲軍隊衛養安寧軍紀及分佈管理等事必須施行之處一經出示頒行則於中國官員亦當責守

在日本國軍隊駐守之地凡有犯關涉軍務之罪均歸日本國軍務官審斷辦理

此附約所定條款與載入和約其效悉爲相同爲此兩國全權大臣署名蓋印以昭信守

和約簽定李即歸國奏請御筆批准光緒帝閱之大怒親告百官曰倭奴如此無禮余決意親統全國之師與其一決勝負以保天下如今日順之後患之來不堪設想查當時中日交戰名義上雖謂兩國交戰而其實際則東南諸省皆按兵不動僅北洋一部份之軍隊出戰且軍需多不適用所製水雷炮彈夾有沙土能不負乎如果能依光緒帝意見集天下之雄師激勵將士喚起國民整頓軍備改良軍需盡力防守以延長戰期吾知日本實力萬難持久即使修和其條欵必可減輕且其時日兵不過十萬雖號驍勇決不能長驅深入我交通不便之內地也不料清室王公大臣多貪生怕死煽惑慈禧太后立迫光緒帝簽押批准並任伍廷芳聯芳二人爲換約全權大臣赴煙台會晤日使交換正約另派李經芳爲交付台灣大臣台灣士民一聞此信宣言獨立行共和制以巡撫唐景崧爲總統哀求列邦援助惜無應者經芳即於日艦中交割一切日本自得台灣後民心不服屢起

反對用兵數年始得平服嗚呼台灣之亡亡於王公大臣之手不亡於皇帝百姓之意也可慨也夫遼東半島尚未交付而俄德法三國已起干涉致日本外交上受一大波折矣蓋俄之所以干涉者以遼東半島與本國遠東事業實有密切之關係若一旦爲日本所領大不利於本國故運動同盟之法國急將兩國之太平洋艦隊聯爲一氣以備武力干涉當時德國亦乘機而起以挫日本之勢而保全其本國商業甚願與俄法作一致之行動於是各相電訓駐日公使忠告日政府放棄遼東半島之約日政府聞之大恐斯時伊籐博文適爲內閣總理建議付列國議決爲外務大臣陸奧宗光反對云倘付列國仲裁則馬關條約勢將全體動搖不如運動他國調停爲妙卒從此議遂運動英美兩政府以抵制俄法德三國之計惟英美不爲之動而日本無法可施不得已對俄法德三國實行讓步即電致駐俄京日使覆告俄政府除留金州廳外其餘遼東半島悉依俄國忠告放棄之然俄政府以日本佔留金州廳則旅順要塞仍爲日本佔領與佔領遼東全半島無異故堅不承認其時清政府亦要求展期實行和約日政府恐生他變乃從三國忠告宣言將遼東半島佔有權全然拋棄另向中國取他項相當利權於是各國大爲滿意而日政府復命駐北京日使與李鴻章另開談判議定由我國納庫平銀三千萬兩與日本以爲報償至此中日戰局可謂結局矣

翌年兩國政府根據馬關條約第六款各派專員重行商訂通商行船條約計二十九款規定兩國永遠和好互派一公使駐箚京城照各國公法得享一切權利並以相待最優國所派大員之禮接

待凡通商各口岸可設領事館所運日人貨物進出中國口岸均照中國與泰西各國現行稅則章程辦理於是中日重修舊好開始通商

第三節　朝鮮滅亡

自中日和約締結之後朝鮮即脫離我國管轄權而漸入日本範圍所有行政各部皆聘日人爲顧問以致閔妃一族痛惡日人專政弄權私與俄使通氣謀排日人之計會日使井上馨草歸國親俄黨正欲舉事以推倒親日派內閣爲目的不幸被親日派所知即擁大院君(與化君)入宮將閔妃害死於殿中因此國人更不直親日派而俄使乘機出而煽動適逢春川人民暴動時朝鮮政府盡發京衞兵討之於是親俄黨乘京城空虛引俄國水兵由仁川入京刦李王以下諸爵帶入俄使館頒旨嚴懲殺害王妃之首謀即親日派首領金宏集以次皆被戮而親俄黨遂握朝鮮政府之實權及俄皇尼古拉司二世行加冕禮時日政府以山縣有朋爲賀使與俄締約協定俄日兩國合意援助朝鮮一切政事因而俄日兩國在朝鮮之勢力暫歸平等未幾俄使背約迫朝鮮政府聘請俄國將校三十餘名教練軍隊日人聞之大憤傾軋愈甚迨俄國爲租借旅順大連與我國開始交涉即注重滿州遂與日本重締協約將在朝鮮所佔之優勢讓歸日本而日本默許俄國傾全力於滿州以作交換條件嗣後日本在朝鮮積極進行至日俄戰時駐朝鮮日使林權助與朝鮮總理大臣李址鎔首訂日韓議定書復結日韓協約爲朝鮮受日本保護之始其後日英同盟新約及日俄波子

瑪斯和約中既皆規定日本對於朝鮮有政事上經濟上軍事上之特權於明治三十八年（光緒三十年）十月派伊藤博文為大使與朝鮮外務大臣朴齊純重結日韓新約規定朝鮮對外事務須由日本監督指導並允日本置統監一員於朝鮮京城日本即任伊藤為朝鮮統監又於仁川釜山元山鎮南浦木浦馬山及其他各要地設置理事廳

翌年伊藤就任於朝鮮政府一舉一動無不干涉李王苦之使人訴於海牙和平會迄無効果反惹日人仇恨威廹讓位於太子坧且乘機與總理大臣李完用重結日韓新約以擴張日本保護權之範圍特規定朝鮮政府一切施政悉受日本統監指導自是朝鮮行政機關盡委諸日人而行政權傍落矣至明治四十二年（宣統元年）伊藤借名遊行滿州前往哈爾濱以與俄使會商處置朝鮮事宜不料一抵哈爾濱車站甫下車時即被朝鮮志士安重根刺死於是日本輿論大譁而朝鮮政黨名一進會者原為日本利用之機關也不思愛國反受日人主使突向李王及統監提出日韓合併意見書日皇閱後乃改任陸軍大臣寺內正毅為統監陸軍少將石明元治為朝鮮政府警務總長以備武力督促合併迨寺內蒞任後即向朝鮮總理大臣李完用提出合併之要求而李完用既受日本運動極力贊成其餘政府中人畏日本威力無一敢倡異議雖李王亦惟有忍氣吞聲而已卒於明治四十三年（西歷一九一〇年）八月由李完用總理與寺內統監締結兩國合併條約將朝鮮一切土地人民政事盡獻諸日本日皇靦然受之即封李坧為昌德宮李王熙為德壽宮廢李

中日戰爭之結果我國非僅割去台灣賠償鉅欵其影響所及俄據旅順大連德佔膠州英領衛海法索廣州灣又各國先後强求鐵路敷設權礦產開掘權及他項利益權不一而足以致激起我國人民皆有愛國嫉外之血心兼以在內地之天主耶穌兩教宣講師保庇教徒一遇教徒與平民結訟不問是非曲直不經地方官審判輒顚倒事實訴諸本國官員直接與我當局交涉不達所求不止由是平民無不仇視外國宣教師與其教民如同蛇蝎而民教之間遂成冰炭矣迄光緒二十六年北方忽有義和團乘時而起嘯集作亂標扶清滅洋之名而無知愚民莫不附和以殺洋人爲快事一時風靡數省其禍遂一發而不可收拾

義和團又稱拳匪本白蓮教餘孽也乾隆四十年安徽劉松倡白蓮教捕謫甘肅其同黨劉子協宋之清私相授徒徧及陜甘川楚諸省以同黨王發生冒稱明裔將謀舉事被地方官知之廣行捕拿其徒黨伏誅惟劉子協漏網遠颺迨嘉慶元年教匪聶人傑等倡亂荆州歷九年而始戡定其徒河南李文成等以恢復明祚爲名起於汴直之間及敗其徒遂分兩派曰八卦教曰天理教而義和團卽八卦教之一派蔓散北方諸省利用宗教迷信以欺惑愚民本無仇殺外人主義至其勢力初盛於山東該省巡撫毓賢上書政府言義和團忠君愛國有驅逐洋人挽回國運之能力時端郡王載

漪勢傾內外夙富排外精神而軍機大臣剛毅徐桐趙舒翹與之深相結納致朝中隱然有一排外團體既得毓賢書頗悅其說奏請保護由是政府與義和團遂有化爲一體之勢及毓賢去任袁世凱撫東力主剿討先後用兵七次拳匪悉竄入直隸境內到處設壇其勢洶湧不可嚮邇會易州鄉民與教徒涉訟不得直隱謀報復計畫勾結義和團焚毀教堂殺害教徒直督裕祿派馬隊分統楊福同率七十五騎前往鎮撫竟中匪計全數覆沒匪乘勝直趨北京連焚琉璃鎮長辛店豐台諸車站幷毀鐵路電綫及沿途教堂洋房其洋人教徒多由官兵護送至京交各使館留居而各使館經總理衙門之許可招近海諸國水兵於五月次第入京衛護載漪大怒痛斥總理衙門誤國而代以徐桐啓秀溥興諸人公然倡利用義和團以張國威之說因是拳匪益無忌憚各處同黨聞風而起已現不可收拾之勢孝欽太后乃召董福祥率所部入衛福祥爲甘肅提督時其部曾加害外人至時各國公使要求屯駐於距京城五十里以外故福祥嗛之遂爲載漪作羽翼與拳匪聯合一氣五月十五日董兵殺日本使館書記生杉山彬於永定門同時拳匪焚京城內外各教堂及外人寓所會剛毅奉旨往涿州調查匪情歸京力言拳民忠勇可用廷臣一時多附和其說惟兵部尚書徐用儀戶部尚書立山吏部左侍郎許景澄內閣學士聯元大常寺卿袁昶痛陳拳匪應剿外釁難開原由致招排外派之忌慘罹重辟於是各國停泊大沽口之軍艦鬪清政府袒護拳匪加害外人遂於二十一日攻擊大沽炮台陷之警報至京載漪等遂決意宣戰榮祿請按國際法保護各國公使出京

經啓秀允限二十四小時退出然各國公使深恐途中遇險堅不離京至二十四日德使克林德自往總理衙門有所要求途遇董兵被害時勢至此戰局難挽誠可惋惜

光緒二十六年五月二十五日排外派矯詔宣戰惟東南諸省未遵命聯合自保淸廷命莊親王載勛與剛毅統率義和團聯合官軍共敵洋兵先是英國東洋艦隊司令長西摩亞已率英俄德法日美意奧八國海軍陸戰隊二千五百人由天津向北京進發至楊村拳匪迎擊而敗聯軍卽進至郞坊拳匪又敗乃毁楊村以南之鐵道而聯軍遂不得進被困於楊村郞坊之間矣二十二日董軍開始攻之亦敗然西摩亞因董軍與拳匪共扼前後不願追擊亦不欲久留駐地以待後援遂引軍東還會宣戰令下聶士成立拒聯軍於北倉南倉之間致聯軍依白河堤退走二十六日領西沽堡壘翌日在大沽之聯軍派俄兵二千名英兵千五百名德兵五百名抵西沽應援旋於六月初一日進攻天津

自拳匪肇事之後日政府視爲絕好機會預備大兵出發而英政府以日本地位上之便利爲之擔負軍費雖俄德諸國未表同情而日本藉英國之請爲名竟以陸軍中將山口素臣爲指揮率全師來津然我國屯駐天津之軍聲勢尙雄有聶士成所統之武衞前軍馬玉崑之武衞左軍羅榮光之天津鎭全部裕祿之部兵以致聯軍不敢輕易進發待至六月十七日各國援軍次第抵津公推德親王瓦德西爲聯軍總司令遂向我防軍開始猛攻其戰略以俄德二軍沿淀河進攻水師營附兵

炮台以出天津城之背面日法兩軍由本道攻擊天津南城英美二軍分作兩翼爲之應援日軍奮勇先進與聶士成軍激戰一時不能取勝後因奉匪爲聶士成素主剿匪曾於落岱殲匪四百八十人故痛恨之既見聶軍與日兵接戰亦由背後向之攻擊以致聶軍前後受敵兵力過單不能支持而直隸提督聶士成竟亡於陣上全軍無主潰散日軍乘勝以火藥炸裂外城復攀壘登內城英法兵相次入城美兵追敗兵於白河於是天津方面於六月十六日遂全入於聯軍之手

天津既陷驚耗至京政府惶恐失色飭裕祿固守楊村時宋慶馬玉崑何永盛呂本元各率所部已會集於楊村北倉之間故聯軍會議進軍方略以欲攻楊村必先取北倉議決分二軍並進以俄德法意奧五軍爲左翼攻北倉東面以日英美三軍爲右翼攻其西北而日軍更分十小隊以攻其南七月初十日各軍以次出發其時我防軍跨有白河引河水氾濫東方以遏外兵當聯軍左翼部隊前進時值大水陸發有碍進行十一日聯軍右翼與攻南之日軍同時向我防軍夾攻甚力勢不能當北倉遂陷十二日聯軍攻楊村守軍又敗敵軍直取南蔡村裕祿情急自盡自是敵兵更沿白河進西河擊馬頭破張家灣陷通州勢如破竹而帮辦直隸軍務李秉衡自刎聯軍乃長驅犯我國都

當時聯軍分隊夾攻約定十九日俄軍攻東便門二十日日軍攻朝陽東直二門英軍則取廣渠門教民聞訊乘間啓門迎之至二十一日日軍攻破朝陽門進據皇城及東安西安地安三門而俄美

兩軍亦於是日攻入東便門其時我防守京師之軍隊有載漪所統之神機營董福祥之武衛後軍榮祿之武衛中軍及武衛右軍載勛剛毅之義和團及其他殘軍兵雖不寡然無鬬志是以聯軍所向無敵當日軍攻朝陽門時文武百官皆逃避無蹤孝欽后與德宗帝倉皇出奔有載漪奕劻善耆溥倫剛毅等諸親貴扈從惟馬玉崑董福祥二軍門率兵殿後由地安門出德勝門西幸除兩宮外諸大臣率皆步行狼狽之極及聯軍既入京城肆威紛擾無可言喻閧官吏之殉節居民之自殺者數難屈指但觀城內尸橫徧地慘不可覩所有國庫民產均被劫掠一空噫數百年積聚之精華多爲聯軍之戰利品不依國際公法及人道主義對待我無辜之人民竟以極野蠻手段雖咎由自取無如聯軍素以文明自贊觀於此役其何以解

北京既陷清廷乞和命奕劻李鴻章二人入京充議和全權大臣得駐京公使團領袖西班牙公使照會於十一月初二日與英俄德法日意美奧西比荷十一國公使開談判於西班牙使館往返經數十次磋商歷八個月直至光緒二十七年（西歷一九〇一年）七月二十五日和約始行簽押其條約要旨列左

第一款甲

大德國　欽差男爵克大臣被戕害一事前於西歷本年六月初九日即中歷四月二十三日　奉諭旨欽派醇親王載灃爲頭等專使大臣赴　大德國　大皇帝前代表　大淸國　大皇帝暨　國家惋惜之意醇親王已遵　旨於西歷本年七月十二日

即中歷五月二十七日自北京起程

第一款 乙

大清國 國家業已聲明在遇害處所豎立銘誌之碑與克大臣品位相配列叙 大清國 大皇帝惋惜兇事之 旨書以辣丁德漢各文前於西歷本年七月二十二日卽中歷六月初七日經 大清國欽差全權大臣文致 大德國欽差全權大臣現於遇害處所建立牌坊一座足滿街衢已於西歷本年六月二十五日卽中歷五月初十日興工

第二款 甲

一懲辦傷害諸國 國家及人民之首禍諸臣將西歷本年二月十三二十一等日卽中歷上年十二月二十五本年正月初三等日先後降 旨所定罪名開列於後端郡王載漪輔國公載瀾均定斬監候罪名又約定如 皇上以爲應加恩貸其一死卽發往新疆永遠監禁永不減免莊親王載勛都察院左都御史英年刑部尚書趙舒翹均定爲賜令自盡山西巡撫毓賢禮部尚書啟秀刑部左侍郎徐永煜均定爲卽行正法協辦大學士吏部尚書剛毅大學士徐桐前四川總督李秉衡均已身故追奪原官卽行革職又兵部尚書徐用儀戶部尚書立山吏部左侍郎許景澄內閣學士兼禮部侍郎銜聯元太常寺卿袁昶因上年力駁殊悖諸國義法極惡之罪被害於西歷本年二月十三日卽中歷上年十二月二十五日奉 上諭開復原官以示昭雪莊親王載勛已於西歷本年二月二十一日卽中歷正月初三日英年趙舒翹已於二十四日卽初六日均皆自盡毓賢已於二十二日卽初四日啟秀徐承煜已於二十六日卽初八日均行正法又西歷本年二月十三日卽中歷上年十二月二十五日 上諭將甘肅提督董福祥革職俟應得罪名定讞懲辦西歷本年四月二十九六月初三八月十九等日卽中歷三月十一四月十七七月初六等日先後降旨將上年夏間兇慘案內所有承認獲咎之各外省官員分別懲辦

第二款 乙

西歷本年八月十九日即中歷二十七年七月初六日 上諭將諸國人民遇害被虐之城鎮停止文武各等考試五年

第三款

因大日本國使館書記生杉山彬被害 大清國 大皇帝從優榮之典已於西歷本年六月十八日即中歷五月初三日 降旨簡派戶部侍郎那桐為專使大臣 赴大日本國 大皇帝前代表大清國 大皇帝國家惋惜之意

第四款

大清國國家允定在於諸國被污瀆及挖掘各墳塋建立滌垢雪侮之碑已與諸國全權大臣會同商定其碑由各該國使館督建並由國家付給估算各費銀兩京師一帶每處一萬兩外省每處五千兩此項銀兩業已付清

第五款

大清國國家允定不准將軍火暨專為製造軍火各種器料運入中國境內已於西歷本年八月二十五日即中歷二十七年七月十二日降旨禁止進口二年嗣後如諸國以為有仍應續禁之處亦可降 旨將二年之限續展

第六款

按照西歷本年五月二十九日即中歷四月十二日 上諭大清國 大皇帝允定付諸國償款海關銀四百五十兆兩此款係西歷一千九百年十二月二十二日即中歷光緒二十六年十一月初一日條款內第二款所載之各國各會各人及中國人民之賠償總數計開

俄 一三〇・三七一・一二〇兩　德 九〇・〇七〇・五一五兩

法 七〇・八七八・二四〇兩　英 五〇・七一二・七九五兩

美 三二・九三九・〇五五兩　日 三四・七九三・一〇〇兩

義 一六・六一七・○○五兩　比 八・九八四・三四五兩

奧 四・○○三・九二兩　荷 七八二・一○○兩

西 二一二・四九○兩

此四百五十兆係照海關銀兩市價易為金款此市價按諸國各金錢之價易金如左

海關銀一兩　即德國三馬克零五五即奧國三克勒尼五九五即美國圓零七四二即法國三佛郎克七五即英國三先零即日本一圓四零七即荷蘭國一佛樂林七九六即俄國一魯布四一二俄國魯布按金平算即十七多理亞四二四

此四百五十兆按年息四釐正本由中國分三十九年按後附之表各章清還本息用金付給或按應還日期之市價易金付給還本於一千九百零二年正月初一日起一千九百四十年終止還本各款應按每屆一年付還初次定一千九百零三年正月初一日付還利息由一千九百零一年七月初一日起算惟中國　國家亦可將所欠首六個月至一千九百零一年十二月三十一日之息展在自一千九百零二年正月初一日起至於三年內付還但所展息款之利息亦應按年四釐付清又利息每屆六個月付給初次定於一千九百零二年七月初一日付給此欠款一切事宜均在上海辦理如後諸國各派銀行董事一名會同將所有由該管之中國官員付給之本利總數收存分給有干涉者該銀行出付回執由中國　國家將全數保票一紙交付駐京諸國欽差領銜大臣手內此保票以後分作零票每票上各由中國　特派之官員畫押此節以及發票一切事宜應由以上所述之銀行董事各遵本國飭令而行付還保票財源各進款應每月給銀行董事收存所定承担保票之財源開列於後

一、新關各進款俟前已作為担保之借款各本利付給之後餘剩者又進口貨稅增至切實值百抽五將所增之數加之所有向例進口免稅各貨除外國運來之米及各雜色糧麪並金銀以及金銀各錢外均應列入切實值百抽五貨內

二、所有常關各進款在各通商口岸之常關均歸新關管理

三所有鹽政各進項除歸還前泰西借款一宗外餘剩一併歸入

至進口貨稅增至切實值百抽五諸國現允可行惟須二端一將現在照賠償抽收進口各稅凡能改者皆當急速改爲按件抽稅幾何定辦改稅一層如後爲估算貨價之基應以一千八百九十七八九三年卸貨時各貨牽算價値乃開除進口稅及雜費總數之市價其未改以前各該稅仍照估價徵收二北河黃浦兩水路均應改善中國　國家即應撥款相助

增稅一層俟此條款畫押日兩個月後即行開辦在此畫押日期後至遲十日已在途間之貨外概不得免抽

第七款

大清國國家允定各使館境界以爲專與住用之處並獨由使館管理中國民人概不准在界內居住亦可自行防守使館界綫於附件之圖上標明如後　東面之綫係崇文門大街圖上十十一十二等字北面圖上係五六七八九十等字之綫西面圖上係一二三四五等字之綫南面圖上係十二一等字之綫此綫循城墻南址隨城築而畫按照西歷一千九百零一年正月十六日即中歷上年十一月二十六日文內後附之條於中國　國家應允諸國分應自主常留兵隊分保使館

第八款

大清國國家應允將大沽炮台及有礙京師至海通道之各砲台一律削平現已設法照辦

第九款

按照西歷一千九百零一年正月十六日即中歷上年十一月二十六日文內後附之條款中國　國家應允由諸國分應主辦會同酌定數處留兵駐守以保京師至海通道無斷絕之虞今諸國駐守之處係黃村郎坊楊村天津軍糧城塘沽蘆台唐山灤州昌黎秦皇島山海關

第十款

大清國國家允定兩年之久在各府廳州縣將以後所述之 上諭頒行佈告一西歷本年二月初一日卽中歷上年十二月十三日 上諭以永禁或設或入與諸國仇敵之會違者皆斬二西歷本年二月十三二十一四月二十九八月十九等日卽中歷上年十二月二十五本年正月初三三月十一七月初六等日 上諭一道犯罪之人如何懲辦之處均一一載明三西歷本年八月十九日卽中歷七月初六日 上諭以諸國人民遇害被虐各城鎭停止文武各等考試四西歷本年二月初一日卽中歷上年十二月十三日 上諭以各省督撫文武大吏暨有司各官於所屬境內均有保平安之責如復滋傷害諸國人民之事或再有違約之行必須立時彈壓懲辦否則該管之員卽行革職永不敍用亦不得開脫別給獎敍以上現於中國全境漸次張貼

第十一款

大清國國家允定將通商行船各條約內諸國視爲應行商改之處及有關通商各地事宜均行商議以期妥善簡易現按照第六款賠償事宜約定中國國家應允襄辦改善北河黃浦兩水路其襄辦各節如左

一北河改善河道在一千八百九十八年會同中國 國家所興各工近由諸國派員重修一俟治理天津事務交還之後卽可由中國 國家派員與諸國所派之員會辦中國 國家應付海關銀每年六萬兩以養其工

二現設立黃浦河道局經管整理改善水道各工所派該局各員均代中國暨諸國保守在滬所有通商之利益預估後二十年該局各工及經管各費應每年支用海關銀四十六萬兩此數平分半由中國 國家付給半由外國各干涉者出資該局員差並權責及進款之詳細各節皆於後附文件內列明

第十二款

西歷本年七月二十四日卽中歷六月初九日降 旨將總理各國事務衙門按照諸國酌定改爲外務部班列六部之前此 上諭內已簡派外務部各王大臣矣且變通諸國 欽差大臣覲見禮節均已商定由中國全權大臣屢次照會在案此照會在後附

之節略內述明　茲特爲議明以上所述各語及後附諸國全權大臣所發之文牘均係以法文爲憑　大淸國國家既如此按以上所述西歷一千九百年十二月二十二日即中歷光緒二十六年十一月初一日文內各款足適諸國之意妥辦則中國願將一千九百年夏間變亂所生之局勢完結諸國亦照允隨行是以諸國全權大臣現奉各本國政府之命代爲聲明除第七款所述之防守使館兵隊外諸國兵隊即於西歷一千九百零一年九月十七日即中歷光緒二十七年八月初五日全由京城撤退並除第九款所述各處外亦於西歷一千九百零一年九月二十二日即中歷光緒二十七年八月初十日由直隸省撤退今將以上條款繕定同文十二分均由中諸國全權大臣畫押諸國全權大臣各存一分中國全權大臣收存一分光緒二十七年七月二十五日

西歷一千九百零一年初七日在北京定立

右條約既經成立北京一方面之亂事遂結幸喜各國互相牽制未成瓜分之局惟滿州地方受匪亂之餘波猶爲俄兵佔據由是滿州交涉出現其結果竟因撤兵問題惹起日俄戰爭以致遼東一隅淪爲沙塲而我主人翁之名號幾若虛無言之能不痛乎

第五節　滿洲交涉

滿洲交涉發源於甲午一戰本僅中俄後及日本如不詳言原由陳列諸項約章不易瞭解當中日休戰馬關議和時李鴻章採以夷制夷政策運動駐北京俄使聯合列强出而干涉如果事成則有中國當報償俄國之說及遼東返還後而俄國即向李氏要求實行前次私約會俄皇尼古拉斯二世行加冕禮時俄使先告淸政府謂遼東事件日本將捲土重來若中國欲保全疆土不可不與俄國協謀故此次須派李鴻章前往慶賀便道商議一切淸政府從之遂命李鴻章至俄京謁俄皇早

國書後俄皇派財政大臣微特以莫斯科爲會議地點與李氏訂結中俄密約其要旨如左

一、日本如侵害中國土地或俄國亞東土地或朝鮮土地則中俄兩國應將所有水陸各軍盡行派出互爲援助其軍火糧食亦互相接濟

二、中俄兩國現經協定自後非由兩國公使商妥不能一國獨與敵國訂立和約

三、如開戰時遇緊要之事中國各口岸均准俄國兵艦駛入

四、爲俄國將來運兵禦敵接濟軍糧軍火中國允於黑龍江吉林地方接造鐵路以達海參威惟此項接造鐵路之事不得藉端侵占中國土地及利權其事可由中國交華俄銀行承辦至合同由中國駐俄公使與該行商訂

五、俄國於禦敵時可用前項所開鐵道運兵運糧運械平常無事時亦可在此鐵路運過境之兵糧

六、此約由第四欵合同批准之日起算以十五年爲限屆期六個月以前再行商辦展續

光緒二十二年中俄密約既經成立俄政府即根據密約第四條於是年七月二十五日即西歷一八九六年九月二號與我駐俄許公使訂立東省鐵路合同如左

欽差駐俄大臣許欽奉光緒二十二年七月二十日諭旨允准與華俄道勝銀行訂定建造經理東省鐵路合同中國政府現以庫平銀五百萬兩入股與華俄道勝銀行合夥開設生意盈虧均

照股攤認其詳細章程另有合同載明

中國政府現定建造鐵路與俄之赤塔城及南烏蘇里河之鐵路兩面相接所有建造經理一切事宜派委華俄道勝銀行承辦所有條欵列後

第一條

華俄道勝銀行建造經理此鐵路另立一公司名曰中國東省鐵路公司該公司應用之鈐記由中政府刊發該公司章程應照俄國鐵路公司成規一律辦理所有股票祇准華俄商民購買該公司總辦由中國政府選派其公費應由該公司籌給該總辦可在京都居住其專責在隨時查察該銀行暨鐵路公司於中國政府所委辦之事是否實力奉行至該銀行暨公司所有與中國政府及京外各官交涉事宜亦歸該總辦經理該銀行與中國政府往來帳目該總辦亦隨時察核該銀行應專派經手人在京都居住以期一切事宜就近商辦

（查此條及諸條所稱政府字樣洋文係作古威勒芒即近來譯爲國家之稱又所稱總辦字樣洋文係作伯理璽天德亦有總辦之義而名目較大（西語無論公署商會其首領人皆稱爲伯里璽天德澤者以此稱專屬民主甚誤）以所譯與洋文實事無甚出入故皆仍之其原譯薪俸字樣現改公費措詞較爲得體）

第二條

凡勘定該鐵路方向之事應由中國政府所派之總辦酌派委員會同該公司之營造司暨鐵路所經之地方官和衷辦理惟勘定之路所有廬墓村庄城市皆須設法繞越

第三條

自此合同奉旨批准之日起以十二個月為限該公司應將鐵路開工並自鐵路勘定及所需地段給與該公司經理之日起以六年為限所有鐵路應全行告竣至鐵軌之寬窄應與俄國鐵軌一律即俄尺五幅地約合中國四尺二寸半

第四條

中國政府諭令各該管地方官凡該公司建造鐵路需用料件僱覓工人及水陸轉運之舟車夫馬並需用糧草等事皆須盡力相助各按市價由該公司自行籌欵給發其轉運各事仍應隨事由中國政府設法使其便捷

第五條

凡該鐵路及鐵路所用之人皆由中國政府設法保護至於經理鐵路等事需用華洋人役皆准該公司因便僱覓所有鐵路地段命盜詞訟等事由地方官照約辦理

第六條

凡該公司建造經理防護鐵路所必需之地又於鐵路附近開採沙土石塊石灰等項所需之地若

係官地由中國政府給與不納地價若係民地按照時價或一次繳清或按年向地主納租由該公司自行籌欵付給凡該公司之地段一概不納地稅由該公司一手經理准其建造各種房屋工程並設立電綫自行經理專爲鐵路之用除開出礦苗處所另議辦法外凡該公司之進項如轉運搭客貨物所得票價並電報進欵等項俱免納一切稅釐

第七條

凡該公司建造修理鐵路所需料件應免納各項稅釐

（查此條定議時核對法文修理下尙有經理字樣據稅務司柯樂德稱當時李相謂與本條修理語意重復因將原譯漢文删去經理二字然非有故駁致未令將法文並删故漢洋文微有詳略等語合並聲明）

第八條

凡俄國水陸各軍及軍械過境由俄國轉運經此鐵路者應責成該公司逕行運送出境除轉運時或必須沿途暫停外不得藉他故中途逗留

第九條

凡外國搭客經此鐵路於中途入內地必須持有中國護照方准前往若無中國護照責成該公司一概不准擅入內地

第十條

凡有貨物行李由俄國經此鐵路仍入俄國地界者免納一概稅釐惟此項貨物除隨身行李外該公司應另裝車輛在入中國邊界之時由該處稅關封固至出境時仍由稅關查明所有封記並未拆動方准放行如查出中途私行開拆應將該貨入官至貨物由俄國經此鐵路運往中國或由中國經此鐵路運赴俄國者應照各國通商稅則分別交納進口出口正稅惟此稅較之稅則所載之數減三分之一交納若運往內地仍應交納子口稅即所完正稅之半子稅完清後凡遇關卡概不重徵若不納子稅則逢關納稅遇卡抽釐中國應在此鐵路交界兩處各設稅關

第十一條

凡搭客票價貨物運費及裝卸貨物之價統由該公司自行核定但中國所有因公文書信函該公司例應運送不須給費至運送中國水陸各軍及一切軍械該公司祇收半價

第十二條

自該公司路成開車之日起以八十年爲限所有鐵路所得利益全歸該公司專得如有虧拆該公司亦應自行彌補中國政府不能作保八十年限滿之日所有鐵路及鐵路一切產業全歸中國政府毋庸給價又從開車之日起三十六年後中國政府有權可給價收回按計所用本銀並因此路所欠債項幷利息照數償還其公司所賺之利除分給各股人外如有盈餘應作爲已歸之本在收

回路價內扣除中國政府應將價款付存俄國國家銀行然後收管此路路成開車之日由該公司繳呈中國政府庫平銀五百萬銀

查此條內給價收回一節因恐將來講解有異復商該總辦另繕憑函附於合同之後以期相信照譯華俄銀行總辦羅啓泰來函

啓者本公司賬目按年結算刋布其中載明各項賬目及一歲出入欵項並所欠之債所借之欵還本付息等情將來中國給價收回此路應以每年結算刋布之賬爲憑其收回緣由詳載公司章程之內

自此合同成立後俄國侵略滿州之野心更狂至光緒二十三年既見德國佔領膠州灣俄以實踐中日密約防禦他國侵犯滿州爲辭遽以兵隊占據旅順大連二港向清政府要求租借總理衙門拒之謂德國因敎案租借膠州灣與滿州無關中俄兩國永遠親密須勿背密約本旨求俄政府再加考量同時英國以俄國若果租借旅順大連則列强必援利益均沾之例臠割中國領土而中國將立見瓜分之禍故向俄政府忠告勸其將旅順改爲商埠俄政府以各國在中國皆有海軍根據地俄國不應向隅之說拒絕我國答覆與英國忠告淸政府逡巡久之乃命李鴻章與駐北京俄使巴布羅福開談判卒於明年(光緒二十四年)三月初六日締結旅大租借條約如左

第一款

爲保全俄國水師在中國北方海岸得有足爲可恃之地　大清國　大皇帝允將旅順口大連灣暨附近水面租與俄國惟此項所租斷不侵中國大皇帝主此地之權

第二款

因以上緣由所租地段之界經大連灣迤北酌視旱地合宜保守該段所需應相離若干里即准相離若干里其確切界限以及此約各項詳細俟此約畫押後在森彼得堡會同許大臣刻即商訂另立專條此界綫商定後所有劃入租界綫內之地及附近水面專歸俄國租用

第三款

租地限期自畫此約之日起定二十五年爲限然限滿後由兩國相商展限亦可

第四款

所定期限內在俄國所租之地以及附近海面所有調度水陸各軍並治理地方大吏全歸俄官而責成一人辦理但不得有總督巡撫名目中國無論何項陸軍不得駐此界內界內華民去留任便不得驅迫設有犯案該犯送交就近中國官按律治罪按照咸豐十年中俄約第八欵辦理

第五款

所租地界以北定一隙地此地之界由許大臣在森彼得堡與外部商定此隙地之內一切吏治全歸於中國官惟中國兵非與俄官商明不得來此

第六款

兩國政府相允旅順一口既專爲武備之口獨准華俄船隻享用而於各國兵商船隻以爲不開之口至於大連灣除口內一港亦照旅順之例專爲華俄兵艦之用其餘地方作爲通商口岸各國商船任便可到

第七款

俄國認所租之地而旅順大連灣兩口尤爲要備賫自行蓋造水陸各軍所需處所建築礮台安置防兵總設所需各法藉以著實禦侮并認以巳賫修養燈塔以及保航海無虞之所需各項標誌

第八款

中國政府允以光緒二十二年所准中國東方鐵路公司建造鐵路之理而今自畫此約日起推及由該幹路某一站起至大連灣或酌量所需亦以此理推及由該幹路至遼東半島營口鴨綠江中間海沿較便地方築一枝路所有光緒二十二年八月初二日中國政府與華俄銀行所立合同內各例宜於以上所續枝路確切照行其造路方向及經過處所應由許大臣與東方鐵路公司議商一切惟此項讓造枝路之事永遠不得藉端侵佔中國土地亦不得有礙 大清國大皇帝應有權利

第九款

此約自兩國全權大臣彼此互換之日起舉行此約御筆批准之本自畫押後趕緊在森彼得堡互換茲兩國全權大臣將此約備中俄二國文字各二分畫押蓋印爲憑兩國文字較對無訛惟辯解之時以俄文爲本此約北京繕就二本

同年閏三月十七日(陽歷一八九八年)根據上項旅大租借條約第二款由我駐俄京許公使與俄政府在彼得堡復結租借旅大續約凡六款如下

第一款

按照原約第二條租與俄國之旅順口及大連灣遼東半島陸地其北界應從遼東西岸亞當灣之北起穿過亞當山脊至遼東東岸皮子窩灣北盡處止租界附近水面及陸地周圍各島均准俄國享用兩國各派專員就地詳確勘定所租地段之界綫

第二款

從第一欵所定地段北界起應照北京條約第五欵所定隙地其北界綫應從遼東西岸蓋州河口起經岫巖城北至大洋河沿河左岸至河口此河亦在隙地內

第三欵

俄國國家允西比利亞鐵路通接遼東半島之枝路末處在旅口及大連灣海口不在該半島

沿海別處又公同商定此枝經過地方不將鐵路利益給與別國人至中國以後自造路從山海關接長至此枝路最近之地俄國允不干預

第四欵

俄國　國家允中國　國家所請允聽金州城自行治理並城內設立應需巡捕人等中國兵應退出金州用俄兵替代此城居民有權往來金州至租地北界各道路並日常需用附近准俄國享用之水但無權兼用海岸

第五款

中國　國家允認(一)非俄國應允不將隙地地段讓與別國人享用(二)不將隙地東西沿海口岸與別國通商(三)非俄國應允不將隙地地段內造路開鑛及工商各利益讓給

第六款

以上議定各欵繕立華文俄文專條各一分由兩國全權大臣畫押鈐印遇有講論以俄文爲證

光緒二十四年閏三月十七日

俄歷一千八百九十八年四月二十五日

附件第一

查三月三十日電陳專條全稿係據俄外部所交法文稿譯出嗣外部商定應照北京條約配用

俄文漢文各一分所配漢文係從俄文譯出與上次電稿字面微有不同數處第一欵電稿山脊亦在所租地段內今照俄文譯爲亦在俄國租地內語意並無出入又電稿至遼東東岸近皮子窩灣北止蓋謂皮子窩灣北之附近處地界應逾灣北今照俄文譯爲皮子窩灣北盡處止地界應以灣北盡處爲止較前稿語意似稍明確第三欵電稿在旅順大連灣不在該半島別海口今照俄譯爲在旅順及大連灣海口不在該半島沿海別處第四欵日常需用附近之水今照俄文譯爲附近准俄國享用之水語意均無出入又第三款中國以後自造路一語俄文改爲自己力量造路語意有別經與外部辯明另備文聲明已據外部照覆與法文語意講解無異故漢文並不改譯合併聲明

附件第二

爲續補俄歷九十八年三月十五日條約所附專條事本部奉俄主諭稱俄國國家體中國　國家所商之意幷顧念兩國睦誼允將俄兵屯紮金州城外作爲試辦惟萬一城內有亂或居民與俄兵攻打則俄兵即行入城等因特此照貴大臣查照

是年五月十八日中俄兩國依照租借條約第八款及其續約第三欵派員會訂建造南滿鐵路合同如左

准與東省鐵路公司訂定合同

按照中國與俄國於光緒二十四年三月初六日俄曆九十八年三月十五日在北京會訂條約及閏三月十七日四月二十五日在森彼德堡續訂專條內開中國政府從條約畫押日起允照光緒二十二年所准東省鐵路公司建造鐵路之事推廣建造經理一技路在東省鐵路幹路上擇站起造達至遼東半島之大連灣及旅順口海口此技路應悉照光緒二十二年八月初二日九十六年八月二十七日中國政府與華俄銀行所訂合同之各章程辦理等情因此議定按照前訂建造經理東省鐵路合同各節開列如下

第一欵

此東省鐵路幹路之枝路達至旅順大連灣海口取名東省鐵路南滿洲枝路

第二欵

按照光緒二十二年八月初二日九十六年八月二十七日合同第四條造路需用料件水陸轉運應由中國政府隨時設法使其便捷現准公司用輪船及別船挂公司旗行駛遼河並該河之枝河及營口並隙地內名海口合用而有益此路路工者均可駛入及運卸料件

第三欵

東省鐵路公司爲建造南滿洲鐵路需用料件糧草運載便捷起見准其由此路暫築枝路至營

口及隙地海口惟造路工竣全路通行貿易後公司應遵中國政府知照將諸枝路拆去總之自勘定路綫撥地段日起一過八年必定拆去

第四欵

按照光緒二十三年中國政府允准公司開採木植煤斤爲鐵路需用現准公司在官地樹林內自行採伐每株繳價若干由總監工或其代辦與地方官公同酌定惟不得過地方時價凡御用產業或關係風水歸北京政府管屬樹林不得損動並准公司在此枝路經過一帶地方開採建造經理鐵路需用之煤礦計斤納價由總監工或其代辦與地方官公同酌定不得過別人在該地採煤所納之稅數

第五欵

俄國可在遼東半島租地內自行酌定稅則中國可在交界征收貨物從該租地運入或往該租地此事中國政府可商允俄國國家將稅關設在大連灣自該口開埠通商之日爲始所有開辦及經理之事委派東省鐵路公司作中國戶部代辦人代爲征收此關專歸北京政府管轄該代辦人將所辦之事按時呈報另派中國文官爲駐紮該處稅關委員搭客行李及貨物由俄境東站運經運該至遼東半島租與俄國之地段內或由此租地運赴俄境槪免關稅內地稅釐貨物經鐵路從中國內地運往租地或從租地運入內地應照中國海關稅則分別完納進口出口稅無減無增

第六欵

公司可自行擔當備設行海商船挂公司旗照各國通行船章程此項船隻及經理此事若有虧折與中國政府無涉搭客票價及貨物運價由公司自行酌定此事與鐵路不相干涉其經理之期自無限制無庸按照光緒二十二年中國政府與華俄銀行所定合同第十五條價買及歸還期限章程辦理

第七欵

南滿州鐵路方向及經過地方應俟總監工在滿州地方勘定將情形報明公司總局後由公司或在北京之代辦人與鐵路總辦公同商定

光緒二十四年五月十八日

俄歷一千八百九十八年六月二十四日

貴衙門電 附錄備査對

合同稿起首照三月初六京約閏月專條推廣東省鐵路公司建造經理一枝路由幹路擇站至遼東旅大海口悉照華俄銀行所訂合同章程並續約各節如下

一、此枝路達至旅大取名東省鐵路南滿支路

二、原合同第四條水陸轉運造料件中國政府設法便捷准公司用輪船或別船挂公司旗駛

入遼河及該支河並營口及隙地內各海口運卸料件

三、公司爲運載料件糧草便捷准由南過暫築支路至營口及隙地海口惟造路工竣全路通行貿易後應遵中國政府將諸支路拆去

四、中國政府上年九月允准開採煤木現准公司在官地樹林自行採伐每株地方官與總監工公同酌定繳價不得過時價惟盛京省內御用產業及關係風水北京政府管属樹林不准採伐又准此支路絕過一帶地方開挖煤礦亦公酌計斤納費不得過別人所納

五、俄國在租地自酌稅則中國應征租地交界貨稅此事可商允俄國在大連灣俟開埠後即行設關派公司作爲中國戶部代辦人征收還歸北京政府管轄將所辦事按時呈報貨物由俄境車站往來租地內概免稅厘其由租地經鐵路出入中國內地照海關稅則征收無減增

六、公司准自備行海商輪挂公司旗若有虧拆與中國無涉此事與鐵路無涉不照原合同續買及歸還期限辦理

七、南滿州鐵路方向及經過地方俟以後總監工在滿州勘定由公司或北京代辦與總辦公同商定以上照全文節去冗字句澄儒江一

查遼東半島之重要即在旅順大連兩處俄既得之又設鐵道與全佔半島無異嗚呼中日戰爭之結果我遼東雖失而以三千萬兩庫銀爲代價購回然日本返之俄國攘之同是痛耳明年三月二

十八日中俄兩國又派員締結勘分旅大租界條約列左

第一欵

按照華歷光緒二十四年閏三月十七日俄歷一千八百九十八年四月廿五日彼得堡續約第一欵遼東半島俄國租地之陸地北界自半島西岸之亞當灣北岸起往東間有偏北偏南至半島東岸之貔子窩灣北岸終

第二欵

此次專條第一欵所定邊界其屯莊土地錯出錯入設有齟齬兩國邊界本管官應切實按照此次所定專條第一欵互相核辦

第三款

按照華歷光緒二十四年閏三月十七日俄歷一千八百九十八年四月廿五日彼得堡續約第二欵自毗北連遼東半島俄國租地之隙地陸地北界由半島西岸之蓋州河口起往東偏南經過歸入隙地蓋平縣城即蓋州及隙地外姚家店中間然後界綫仍按前方向往大洋河南走自北繞過隙地內之岫巖州城過大洋河左岸即東岸界綫又順此左岸往下至河口在半島東岸爲止

第四欵

此次專條第三欵所定隙地陸地北界按照華歷光緒二十四年閏三月十七日俄歷一千八百九十九年四月廿五日彼得堡續約所附地圖舉其綱領若必詳細就地勘劃界綫兩國另應派員核辦

第五欵

按照（華歷光緒二十四年三月初六日 俄歷一千八百九十八年三月十五日）北京條約第一欵暨（華歷光緒二十四年 俄歷一千八百九十
閏三月十七日 八年四月二十五日）彼得堡續約第一欵又按照北京俄國使署與總理各國事務衙門商定
遼東半島租界西岸附近水面陸地北界緯綫以南各島均歸俄國享用
惟鏇籠島南段歸俄國租界內北段歸入隙地此島詳細勘劃在後
又租界東岸附近水面所有各島在北界緯綫以南者均歸俄國享用而以劃入俄國租界內之
海洋島作為盡東之界

第六欵

遼東半島租地陸地北界緯綫以北在隙地內東西岸附近水面各島均應照（華歷光緒二十四 俄歷一千八百九
十年三月初六日 八年三月十五日）條約第五欵暨（華歷光緒二十四年閏三月十七日 俄歷一千八百九十八年四月廿五日）續約第五欵
所定隙地辦法

第七欵

按照北京俄國使署與總理衙門商定所有遼東半島以南廟羣各島不歸租界之內而中國允
認不能將該全島或一二島讓與別國及別國之人或永遠或暫行享用並不能在此羣島開設
通商口岸亦不能在此各島准與他國人民造鐵路開礦及工商利益各事

第八欵

此次專條所定界碑自本年為始每逾三年應行查閱屆期交界本管官一員會於一定處所順界線而走查閱大小界碑查閱時如大小界碑見有損壞或全有損壞者查閱官切實遵守此次專條并附於此次專條之圖仍就原處重立

兩國委員此次所定專條以俄華文字各備四份畫押蓋印以昭信守校對相符遇有辯解要以俄文字為憑此外委員等將界綫繪圖註以華俄文字用紅色標明此次專條所定界線并就圖畫押蓋印為

兩國委員將新界專條互換後應將專條分呈駐劄北京俄國公使及總理各國事務衙門以便批定完結

此次專條於華歷光緒二十五年正月十七日 俄歷一千八百九十九年二月十四日立於旅順

旋俄政府以遼東租借地改建關東省仿西比利亞制度置總督治之以旅順為首府今以二十五年短期之租借地竟與本國領土一律看視租借云哉然俄國以奸詐之外交手段間接由日本取得而其結果竟惹起日俄戰爭致南滿利權復入日人之手掌中矣蓋俄國一據滿州非僅足以控制冀北且能蹂躪英國在揚子江之勢力獨覇亞東而日本自維新之後亦夙以建業遠東自期極思佔領滿州以作發展之根據地不幸遼東半島得而復失此心耿耿常引為痛及俄租旅大遼東

形勝盡爲所有歸之中國日人已不甘心況而轉入俄國其痛恨更無言矣迨庚子年義和團起於京津時奉天土匪和之攻俄國東清鐵道守衛兵至宣戰旨下奉天副都統晉昌督兵焚燒教堂并毀鐵嶺遼陽鐵道襲擊俄員黑龍江將軍壽山亦發兵炮擊俄艦更出一支隊進佔後貝加爾湖鐵道俄政府聞報大驚使西比利亞軍隊進攻北滿陷齊齊哈爾直入哈爾濱觀俄軍沿途所過或焚毀民房或劫掠官庫最慘者將在布拉克威等處之華僑三千餘人盡溺諸黑龍江絕無人道可說同年閏八月初旬西比利亞援軍會合關東俄軍夾攻奉天城陷將軍增祺遁往蒙古於是東三省之俄軍聯合一氣大有囊括北方全體之勢致啓八國聯軍疑忌乃佔領山海關以遏其覬覦關內之慾望至光緒二十七年忽由我國駐俄公使楊儒與俄外務大臣締結密約付俄以經營滿州全權於是日英德義美奧六國先後警告我政府並詰責俄國因之俄國一見各國情勢如斯無可如何遂廢棄密約及北京和局告成德宗在西安行宮發布暫不回鑾之諭俄國以北京主權尚未確定爲辭申明繼續佔領滿州乘機向李鴻章要求訂立二次密約李不得已從之九月初旬草約就緒電奏西安行在德宗拒不批准且命廢約會李病卒德宗旋亦返蹕以致密約終未成立而俄國見各國之不容納并失佔領滿州之口實不得已於光緒二十八年三月初一日駐京俄使雷薩爾與王文韶結東三省交收條約如左.

第一款

大俄國　大皇帝願彰明典　大清國　大皇帝　和睦及交誼之新證據而顧不由東三省與俄國交界各處開仗攻打俄國安分鄉民各情允在東三省各地歸復中國權勢並將該地方一如俄軍未經佔據以前仍歸中國版圖及中國官治理

第二欵

大清國國家今自接收東三省自行治理之際申明與華俄銀行於華歷光緒二十二年八月初二日卽俄歷一千八百九十六年八月二十七日所立合同年限及各條欵實力遵守並按照該合同第五欵承認極力保護暨在該鐵路辦事各人並分應保護在東三省所有俄國所屬各人及該人各事業　大俄國　國家因有　大清國　國家所認以上各情允認如果再無變亂並他國之舉動亦無牽制卽將東三省俄國所駐各軍陸續撤退其如何撤退開列於後由簽字畫押後限六個月撤退

盛京省西南段至遼河所駐俄國各官軍並將各鐵路交還中國再六個月撤退盛京其餘各段之軍官暨吉林省內官軍再六個月撤退其餘之黑龍江省所駐俄國各官軍

第三款

大清國　國家暨　大俄國　國家爲免華歷光緒二十六年卽俄歷一千九百年變亂後來再行復熾且此變亂皆屬中國駐箚於俄國交界各省之官兵所爲今令各將軍與俄國兵官會同

籌定俄兵未退之際駐紮東三省中國兵隊之數目及駐箚處所中國允認除將軍與俄國兵官籌定必須敷勦辦賊匪彈壓地方之用兵數中國不另添練惟在俄國各軍全行撤退後仍由中國酌核東三省所駐兵數應添應減隨時知照俄國　國家蓋因中國如在各該省多養兵隊俄國在交界各處亦自不免加添兵隊以致兩國無益而增加養兵各費也至於東三省安設巡捕及綏靖地方等事除指給中國東省鐵路公司各地段外各省將軍教練專用中國馬步捕隊以充巡捕之職

第四款

大俄國　國家允准將自俄歷一千九百年九月底即華歷光緒二十六年閏八月間起被俄兵所佔據並保護之山海關營口新民廳各鐵路交還本主大清國　國家允許　一·設有應行保護該鐵路情節則專責成中國保護毋庸請他國保護修養並不准他國佔據俄國所退各地段二·修完並養各該鐵路各節必確照俄國與英國一千八百九十九年四月十六日即華歷光緒二十五年三月十九日所定和約及按照一千八百九十八年九月二十八日即華歷光緒二十四年八月二十五日與公司所立修該鐵路借欵合同辦理且該公司應遵照所出各結不得佔踞或藉端經理山海關營口新民廳鐵路　三·至日後在東三省南段續修鐵路或修枝路並或在營口建造橋梁遷移鐵路盡頭等事應彼此商辦　四·應將　大俄國　國家交還

山海關營口新民廳各鐵路所有重修及養路各費由中國　國家與俄國　國家商酌賠償俄國因此項未入大賠款內

兩國從前所訂條約未經此約更改之款應將舊照行此約自兩國全權大臣彼此簽押蓋印之日起施行並　御筆批准之本限三個月內在森彼得堡互換玆約兩國全權大臣將此約備漢俄法三國文字各二分畫押蓋印以昭　信守三國文字校對相符惟辦解之時以法文爲本訂於北京就二分

同時又根據前約第四款訂立交還關外鐵路條約如左

第一款

俄國　國家與中國國家爲交還接收鐵路各　特派全權大臣該全權大臣任便揀派幫辦委員必期數用該全權大臣同商訂交還鐵路之次序及各章程

第二款

中國鐵路總局須將俄員預備養路及保護鐵路之各建造及物料均按實價接收

第三款

按照一千九百一年八月二十五日所定和議大綱北京留駐保護使館衛兵及直隸省駐守以保護京師至海暢道各兵隊限期之內在山海關至營口之鐵路准俄國兵隊一如各國現得及

將來所得在北京至山海之路各項利益以便更調該隊往返限滿之俄兵及新兵營口車站之馬頭准運俄國兵隊及俄國軍實之船應在別項搬運之先儘行專辦

第四欵

俄國兵隊在山海關營口之間或自行來往或運軍實亦應照北京至山海關之鐵路當時之車價一律辦理

第五款

俄國郵政電報各局在山海關車站所用各房間應交還中國鐵路總局准與英國武員在天津山海關所用中國鐵路總局各房間同時交還

第六款

本約第三條載明限期之內營口山海關北京一路所栽鐵路綫桿上安設電綫一節俄國政府亦應照本年俄歷四月十六日英中兩國所定交還鐵路章程第八條各國在北京至山海關所得各利益一律享用辦理

第七欵

由北京至營口郵政寄信一事俄國政府亦應按照各國由北京至山海關一路所得之利益一律享用嗣後俄國信件日多倘需另用火車寄送該鐵路總局應允一日內備車一輛以便每禮

拜日隨需用之車輛數目自北京至中國東省鐵路往返運送俄國應付此車之費不過所定運送軍實之數

光緒二十八年九月十五日爲駐滿俄軍第一次撤退之日奉天西南部至遼河之軍隊果遵約法全行撤退至明年三月十五日爲第二次撤兵之期俄國非但不履行且反向清政府提出關東三省永不割讓及租借與他國凡俄兵撤退之區不得闢爲自由商港又三省行政與軍事不得聘用俄國以外之人等欵要求承認意在封鎖三省門戶而置於俄國勢力之下也於是英美日三國同起抗議日本尤爲嚴厲其國民特組織對外同志會主張與俄開戰而清政府亦藉三國之外援力拒俄國要求俄公使乃罷其議旋又提出新案要求凡東三省經營之事業悉由道勝銀行代給資金及營口稅務今後二十年亦由該銀行管理京張與京恰兩鐵路均由道勝銀行修造此新案提出後會俄國陸軍大臣苦魯巴金東游日本風傳與日政府交換滿韓利權致日本輿論大沸主戰益熾清政府既見列強反對不敢應允無何駐北京俄使公然宣言謂東三省撤兵問題無論如何斷不能無條件退出縱因此事與日本開戰亦所不顧云云日人聞之已更不能忍乃俄關東總督忽派俄人六十名入朝鮮之龍崖浦建造房舍要求租借朝鮮拒之俄人不僅不退且築礮台以籌軍備由是日人益憤而日俄戰機日急矣

是年六月日本駐俄公使訪俄國外務大臣開始談判並提出遠東問題之要求案會俄皇西遊故

移談判於東京命駐日俄使亦向日外務大臣提出相對之要求案與日本原案同爲談判基礎日本主張劃清日俄兩國在遠東之特殊利益而俄國不允日本預聞滿州主張僅討論在朝鮮方面之利益以限制日本之勢力協議時間前後凡七八月終不得要領日政府遂决意以武力解决電令駐俄栗野公使致哀的美敦書於政府下旗歸國同時俄使亦退出東京日俄國交遂絕

西歷一千九百零四年六月日本聯合艦隊自佐世葆出發襲攻駐泊旅順之俄艦戰局既開各國次第宣布中立我國亦由外務部向日俄兩國發出公文略謂日俄失和中國均以友邦之故嚴守局外中立東三省所在之城池官衙民命財產兩國均不得損傷原有之中國軍隊彼此不相侵犯遼河以西俄兵撤退地方由北洋大臣派兵往駐各省及邊境內外蒙古均按局外中立之例辦理日俄軍隊不得侵越如有闖入境內中國自當攔阻東三省土地無論誰勝誰敗仍歸中國不得自由佔據云云日俄兩政府接得公文皆承認之於是遼河以東爲交戰地以西爲中立地

旅順俄艦既爲日艦所擊不敢復出日本乃以運艦輸送第十二師團至平壤進破俄軍於定州旋日將黑木維楨率第一軍渡鴨綠江攻九連城又護大勝日將奥保鞏率第二軍破金州進陷南山擊攻俄軍於金州半島俄軍既敗北俄將苦魯巴金欲集重兵於遼陽謀與日軍决一死戰被日軍偵知乘俄軍尙未集合遣軍破之於得利寺而旅順之後路遂絕於是日將乃木希典率第三軍進攻旅順俄艦情急潛遁被日艦窺見從外圍攻俄艦自知不敵遂駛還港內在旅順之俄軍內力日

竭外援無望直至翌年一月不得已降於日軍矣旅順既定俄國東來騎兵團忽犯我遼西中立地日軍敗之於渾河右岸因之交戰地域展廣遂以溝帮子至新民府之鐵道爲局外中立地之境界俄軍旋集重兵於奉天方面期與日軍作最後之解决日軍以大山巖爲總司令統率各軍進攻其戰綫亘長四十餘里兩軍總額達九十餘萬人盖兩國最後勝負盡在此定也日軍以聲東擊西之計先斷奉天北面鐵道以絕俄軍歸路復派兵四路並出圍攻俄軍敗北日人乘勝佔領奉天俄政府見其陸軍既屢戰屢北已不克重振不得已令其波羅的海艦隊東航以圖再决雌雄於海上旅順軍港已陷不得不以海參威作根據地當俄艦三十八艘魚貫向日本海進駛於過對馬島水道時日艦中途迎擊交戰十餘分鐘俄艦或沉或焚紛散錯亂得逃逸者僅巡洋艦五艘驅逐艇三艘特務船二艘而已

俄國在遠東之海陸兩軍於是完全消滅國防空虛且國內虛無黨乘機而起愈不能支反顧日本雖勝兵力財政亦日艱難美國大總統盧斯福知和機已熟獨出而調停蓋日英有同盟關係俄法亦有同盟關係德則自干涉遼東事件後頗與俄接近故列强中能調停戰局者厥惟美國於是日俄兩國皆應允日本以小村壽太郎爲全權大使註美公使高平小五郎爲全權副使俄以微德爲全權大使前駐日公使羅拴爲全權副使由美總統介紹會見於紐約定波子瑪斯爲會議地點日使要求俄國割讓樺太島及其附屬島嶼並賠償軍費俄使以俄雖戰敗然日軍未進俄境一步割

地價金斷難承認美總統勸雙方讓步討論凡星期始行成立是謂日俄波子瑪斯條約其要旨如下

一、俄國承認日本於朝鮮有軍事上政治上及經濟上之特殊利權

二、除遼東半島租借區域外現時日俄兩軍佔領之滿州全部均還中國所有在該處之日俄軍隊同時撤退

三、中國因使滿州之商工發達以外力設置時日俄皆不得阻碍

四、俄國將旅順大連及附近領地領水之租借權讓與日本

五、俄國將長春旅順間之鐵道及其一切支綫幷附屬之利權及財產均讓與日本

六、日俄兩國在滿州之鐵道相約僅限於工商之目的不爲軍事上之侵略但遼東租借地域不在此限

七、日俄兩國爲便利交通運輸起見使滿州之鐵道相接其辦法另訂約章

八、俄國將樺太島北緯五十度以南之半部及其附近一切島嶼與該地方內之一切公共物產之主權讓與日本

細閱以上日俄媾和條約多半關係滿州之事夫日俄用兵原爲滿州問題其交戰區域又屬我國領土而和約之要旨更關我國主權理宜以北京爲議和地點使我預聞乃日俄兩國竟然藐視不

使我國預聞擅將滿州利權私相授受規定約章其居心何如不問可知迄至光緒三十一年（西歷一九零五年）日本始派小村壽太郎來京以戰勝之餘燄強迫我國開議滿州善後事宜清政府懼之派奕劻瞿鴻璣袁世凱三人共當談判之席即以日俄和約爲藍本於十一月二十六日締結東三省條約如左

第一款

中國政府按照日俄和約第五款及第六款將俄國允讓日本之一切概行允諾

第二款

日本國政府承允按照中俄兩國所訂租借地及造路原約實力遵行嗣後有事隨時與中國政府妥商釐定

第三款

本條約由簽字蓋印之日起即當施行並由　大清國大皇帝　大日本國大皇帝　御筆批准由本約蓋印之日起兩個月以內應從速將批准約本在北京互換

當時日本以所奪得俄國在滿州之利權心猶未饜又與我國訂結下列附約以展廣其在滿州之利權範圍

第一款

中國政府應允俟日俄兩國軍隊撤退後速將下開各地方中國自行開埠通商

奉天省內之鳳凰城　遼陽　新民屯　鐵嶺　通江子　法庫門　吉林省內之長春（即寬城子）

吉林省城　哈爾賓　寧古塔　琿春　三姓　黑龍江省內之齊齊哈爾　海拉爾　愛琿

滿州里

第二款

因中國政府聲明極盼日俄兩國將駐紮東三省軍隊暨護路兵隊從速撤退日本國政府願副中國期望如俄國允將護路兵撤退或中俄兩國另有商訂妥善辦法日本國政府允即一律照辦又如滿州地方平靖外國人命產業中國均能保護周密日本國亦可與俄國將護路兵同時撤退

第三款

日本國軍隊一經由東三省某地方撤退日本國政府應隨時將該地名知會中國政府雖在日俄和約續加條約所訂之撤兵限期以內即如上段所開一准知會日本軍隊撤畢則中國政府可得在各該地方酌派軍隊以資地方治安日本軍隊未撤地方倘有土匪擾害閭閻中國地方官亦得派相當兵隊前往勦捕但不得進距日本駐兵界限二十華里以內

第四款

日本國政府允因軍務上所必需曾經在滿州地方佔領或佔用之中國公私各產業在撤兵時悉還中國官民接受其屬無須備用者即在撤兵以前亦可交還

第五款

中國政府爲妥行保全在東三省各地方陣亡之日本軍隊將兵墳塋以及立有忠魂碑之地務須竭力設法辦理

第六款

中國政府允將由安東縣至奉天省城所築之行軍鐵路仍由日本國政府接續經管改爲專運各國工商貨物自此路改良竣工之日起（除因運兵回國耽延十二個月不計外限以二年爲改良竣工期）以十五年爲限即至光緒四十九年止屆期彼此公請一他國公估人按該路建置各物件估價售與中國未售以前准由中國政府運送兵丁餉械可按東省鐵路章程辦理至該路改良辦法應由日本承辦人員與中國特派人員妥實商議所有辦理該路事務中國政府援照東省鐵路合同派員查察經理至該路轉運中國官商貨物價値應另訂詳章

第七款

中日兩國政府爲圖來往輸運均臻興旺便捷起見妥訂南滿州鐵路與中國各鐵路接聯營業章程務須從速另訂別約

第八欵

中國政府允南滿州鐵路所需各項材料應豁免一切稅捐釐金

第九款

所有奉省已開辦商埠之營口暨雖允開辦之安東縣奉天府各地方其劃定日本租界之辦法應由中日兩國官員另行妥商釐定

第十款

中國政府允許設一中日木植公司在鴨綠江右岸地方採伐木植至該地段廣狹年限多寡暨公司如何設立一切合辦章程應另訂詳細合同總期中日股東利權均攤

第十一欵

滿韓交界陸路通商彼此應按照相待最優國之例辦理

第十二款

中日兩國政府允凡本日簽名蓋印之正約暨附約所載各款遇事均以彼此相待最優之處施行

本約由本日簽名蓋印之日起當施行並本日簽定之正約一經批准本約亦視同一律批准為此兩國全權大臣各奉本國政府合宜委任繕備漢文日本文各二本即以此約內簽名蓋印以

昭信守

右締二約因日俄戰爭以致我國受其影響也在名義上爲日本接續俄國遼東租借地試閱附約所載則日本於無形之中已大擴張其利權於波子瑪斯和約之外而侵佔我國權利頗亘蓋戰敗之俄國所失不過在中國所獲之利益乃中立國之中國所失更有甚於俄也迴憶日俄於未戰之前我國上下莫不與日本表同情及開戰之後我國在日之留學生特組織義勇隊以謀敗俄我滿州之同胞亦身臨前敵以助日軍其實日俄交戰無論誰勝誰負皆於我國不利也日本原爲新進之國野心勃勃貪得無饜除依前列二約所得利權以外對於我營口地方之政權與實業強欲預聞以交收營口爲口實另訂條約如左

一、按北京所訂另單第一條載明營口地方於日本軍隊未撤以前凡關驗疫防疫等事由地地方官與日本領事官商訂章程等語現今兩國委員商定暫時即按日本軍政官所訂章程辦理倘日後查有應行更改之處即由地方官會同日本領事隨時商改俟日本軍隊撤後即由中國地方官自行主持辦理

一、按北京所訂另單第二條載明凡於軍政時代內所有業經開辦或已籌畫而未經開辦之公益事宜應由地方官接辦或允歸其承辦等語查日本軍政官前已允許日清合辦股分公司開辦營口自來水電氣車電氣燈可由該公司承辦但須將該公司原定一切章程呈

送北京應管之部立案倘該部檢查此項章程有應行更改或應添減之處該公司允爲遵照辦理自來水一業添股之時必須先儘華人電話一業乃中國電報局專利應由中國電報局收回自辦即由該局與該公司彼此各派一員會同查看該公司在營口已經製備所有電話產業估價照購倘彼此委員意見不同應由該局與該公司隨時公舉一局外之公正人由伊定奪彼此遵守屠獸場一事應由衛生局接辦至如何估價購買即照電報局承購電話方法辦理由營口至牛家屯之輕便小鐵道俟電氣鐵道工竣即行撤去凡關乎公益土木工程出於寓居該埠中外商人之同意由日本軍政官開辦或已籌畫而未經開辦者中國地方官應照接辦完工

一、按北京所訂另單第三條載明警察及衛生事務應歸中國地方管理務期盡善以保公共治安爲此兼用日本警察教習及醫生如有未盡妥洽之處日本領事官可告知地方官隨時酌辦等語現經兩國委員商定僱用日本警察教習及醫生除薪水外一切章程均按天津僱用日本警察教習及醫生一律辦理倘日後警察衛生辦理有未盡妥洽之處一經日本領事官函告應由地方官隨時酌辦

一、凡軍政時代內所判斷訟事案件毋庸中國地方官再爲提訊所有判斷案件並登記等一切文卷應由軍政官移交地方官存案此項案卷另由軍政官繕備一分移存駐紮營口日

本領事署

一、按北京所訂另單第四條載明海鈔兩關事務應歸海關道管理淸國政府將該兩關進款暫儲存於正金銀行將來戶部銀行分別開設之後於兩國銀行儲存等語現經兩國委員商定稅款於中國度支部銀行未設以前儲存營口正金銀行如何辦法應由該管之地方官與正金銀行彼此議定

一、營口日本軍政准定於明治三十九年十二月一日卽光緖三十二年十月十六日全行撤去

第六節　奉新鐵路

日本自得南滿利權之後卽置關東都督以統轄之並於光緖三十二年（明治三十九年）設立南滿州鐵道株式會社與英之東印度會相同專以經營滿州實業爲宗旨定資本金爲二億圓其半數爲日政府之資卽以長春旅順間已成之鐵道及其附屬之一切財產充之其餘一半由日本臣民募外債及公債充之設本部於東京支部在大連又設領事館五處定總領事駐在奉天致日本在南滿之權利駸駸日上中日兩國間之交涉若旅大設關徵稅以日人派充該關稅務司與不徵海運進口稅等條約次第以起其最重要者首爲新奉及吉長鐵路協約議定於光緖三十三年三月初三日斯爲我國向日本借資築造鐵路之開始今將該兩路協約列下

第一款

中國政府現因收買日本國所造由新民至奉天省城鐵路議定售價日本金圓一百六十六萬元在天津交付正金銀行兌收此鐵路由中國政府改爲自造鐵路尤將遼河以東所需欵項向南滿州鐵路公司籌借一半之數

第二款

現中國政府自辦吉林省城至長春府鐵路尤將所需欵項之半數亦向前開公司籌借

第三款

第一款及第二款載借款之條件除還清期限外其餘一切仿照山海關內外鐵路借款合同辦理其主要事項開列於左至鐵路一切辦事章程應按照現在山海關內外鐵路總局之辦法辦理(甲)借款還清期限於關奉新鐵路遼河以東者定爲十八年吉長鐵路爲二十五年在各期限未滿以前均不得還清全欵(乙)奉新鐵路遼河以東向南滿州鐵路公司所借之欵即以該段鐵路產業及進欵作保　吉長鐵路局自籌之商股及向南滿州鐵路公司所借之欵均以該鐵路產業及進欵作保　中國政府於借款未清以前凡他項借欵均不得以以上所指鐵路產業及進欵作保　中國政府於借欵期內應將遼河以東之鐵路及吉長鐵路房屋工廠車輛地段物產等經理妥善並隨時增添車輛務令運載等事敷用無缺倘嗣後於吉長鐵路添造枝路

或再接展其建造之事應歸中國政府自辦如有不敷之欵項應向公司籌備除所指之鐵路外如中國自行籌欵建造他路與南滿州鐵路公司無所關涉（丙）借欵本息均由中國政府作保如付息還本到期爽約公司卽知照中國政府應按所需之數代還公司倘中國政府於公司知照後未能照所短本息籌還應將所指之路及一切產業交公司暫代管理俟本息還清仍交還鐵路局管理倘所欠本息爲數無多可通融展期惟不得逾三個月之久（丁）在借欵期內總工程師應用日本人主鐵路辦事人員倘華人不敷用亦可參用日本人倘有時須更換總工程師應與公司商明方可派委並添派鐵路日帳房一員須具幹練之才於鐵路各帳務均有全責布置督理其監督收發事宜應商同鐵路總辦辦理（戊）所指各路係屬中國政府官路如遇軍務帳務政府在各路運送兵丁糧食均不給價（己）指明各路所有一切進欵應存日本國銀行至如何存儲俟訂立借欵合同時彼此商定

第四款

中國政府收買現有之奉新鐵路後應從速與南滿州鐵路公司訂立關於遼河以東之借欵合同又派令中國工程師會同日本工程師履勘吉長鐵路以憑估計該路需欵完畢後應於六個月內與公司訂立借欵合同

第五欵

中國所辦之奉新及吉長鐵路均應與南滿州鐵路聯絡至其一切章程由津榆鐵路局與南滿州鐵路公司另派委員妥訂

第六欵

第一款及第二欵所載借欵之實收價值應照中國最近與他國借欵公平酌定

第七欵

奉新鐵路售價交付後限一個月應即由中國鐵路局接收經管

更至光緒三十四年十月十九日日本爲擴張債主權利範圍起見由駐北京一等書記官河部守太郎與清郵傳部鐵路局局長梁士詒復訂定續約如下

第一欵

中國政府按照新奉及吉長鐵協約『下文稱協約』第一欵及第二款允將京奉鐵路遼河以東路段需款項之半數即日本貨幣三十二萬元及吉長鐵路所需欵項下之半數即日本貨幣二百十五萬元向南滿州鐵路公司籌借

第二欵

借款利息常年付息五釐

第三款

借款實收價值按照協約第六欵每百按九三扣付

第四款

中國政府按照協約第三款在借款期內京奉鐵路遼河以東路之總工程師應用日本人則開辦伊始可即以現在京奉鐵路所用之日本工程師充之其事權仍照現在辦法歸京奉鐵路總辦與總工程師管轄倘將來有事須更換該工程師應按協約與南滿州鐵路公司商明派定其事權仍照上開辦法一律

第五款

中國政府因京奉鐵路遼河以東之帳目難以分開日本政府可允諾在該路司帳人不另派日本人又日本政府照允中國政府按該路借款總數算出按年應還本息數額再算出按月應還本息若干以此按月應還本息數額抵作遼河以東路之餘利按每月初一日由中國政府存放南滿州鐵路公司指定在中國之日本國銀行以爲屆期付還本息之用將來屆期如何付還本息及銀行給回存款息率若干俟訂立借欵細目合同時另行商定又中國政府允將京奉鐵路全綫之月底帳目大綱及年底决算帳目之英文徵信册按月按年送交南滿州鐵路公司閱看

第六款

吉長鐵路總工程司及司帳人均按協約第三款應用日本人其任用法總工程師應由中國政

府選擇幹練人材商明南滿州鐵路公司後由中國政府派委倘將來有時須更換該總工程師及司帳人應按協約商明南滿州鐵路公司亦按上開辦法派委

第七款

關於借款細目合同應遵照協約及本續約南滿州鐵路公司與中國郵傳部委員另行商訂本續約應由各本國政府允認施行

第七節　採木公司

次爲日本力謀經濟之發展根據光緒三十一年十一月二十六日所訂中日滿州條約附屬協約第十一款強求我國允許合辦鴨綠江採木公司以圖侵佔我天然之利益果見於光緒三十四年四月十五日由駐北京公使林權助與我外務部會辦大臣那桐訂立採木章程凡十三條列下

第一條

公司伐木區域自鴨綠江右岸之帽兒山至二十四道溝之間以距江面六十清里爲界　由奉派員會同日本委員勘測劃定立標爲界　界內木材准由中日兩國合資經營採伐事業該公司創業之初先由兩國委員設局管業一年待其一切事務整理妥當之後再由兩國招商承辦

第二條

中日合同之材木會社稱爲鴨綠江採木公司

第三條

本公司之資本定額三百萬元中日兩國各出其半

第四條

本公司總公司設於安東縣又本公司若須於各地方設分公司可由督辦酌定於各地方設立分局

第五條

本公司於保全從來之中國木把事業應表同意故於第一條聲明劃定界內歸本公司採伐其界外及渾江之森林則仍歸從來之中國木把採伐但木把如需資本可向本公司借入其採伐之木材除江浙鐵路公司所需枕木及渾江沿岸居民需用木材可直接向該木把收買外其餘悉歸本公司收買惟公司當照市價給值收買不得任意壟斷

第六條

本公司所採伐之木材及向木把收買之木材如中國政府及中國各官衙署需用之時可給護照向本公司購買本公司當照實費計算不得高抬價值

第七欵

本公司營業之期限定以二十五年至期滿時由中國政府察看該公司經管事業如果妥當准

由該公司禀請中國政府核准延長期限

第八條

本公司設督辦一人由奉天督撫扎派東邊道台兼辦監督該公司經營之事業又設理事長二人由中日兩國各派一人經理公司一切業務此外並設理事技師等由理事長協議選派若於界內入山採木需用別國之人當由理事長預先稟明督辦核准方可

第九條

該公司每至年末須將一年內之一切事業編製報告書及收支計算書呈請兩國官憲核閱

第十條

本公司所入之款除一切費用外以純益百分之五報効中國政府其餘利益歸中日兩國股東均分該公司所有費用不得任意支銷按期須將公司使用人員薪工以及一切費用預算稟呈督辦核准

第十一條

設立本公司一切辦法於此大綱議定後一個月以內由奉天督撫及駐奉天日本總領事各派委員一員會商協定詳細章程交該公司遵照辦理並限三個月以內開業以後公司如須別定一切章程均當呈請督辦核准方可施行

第十二條

本公司應納之木材稅應由兩國委員在奉天省商議詳細章程商議之法先行查明向來所定稅額呈由地方長官核准酌減本公司輸入機械及材木必需之器具等概准免收一切稅金釐金

第十三條

本公司開業之後日本政府允將現在鴨綠江所設之木材廠全行撤去

自公司創立之後我鴨綠江上流之森林悉歸日人掌握矣蓋名義上為中日合辦而其實則中國總辦等於虛設公司大權全由日人主持華員不敢過問以致土人所採木件乘江流而下途中多被日人索去或苛重稅卒歸公司所有轉運各地如我國公私所用木料大都購自日商其中多半為我國天然產品而其利益盡歸日人言念及此豈不痛心乎

第八節　安奉鐵路

再次為安奉鐵路問題繼續進行查此路築於日俄戰時為便利軍運起見由鴨綠江左岸之安東縣敷設一狹軌軍用鐵道直達奉天迨日俄戰爭告終自應撤去或由我國買收不憶日本竟以强暴手段要求清政府載明於中日滿州善後協約之附約允許該鐵道改為工商業鐵路仍歸日本經營以十五年為限並規定自此路竣工之日起除因運兵歸國延擱十二個月不計外限以二年

爲改良工事之期是約成於光緒三十一年冬則着手改良應在三十二年之冬而與我國協商改良辦法尤應在先然日本竟延至三十四年夏間尚不向清政府提出直至北京政變乘我國政局不統一之時突然提起交涉其用心概可想見清政府既無餘力對之卽命郵傳部派員與日員會勘改良之新路綫多依日員預定者勘定日政府又向我國要求卽行收買路線地基清政府以東三省總督錫良當談判錫良頗知國家主權惟每多誤會似乎不認兩國所勘定之新路線祗許按舊路線改築並要求日本撤退該鐵道之守備兵與警察等事非惟不見効果反貽日本以我國不遵約章爲藉口竟令鐵道會社自由行動卽日起工且命海陸軍隊皆作準備其勢洶洶有必以武力解决之狀於是清政府不得已復命錫良會同巡撫程德全悉依日本意願於宣統元年七月間與駐在奉天之日本總領事締結安奉鐵道協約其要旨如左

一、中國承認前次兩國委員勘定之路線陳相屯至奉天一段由兩國再行協議决定

二、安奉軌道與京奉鐵道同樣

三、此約調印之日須卽協議購買土地及一切細目翌日卽行急進工事

四、沿鐵道之中國地方官對於施行工事應妥爲照料

此約之締結非出自我國所願因無實力以爲外交之後盾不得不就彼範圍自是之後南滿局勢益不可救迴憶伊藤博文嘗曰朝鮮爲渡滿之橋朝鮮既滅橋工告成滿州己處沸鼎之勢而况此

約成立以安奉鐵道聯合滿州與朝鮮之交通甚爲便利凡該鐵道所及之處卽兵力所臨者南滿一隅因此約而淪於日本也我國之不幸無逾於斯矣

第九節　間島協約

安奉鐵道協約既成立日本見清政府易欺乘機要求解決其餘各懸案我國悉應之於是間島協約滿州五案協約次第成立試先述中日間島交涉之大概先是康熙年間清政府與朝鮮劃定國境於鴨綠江圖們江水源之白頭山上樹立界碑規定西以鴨綠江東以圖們江爲兩國分界清政府以吉林東部長白山一帶爲發祥之地禁止人民移居故該處戶口不多圖們江中有江通灘面積不及二千畝四圍帶水故以間島呼之此島向屬吉林管轄亦在禁令之內因是更形荒僻儼同無主地域同[illegible]朝鮮鐘城歲飢其民多渡圖們江移居間島按年納地租於我國光霽峪經略歷衙門是明屬我國地也光緒初年朝鮮人忽請免納地租清政府念主權攸關令朝鮮人退出間島不獲要領乃設延吉廳以治之光緒二十九年朝鮮人李範允煽惑越居之朝鮮人爭執間島爲朝鮮國領土紛起謀叛經我國官軍討平並與朝鮮政府立約載明間島卽光霽峪其所屬之江地向准朝鮮人民居住按年納租今照舊辦理是間島爲我國領土已成鐵案及日俄戰爭之後日本一得朝鮮主權卽注意間島由伊藤統監派齋藤中佐率日兵據之政府與駐京日使交涉日使強謂光霽峪以東爲東間島和龍峪一帶爲西間島係兩國未定之界甚謂長白山上界碑載土門江爲

界朝鮮人稱海蘭河爲土門河圖們江係豆滿江非土門江中韓國境實爲海蘭河其言云云無非爲圖佔間島遂出此無稽之談殊不知土門豆滿圖們均係一音之轉圖們江北岸界碑矻立鑿鑿可據光緒十三年朝鮮李王曾致書北洋大臣聲明鴨綠江豆滿江爲兩國境界是豆滿江即土門江尤無疑義矣此案先經東三省總督趙爾巽等與駐奉日領事協商未得要領延宕一年之久及安奉鐵道問題解决日使伊集院彥吉遂向清外務尚書梁敦彥重提舊案卒締間島協約如左

一、中日兩國協定以圖們江爲中韓兩國國境其江源地方以界碑爲起點依石乙水爲界

二、中國准外國人居住龍井村局子街頭道溝百草溝等處貿易日本於此等地方得設領事館

三、中國准朝鮮人民在圖們江北之墾地居住

四、圖們江墾地居住之朝鮮人民服從中國法權歸中國地方官管轄及裁判中國官吏對於此等朝鮮人與中國人一律待遇所有納稅及其他一切行政上處分亦同於中國人

五、朝鮮人訴訟事件由中國官吏按中國法律秉公辦理日本領事或委員可任便到堂聽審惟人命重案則須先行知照日領事到堂如中國有不按法律判斷之處日領事可請復審

六、圖們江雜居區域內朝鮮人之財產中國地方官視同中國人民財產一律保護該江沿岸彼此人民得任便往來惟無護照公文不得持械入境

七、中國將吉長鐵路延長至延吉南邊界與朝鮮會寧鐵道聯絡一切辦理與吉長鐵道同

八、本約調印後日本所駐守文武人員於兩月內完全撤退

是約成後清政府以吳祿貞爲延吉邊務大臣吳具幹材處理間島頗著政聲日人畏之惜乎辛亥革命於石家莊車站身殉民國天不憖遺亦民國之大不幸也

第十節　五案協約

滿州五案協約卽新法鐵道營口支線撫順烟台炭礦安奉鐵道沿線及南滿鐵道沿線之礦務與延長京奉鐵道等五問題之解決也新民屯至法庫門之鐵道清政府欲借英欵築造此路以分日本南滿鐵道勢力日本謂係南滿鐵道競爭線極端抗議以壟斷南滿利權清政府敷衍過去遂成懸案營口支線亦於光緒二十五年規定東清鐵道會社築造旅順哈爾濱間之鐵道得暫設營口支線以運送材料俟南滿幹路落成後拆去迨日俄戰爭之後南滿鐵路讓歸日本及落成日清政府要求日本拆去該支線日本不允實行前約清政府迫不得已遂置之不論當時撫順炭礦在距奉天城東六十里之地日本以該炭礦爲東清鐵道附屬品利權應歸日本清政府以炭田在東清鐵道三十里外否認之日使强詞奪理絮絮不休我國亦任之而已至開採煙台炭礦地在南滿鐵道沿線爲日本之新要求以上諸案因安奉道之解決悉就日本之意允結滿州五案協約如下

第一款

中國政府如築造新民屯至法庫門鐵路時允與日本國政府先行商議

第二款

中國政府認將大石橋至營口支路爲南滿州鐵路支路俟南滿州鐵路期滿一律交還中國並允將該支路末端展至營口

第三款

撫順烟台兩處煤鑛現經中日兩國政府和平商定如左

甲、中國政府認日本國政府開採上開兩處煤礦之權

乙、日本政府尊重中國一切主權並承允上開兩處煤礦開採煤觔向中國政府應納各項惟該稅率應按中國他處煤稅最惠之例另行協定

丙、中國政府承允上開兩處煤礦開採煤觔出口外運時其稅率應按他處煤觔最惠之例徵收

丁、所有鑛界一切詳細章程另行派員協定

第四款

安奉鐵路沿線及南滿州鐵路幹線沿線鑛務除撫順烟台外即應按照光緒三十三年即明治四十年東省督撫與日本國總領事議定大綱由中日兩國人合辦所有細則屆時仍由督撫與

日本國總領事商定

第五款

京奉鐵路展造至奉天城根一節日本國政府允無異議其應如何辦法可由該兩國官憲及專門技師妥爲商定

觀諸案解決後南滿漸入日本勢力範圍之下矣而吉長新奉兩路借款細目旋亦議定其後又有錦齊鐵道渤海漁權與領海權鴨綠江架橋南滿鐵道附屬電線收買日本遼東方面軍用電線及旅順芝罘間海底電線諸問題次第發生錦齊鐵道因日本唆使俄人反抗未能成立渤海漁權與領海交涉我國又失敗鴨綠江架橋之議決定依安奉鐵道契約於十五年後買還我國南滿鐵道附屬電線原係我國所設而日本佔爲商業電報之用雖經我國抗之竟無効果當日俄戰爭時日本在南滿自由敷設軍用電線戰局既終應由我國收買乃日本違約反抗仍予以使用權旅順芝罘間海底電線則僅以距芝罘海岸七里半以內一段歸中國餘盡屬諸日本且自日俄戰後俄國在遠東之勢力驟弱朝鮮方面既不能再一置喙南滿利權又全讓歸日本惟有力保北滿所得者然日本耽視其旁致現不固之勢而日本以併吞朝鮮恐俄國干涉亦欲言歸舊好因之發生日俄協約兩國攜手經營滿州彼此援助俄北日南各不相犯東三省遂有主客易位之觀從而已矣

第四章

民國中日國際史

清室退位民國成立其最要關鍵厥惟國際必須先得列國之承認然後國基奠定日本既與我國有歷史及地理之密切關係欲謀兩國人民實行親善之政策自宜首先承認以作表率然日本之承認竟在美巴之後直至袁世凱被選爲第一任大總統之日始與英法諸國同行承認由是日本向我國所提出之要求案層見疊出其細小者姑不贅述今將其重要者詳誌於後

第一節　善後借款

民國初創百政待理自必需欵以應急需惟國庫既見空虛不得不借外債藉資補充爲此英美法德四國有鑒於斯起而合組四國銀行團以備投資於是日本約俄國出而反對藉口利益均沾强求加入卒經英美法德四國政府允可而四國銀行團遂一變而爲六國銀行團各以其政府爲後援居奇壟斷要求借款專權不容其外之銀行應借迄至威爾遜被選爲美國總統之後本其民主黨不侵他國主權主義禁止本國銀行預聞政治借欵以致美國銀行卽行退出六國銀行團因又變爲五國銀行團於民國元年十一月二十七日與我國政府正式開議大借欵再四磋商至民國二年夏始行成立合同名爲善後借欵總數爲二千五百萬鎊英金五厘半起息以我國鹽稅全部充抵規定於北京設立一中央鹽務處歸財政總長監督內設稽核總所置總辦一員以華人充之

會辦兩員以外人充之得享有報告鹽稅收入及發行鹽業特許狀等最高權各產鹽地方設華洋兩所長所收稅銀全交於有關係之外國銀行存儲該借款期限五十年償清自第十六年起償還本銀當合同簽字之夜我國會前議長張繼與吳景濂往見銀行團代表告以訂立借欵依我國約法須經國會同意未經國會通過以前請求中止而竟被拒絕第一期國會中途之解散而爲外人所歡迎者殆以此耳

第二節　山東戰禍

民國三年七月二十八日奧國皇儲斐迪南與夫人霍亨堡被塞人在波斯尼亞省見害遂向塞國宣戰由此英俄法義德等國各相爲助次第加入戰事而我國原與各交戰國締約通商和好無間既於歐洲無利害衝突之關係自然宣告局外中立不幸德國駐泊膠州之軍艦以青島爲根據地出巡我國沿海以妨害敵國商務當經駐京英使朱爾典親向袁大總統誘說我國干涉乃派員密向駐京德使提議將膠澳租借地暫行交歸我國管理並將山東軍隊調集於濰縣一帶以備武力解決事被日本聞知即根據日英盟約與英協定於我未發之先即一九一四年八月十五日突向德政府致最後通牒大意如左

一、在日本及中國附近海面之德軍艦應即退出如不能退出須將艦上武器卸除

二、德國須將全部膠州租借地於一九一四年九月十六日以前以無條件且無賠償交與日

本轉還中國

三、日本政府特向德政府聲明如於本月二十日(星期日)午時以前日本政府不得德政府以無條件承認上開之忠告則日本政府必取緊要之手段對付

同時日本政府將上項通牒照會我國及列强並聲明無佔領土之野心時日本加藤外部約我駐使陸宗輿面告宣戰宗旨陸卽質以旣無佔地之野心將來是否將青島歸還中國彼此爭執再四加藤乃言當然歸還陸乃據以達部是日本歸還青島之張本實發於東京外務省之會談後陸宗輿之所以斤斤自表者此也

我國政府一接日本照會見日本捷足先登自不得不中止我國對德之舉動至日本最後通牒之定限已屆德國猶無答復日政府因之派遣海陸兩軍準備在山東沿海分道登陸然初實欲將山東全省畫作戰區以使其勢力徧及於魯境當由我國駐東京公使陸宗輿向日政府提出嚴重抗議扣住其外務次官之假道一言再三磋商始允仿照日俄戰爭前例劃定交戰界限以龍口高密一帶爲假道進兵之綫路並於九月四日由我外交部通告駐京各國公使聲明此次歐洲戰事所有各交戰國均係本國友邦故本政府決意宣告中立茲據山東地方官吏疊來報告德軍隊在膠州灣一帶有行軍戰備情狀而日英聯合軍亦在龍口及膠州灣萊州附近一帶見有軍事行動等情查本國與德日英三國同居友邦不幸在中國境內有此意外舉動實屬特別情形與一九零四

年日俄在遼東境內交戰事實相彷惟有參照前例不得不聲明在龍口萊州及接連膠州灣附近各地方確實為各交戰國軍隊必須行用至少之地點本政府不負完全中立之責任此外各處仍悉照業經公布之中立條規完全施行但以上所指各地方內所有領土行政權及官民之身命財產各交戰國仍均應尊重云云又恐各交戰國任意損害我公私財產特於是月六日由我外交部正式照會英日俄法德五國駐京公使請飭尊重保護其文如下

為照會事現聞貴國與日德英將在膠澳用兵中國政府以彼此均係友邦重念睦誼仍應按照局外中立之例辦理惟查膠澳租借地全部適當戰區當此交戰時間該處以及附近各地方中國官商人民之財產各交戰國應飭在戰人員尊重保護勿使受其戰事以外之危害將來無論兩國勝負如何所有在該處中國之官商人民財產各交戰國均不得因有戰事之故而損害其固有之權此係保全大局之苦衷及表彰人道之至意當為各交戰國所深諒相應照會貴公使轉達貴國政府查照可也須至照會者

日政府既見德國將其最後通牒置之不理一方面派軍艦封鎖膠州灣一方面以海軍護送陸軍在龍口上陸向膠州之背前進竟輕視我國照會沿途強徵車馬騷擾不堪兵臨膠城德軍不過八千死力固守日軍以三倍之兵力開始攻擊經兩月之久德軍四圍被困外無救援內絕軍需不得已出城投降自是日本完全佔領膠澳而德國在山東之特權與利益全歸日人掌握矣

膠澳戰事終結之後我國根據前約要求日本撤退膠澳租借地以外之駐屯軍隊並地方上損失之賠償豈知日政府不但不理反襲取日俄戰後之手段節外生枝向我國政府提出重大之要求案以圖擴張其勢力範圍於我國全部此舉非惟有辱我國且破壞列強在我國之均勢實屬有背日政府對德開戰宣言之本旨者也

第三節　五項要求

中華民國四年一月十八日駐北京日使日置益氏遵奉本國政府訓令不照外交慣例突以非法手段親向我國前袁大總統提出要求二十一款共分列五項大旨如左

第一項

一、中國政府允諾日後日本國政府向德國政府協定之所有德國關係山東省依據條約或其他關係對中國享有一切權利利益讓與等項處分概行承認

二、中國政府允諾不將山東省內沿海之地或島嶼無論以何項名目租借或讓與第三國

三、中國政府允諾日本建造由煙台或龍口接連膠濟路綫之鐵路

四、中國政府允諾爲外國人居住貿易起見從速自開山東省內合宜地方爲商埠其應開之地方須與日本協定於另件中

第二項

一、兩締約國約定將旅順大連租借期限並南滿州及安奉兩鐵路之期限均展至九十九年爲期

二、日本國臣民在南滿州爲蓋造商工業應用之房廠或爲經營農業得租賃其需用地畝

三、日本國臣民得在南滿州及東部內蒙古任便居住往來並經營商工業等一切生意

四、中國政府對於下列兩事之動作須先得日本之許可

(甲)中國允諾第三國在南滿州及東部內蒙古築造鐵路或借資修造鐵路

(乙)中國以南滿州及東部內蒙古之地方稅充作向第三國借款之用

五、中國允諾日本人民在南滿州及東部內蒙古有開鑛之權利其應開之鑛另由兩國協定

六、中國政府允諾如在南滿州及東部內蒙古聘用政治財政或軍事顧問須先與日政府相商

七、中國政府允諾將吉長鐵路管理權交與日本政府由本約簽字之日起以九十九年爲期

第三項

一、兩締約國合意於機會到時將漢冶萍公司作爲兩國公共相關之事業故中國應許不將該公司權利財產任意充公並亦不使該公司將其權利財產自由處分

二、中國政府允諾於未得漢冶萍公司允可之先凡漢冶萍公司附近礦地不准公司以外之

人開採

第四項

一、中國政府不得將其沿海港口灣岸島嶼或租或借與第三國

第五項

一、中國中央政府須聘日人爲政治財政及軍事顧問

二、中國允准日人在中國內地置地設立病院教堂及學校

三、中國允諾將緊要地方之警務由中日兩國共同處理或多聘日員以資進益

四、中國須由日本購買軍需品以應用之一半爲至少數目或在中國境內設立中日合辦之兵工廠其技師須聘日人至材料亦由日本購買

五、中國允諾日本建築接連武昌九江南昌之鐵路及南昌杭州間之鐵路與南昌潮州間之鐵路

六、如中國欲用外資在福建省內開金鑛修鐵路及建造港口工程須先與日本相商

七、中國允諾日本人民在中國境內有布敎之權利

按上列條約其中絕對害我主權之欵有四即一、日本及中國政府爲保全中國領土目的中國政府允准所有沿岸港灣及島嶼槪不讓與或租與他國二、中國中央政府須聘用有力之日本

人充爲政治財政軍事等各顧問三、中國必要地方之警察作爲中日合辦或於警察署須聘用多數日人四、中國向日本採辦一定數量之軍械卽全國軍械半數以上或在中國設立中日合辦之軍械廠聘用日本技師採買日本材料云其有害於我國內政之款有三卽一、日人得在內地設立病院寺院學校等並土地所有權二、允認日人在中國有布教權三、日本在南滿州東部內蒙古享有優越地位云其有破壞機會均等主義及違背中外條約之件有四卽一、將南滿州東部內蒙古各礦開採權允與日本臣民二、所有漢冶萍公司之附近礦山不准公司以外之人開採及無論直接間接對該公司有影響之舉須得該公司同意而後措辦三、建造接連武昌與九江之鐵道南昌至杭州南昌至潮州各鐵道四、吉長鐵道委任日本管理經營以九十九年爲期云　當經前袁大總統答以交涉事件應與外交總長商議同月二十日日使卽以同條款正式提出交與前孫外交總長並堅囑嚴守秘密至二月二日始開初談判我國宣言對於第四項第五項絕對不能商議第三項漢冶萍公司純係商人產業政府無權可以干涉故亦不能爲國際之商議其餘各條許與逐條討論再定可允與否而日使否認逐條討論堅請爲大體之討論表示諾否之意我國當局以逐條討論彼此修正以圖進行爲會議之原則再三爭辯始允先行發表對於全案之意見再行逐條討論之手續遂於二次會議時我國當局發表全案之意見對於第一項第一條以爲雖屬預約然日德交戰狀態尙未停止我國立於中立地位不便先與預爲約定應俟日德講和時中國加入講和會議同時處斷第三條有害主權不便對於日本獨爲聲明第三條民國成立以來與他國祇有借款造路之成例不能以建築權許與外國且煙濰鐵路借款事與德國已有成議不能再訂第四條山東業已宣布之自開商埠尚未開放應俟後日再議第二項第一條旅順大連爲前清所租借應俟期滿續商南滿安奉兩路性質不同年限亦異應分別商議第二第三兩條有礙條約惟重視日本政府之意可以不背條約範圍以內另行提議惟東部內蒙古不能與南滿州相提並論第四條有礙機會均等應爲不背開放門戶主義之修正第五第六兩條有礙主權行使不能允許須經日本同意第七條原以半借款造路不能允委任日本政府管理及以九十九年爲期其餘各條以有礙主權內政及各國成約均不允商議並懇切說明理由切望日本政府諒察中國政府爲難情形速表同意以速進行並徇日使之請約明四日內即提出第一項第二項之修正案以便討論此二月五日事也越兩日日使奉政府訓令到外交部聲稱日本政府以祇提議第一項第二項修正案不能滿意須對於五項全行提出修正案方能開議我政府不得已又告日使允將第三項作爲主義之聲明即將來漢冶萍公司願與日本商人有合意之辦法而不背中國法律者中國政府可不加反對第四項本於本國尊重領土之意在主權範圍以內允由中國自行宣言不能爲國際的聲明第五項仍難商議堅請撤囘日使不允且堅請非將第五項同議不可彼此不正式商議幾至舌敝唇焦覩日使態度强硬並謂如中國堅執不允恐生不測危險之結果

我政府兢兢業業既不敢意存挑撥以速危機又不敢輕言讓步自喪國權惟請日使速行開議至二月二十二日日使允受我修正案續開第三次會議此開議以後因堅持撤回第五項停議而復行續議之情形也自是以後遂進於逐條討論之時日使以我第一項第一條修正案要求加入講和大會且中國政府如承認第一條預約之讓與須以交還膠澳爲對待之條件復加入一條聲明日本用兵膠澳所生之各項損失担任賠償膠澳內之稅關郵電須照向來辦法辦理軍用鐵路電綫即行撤廢租界外軍隊先行撤退膠澳交還時所有租界留兵一律撤回等因遂聲言此條容俟緩議我政府固極希望此條之能俟和議後再議遂允其請先議他條第二條允自行聲明不將山東沿海及島嶼不租讓與何外國第三條烟濰或龍濰鐵路如德國願拋棄其借欵權利允與日本資本家商借第四條山東省內允自行添開商埠於是山東問題懸而未議者祇第一條矣漢冶萍問題政府以商人財產應加以保護萬不能不得商公司之同意與外國訂約合辦日使屢述改革時有人倡言充公復又倡議國有或借第三國爲抵制實與日本投資家以莫大之危險政府復允可聲明不充公不國有不借第三國外資以示極力保障日本投資家之意而於該項之第二條則絕對不能商議嗣商議至第二項日使堅持南滿州須與東部內蒙古議同樣之條件且要求承認日本在該處享優越地位政府以優越地位有碍我內政堅不承認惟旅順大連之租借根據於前清成約南滿鐵路之特權得之於日俄戰後審情度勢實難堅拒惟安奉鐵路情形不同不得不爲

之區別遂提安奉除外之議日使大爲忿懣爭論激烈幾至決裂其時默察日本方面情形其對於旅大南滿安奉之延期上下一致如不達目的卽爭戰亦所不免我政府懲前毖後固不願租借地之延期外國鐵路之永佔然既受前淸條約之拘復顧與國輿論之激昂遂不惜含苦茹辛照原案同意亦以冀日本鑒我政府之誠意或可於其他各條爲好意之讓步也至第五條南滿之建築鐵路及稅課抵押外債二項加以修正允許如需借款造路或抵借外債可先向日本資本家商議第六條南滿聘用顧問尤先聘用日本人惟均不適用於東部內蒙古第七條吉長鐵路允改爲全路借欵重訂合同第四條之開礦權商允於南滿州由日本政府開示礦地指定奉天吉林省內十處聲明除已探勘及開採各區並將來按照中國鑛業條例辦理凡此可以商議之條欵無不推誠與商惟於第二項之第二條第三條南滿東蒙內地雜居及土地所有權問題不但與條約相抵觸且於我領土完全行政主權均有關係政府初案修正允於南滿州添開商埠且允日本人與中國得合辦農墾公司日本政府絕對不允嗣又提議如堅欲雜居內地則須撤回領事裁判權日本政府又不允後又擬照延吉韓民雜居辦法日本政府又不允並稱第二項至要之點僅此二條餘俱枝葉中政府不允照辦日政府萬難容忍彼此爭持又至不能解決之難關日使詞意決絕幾無磋商之餘地同時山東奉天方面借換防爲名增派大兵列邦相驚舉國惶惑我政府不敢疎忽力持鎮靜仍謀會議進行適日使墜馬受傷遂移會議於日本使館一面照詰日使退兵一面依然按期會

議顧念主權領土有關何敢自輕放棄參酌他國之成案按照已成之事實屢次修正並交理由說帖殫精竭慮應付幾窮日政府始允內地雜居之日人可服從我國警章稅課惟須由日領事承認並允關於土地之訴訟卽日本人爲被告亦可按照中國法律及習慣由兩國派員會審土地所有權可改永租我政府猶不能滿意於四月九日改正內地雜居第六條修正案復附於理由說帖堅請日使同意日使報告政府終不得回電一面迫我商議第五項我以對於第五項始終聲明不議再三拒絕日使堅請說明理由遂對於第五項所以不能商議之理由詳細述說該項除合辦警察一條業經日使於商議南滿州顧問時加入警察顧問卽將該項撤回外其餘如關於取得學校醫院寺院用地與布敎權之二款中國政府以爲必致令兩國國民友好感情之增進大有障礙兩國宗敎相同自無日本派人來華傳播之必要中日敎徒必有競爭之舉難免有爭執齟齬之勢泰西敎士素不與華人雜居而日本僧人則不然中國政府欲按照治外法權對於日本人民盡其保護之責必致因其形體服制及起居習慣與華人相同之故而無從辨認且中國人民恆慮無恥之徒勾結日僧利用特別情形以爲不法之事揚子江鐵路權利之要求與一九零八年三月六日所訂滬杭甬鐵路合同一九一四年三月三十一日所訂湘寧鐵路合同及一九一四年八月二十四日以南昌至潮州鐵路優先權讓與英商之成約均相抵觸乃日本雖知中英成約而仍屢迫中國承諾此項要求中國政府以爲既有成約在先自無從商議也至要求聘請有力之日本人爲政財治

政軍事顧問一節查中國政府聘用顧問之政策當與日本政府所業已採用之政策相同即擇用資格最合之人而不問其國籍是也中國政府深願利用著名日人以資臂助惟日本要求須在最重要之行政三部分聘有力之日本顧問並要求合辦警察及約購定軍械數與合辦軍械廠各問題此則中國政府以爲均係侵及中國之主權無從考量至四月十七日日使聲言討論已畢須俟政府訓令會議就此中止而日兵在奉天山東方面有加無已日本艦隊復游弋於渤海方面人心浮動舉國激忿幸賴各地方官極力維持秩序不致擾亂此爲我政府提出修正案逐條討論之結果情形也至四月二十六日日使復請會議提出日本政府修正案聲言係最後修正務請同意並稱如全體同意日本政府亦可以交還膠澳預爲聲明我政府復慎重審議該修正案比較初次提案固有部分之讓步惟對於第五項第五第六兩條要求換文聲明第一第二第四三條改爲陸外交總長言明如左（一）嗣後中國政府認爲必要時應聘請日本人顧問（二）嗣後日本國臣民願在中國內地爲設立學校病院租賃或購買地畝中國政府應即允准（三）中國政府日後在適當機會遣派陸軍武官至日本與日本軍事當局協商採買軍械或設立合辦軍械廠之事第七條改爲日置公使言明如左關於布教問題日後應再行協議云云是將我外交總長歷次申言不能商議之理由斷章取義誤爲言明自難同意南滿州及東部內蒙古優越地位因我政府之堅拒已改爲發展經濟關係遂又斟酌輕重於東部內蒙古四條件中同意三條件即嗣後在東部內蒙古如

借款修造鐵路及以關鹽稅以外之課稅抵押外款均可先與日本資本家商議並由中國政府擇合宜地方自開商埠福建問題又允爲答復聲明所爭最烈之內地雜居裁判權復爲讓步第一項第一條因初未討論故仍照初次修正案列入惟第五項仍完全拒絕作成修正案於五月一日提交日使並說明無可再讓之理由日使問是否最後答復答云實係最後答復此爲讓至極點之修正案其爲最後答復自無待言意日政府必能表示滿意不意日政府因我有最後答復之言以如斯之委曲求全竟反指爲無誠意不惜以最後之手段相迫是誠最爲可惜之事當危機一髮之際我政府猶冀萬一有和平解決之希望故於日本最後通牒送致之前一日即五月六日猶遣前外交次長曹汝霖面晤日使請其反省其時日本政府已下動員令頒布關東戒嚴令而在山東奉天之日軍亦作戰備艦隊出發各埠日商紛紛回國而最後通牒即於五月七日下午三時送致我政府矣其文如左

今回帝國政府與中國政府所以開始交涉之故一則欲謀因日德戰爭所發生時局之善後辦法一則欲解決有害中日兩國親交原因之各種問題以冀鞏固中日兩國友好關係之基礎以確保東亞永遠之和平起見於本年一月向中國政府交出提案開誠布公與中國政府會議至於今日實有二十五回之多其間帝國政府始終以妥協之精神解說日本提案之要旨即中國政府之主張亦不論鉅細傾聽無遺其欲力圖解決此提案於圓滿之間自信實無餘蘊其交涉

全部之討論於第二十四次會議即上月十七日已大致告竣帝國政府統觀交涉之全部參酌中國政府議論之點對於最初提出之原案加於多大讓步之修正於同月二十六日更提出修正案於中國政府求其同意同時且聲明中國政府對於該案如表同意日本政府即以因多大犧牲而得之膠州灣一帶之地於適當機會附以公正至當之條件以交還於中國政府五月一日中國政府對於日本政府修正案之答覆實與帝國政府之預期全然相反且中國政府對於該案不但毫未加以誠意之研究且將日本政府交還膠州灣之苦衷與好意亦未嘗一為顧及查膠州灣為東亞商業上軍事上之一要地日本帝國因取得該地所費之血與財自屬不少既為日本取得之後毫無交還中國之義務然為兩國國交親善起見竟以擬之交還中國而中國政府不加攷察且不諒帝國政府之苦心實屬遺憾中國政府不但不顧帝國政府關於交還膠州灣之情誼且對於帝國政府之修正關於答覆時要求將膠州灣無條件交還並以日德戰爭之際日本國於膠州灣用兵所生之結果與不可避之各種損害要求日本担任賠償之責其他關係於膠州灣地方又提出數項要求且聲明將來有權加入日德講和會議明知如膠州灣無條件交還及日本担負因日德戰爭所生不可避之損害賠償均為日本所不能容認之要求而姑為要求且明言該案為中國政府最後之決答因日本不能容認此等之要求則關於其他各項即使如何妥協商定終亦不覺有何等之意味其結果此次中國政府之答覆於全體全為空

漠無意且查中國政府對於帝國政府修正案中其他條項之回答如南滿州及東部內蒙古就地理上政治上商工利害上皆與帝國有特別之關係爲中外所共認此種關係因帝國政府經過前後二次之戰事更爲深切然中國政府輕視此種事實不尊重帝國在該地方之地位即帝國政府以互讓精神照中國代表所言明之事而擬出之條項中國政府之回答亦任意改竄使代表者之陳述成爲一片空言或此方則許而他方則否致不能認中國當局者之有信義與誠意至關於顧問之件學校病院用地之件兵器兵廠之件與南方鐵道之件帝國政府之修正案或關於外國之同意爲條件或祇以中國政府代表者之言明存於記錄與中國主權與條約並無何等之抵觸然中國政府之答覆惟以與主權條約有關係而不應帝國政府之希望帝國政府因鑒於中國政府如此態度雖覺幾再無繼續協商之餘地然終眷眷於維持極東平和之帝國務冀圓滿了結此交涉以避時局之糾紛於無可忍之中更酌量鄰邦政府之情意將帝國政府前次提出之修正案之第五項各條除關於福建省互換公文一事業經兩國政府代表協定外其他五件可承認與此次交涉脫離日後另行協商因此中國政府亦應諒帝國政府之誼將其他各項即第一項第二項第三項第四項之各項及第五項中關於福建省公文互換之件照四月二十六日提出之修正案記載者不加以何等之更改速行應諾帝國政府茲再重行勸告對於此勸告期望中國政府至五月九日午後六時爲止爲滿足之答覆如到期不受到滿足之

答覆則帝國政府將執認爲必要之手段合併聲明

附解釋

一、除關於福建省交換公文一事之外所謂五件即指關於聘用顧問之件關於學校病院用地之件關於中國南方諸鐵路之件關於兵器及兵器廠之件及關於布教權之件是也

二、關於福建省之件或照四月二十六日日本提出之最後修正案或照五月一日中國所提出之對案均無不可此次最後通牒雖請中國對於四月二十六日日本所提出之修正案不加改定即行承諾然此係表示原件至於本項及（四五）兩項皆爲例外應特別注意

三、以此次最後通牒要求之各項中國政府倘能承認時四月二十六日對於中國政府關於交還膠州灣之聲明有效

四、第二項第二條土地租賃或購買改爲暫租或永租亦無不可如能明白了解可以長期年限且無條件而續租之意即用商租二字亦可又第二項第四條警察法令及課稅承認之件作爲密約亦無不可

五、東部內蒙古事項中關於租稅擔保借款之件及鐵路借欵之件（向日本國政府商議）一語因其與在滿州所定之關於同種之事項相同皆可改爲（向日本國資本家商議）又東部內蒙古事項中商埠一項地點及章程之事雖擬規定於條約文中亦可仿照山東省所定之

辦法用文互換

六、日本最後修正案第三項中之（該公司關係人）删除（關係人）三字亦無不可

七、正約及其他一切之附屬文書以日本文爲正文或可以中日兩文皆爲正文

溯自駐京日使於一月十八日提出要求案之後我政府對於此次交涉歷時至三月有餘正式會議至二十五次始行告終尊重友誼之意委曲求全冀達和平解決之目的不特我國民所共知即各友邦亦莫不共諒惜日本或藉詞要挾或託故增兵終爲武裝脅迫之談判雖最後通牒日本政府承認將第五項脫離此次交涉並備文聲明將來以膠州灣交還中國於我主權內政及列國成約幸得保全然南滿州方面之利權損失已鉅我政府一再籌商如始終拒絕交涉中不乏此例但南滿山東日本已長驅直入屯駐大軍我之實力尚未充足且南滿方面日人樹植勢力範圍已非一日喧賓奪主十餘年於茲矣按事實論南滿權利早已所存無幾値此積弱之時而求復已失之權利其勢有所不能迨一經決裂必無倖勝戰後之損失恐較之現在所要求重加倍蓰而大局糜爛生靈塗炭更有不堪設想者在京友邦駐使亦多向我政府婉勸勿過堅執我政府自不得不內顧國勢外察羣情熟審利害以爲趨避竟於日本最後通牒所定最末期限時向駐京日使屈服應允至五月十三日由我外交部將我國此次對於日本要求委曲協商平和解決之苦衷通告各國其全文如下

中華民國四年即一九一五年五月七日下午三時中國政府准駐京日本公使面遞日本政府最後通牒一件附交解釋七款該通牒末稱帝國政府茲再重行勸告對於此項勸告期望中國政府至五月九日午後六時爲止爲滿足之答覆如到期不受到滿足之答覆帝國政府將執認爲必要之手段合併聲明等語中國政府披覽之後有不能不將中日交涉及日本所用嚴重之手段事實明晰宣告蓋中國政府素以敦進中日兩國睦誼爲宗旨此時正值地方多事尤以保全東亞和平爲要義乃日本國駐京公使突於本年一月十八日遵奉政府訓令以非通常之手續向中華民國大總統提出重要條件二十一條分列五項當原要求二十一條提出之時其第五項本不如前四項之有前文且日本並未表示第五項與前四項之性質有何區別中國政府爲看重日本政府之請求故所提條件雖無因由且於中國無交換之權利仍立允將可以商議者開議中國對於會議之舉一秉以友誼之精神且決議開誠布公以商議各種問題在正式開議之先所有中國列席人數每星期會議次數及討論方法等事彼此意見不同但中國政府爲謀會議進行之迅速起見悉照日本公使之意願辦理即每次會議記錄由中國政府提議由雙方簽字以昭慎重並可備將來參考之用而日本公使不允中國政府亦即取消其原議嗣在會議進行之中日本公使曾兩次停議其意明欲要挾中國對於當時所議之事件遵從該公使之意見即當日本公使墜馬受傷會議幾有延擱之勢而中國政府之代表因欲會議不致間斷復提議於日使休養之室會議當爲日使所承諾其後至三月二十二日日本政府派大軍隊前往南滿州及山東託言換防(當時原有駐屯軍尚未期滿)當經中國在會議時間逕向日使詢問原有防軍何時撤回而日使答言必待交涉有圓滿結果方能撤退雖此項軍事行動使人心不安且有決裂之虞中國又竭力維持仍圖會議進行此又足證中國政府力謀會議進行迅速之誠意且日本公使曾於三月十一日向中國政府傳達日本政府感謝中國政府與日本推誠布公商議之意是中國政府必有此種誠意之事實日本政府亦承認也溯自二月二日開議至四月十七日前後會議共二十四次其間中國政府始終竭力得和冀平解決凡可以讓步者悉已允讓綜計在二十一款要求之中中國已表示同

意者凡十五款其中有大體承認者亦有照原文允訂者並有六款早經雙方簽字

一就中國承認條款而論在二月二日第一次會議時中國承認山東問題第一款如德國允許將一切權利讓於日本中國政府即行允許中國政府當初主張此款要求關於歐洲告終後之結議所以須待至歐戰議和之時由有關係各造討論嗣以勸告日本無效乃承認其大體並提出附加條件此種附加條件之一其文如下

日本國聲明中國政府承認前項利益時日本應將膠澳交還中國並承認日後日德兩政府上項協商之時中國政府有權加入會議

夫中國之提出聲明交還膠澳一層並非要求不過重述一九一四年八月十五日日本所致德國最後通牒之言（八月十五日日本曾將通牒送交中國政府閱看）及首相大隈伯之疊次申明而已中國因日本願以膠澳歸還中國足見日本欲維持遠東和平及增進中日交誼所以未定交還條件之應有與否而附加條件內有未提及至中國之提議參與日德會議係因日德將來會議其目的物爲山東而山東係中國之一省所以與中國爲最有關係也附加條件中之又一款係謂日本將用兵膠澳所生各項損失之賠償由日本政府概允擔任中國之必須提出此款者係因中國爲日德戰爭之中立國然戰爭之地爲中國國土之一部分所以如不列入此項條款則中國所處之地位易滋誤會且恐將來擔負中立國不應擔負之責任其他尚有對待要求一款即在膠澳內之稅關電報郵政等各事在膠澳交還中國以前應暫照向來辦法辦理其因用兵添設之軍用鐵路電綫等即行撤廢膠澳舊有租界以外留餘日本軍隊先行撤回膠澳交還中國時所有租界內留兵一律撤回誠以山東爲中國之一省中國當然急盼恢復戰前之狀態雖中國亦深信日本必按照其正式之宣言將膠澳實行交還第因中國始終中立則將此事列入記錄亦屬必要之舉於二月二十二日第三次會議中國允許山東問題第二條不將山東省何部分島嶼以及沿海一帶割讓與外國於二月二十九日第五次會議中國允許如

中國需用外款建造煙台或濰口接連濟南鐵路之時倘德國願拋棄借款權利則儘先由日本借欵於三月三日第六次會議中國允許將山東省內緊要城鎮闢爲商埠其章程由日本政府承認雖此條欵日本要求權利遠勝德國向有者且非因日德戰事所發生與維持東亞和平一層亦無關係然中國爲發展中外商務亦允其請於三月九日第八次會議中國允許延長大連旅順及南滿安奉兩鐵路租借期均至九十九年中國政府對於租借創深痛巨決不願再有展期繼續租界之事中國政府此次允許日本政府展限之請足見中國政府竭力謀副日本之意願同日中國大體允許漢冶萍公司如願與日本資本家合辦中國政府不加反對中國代表向日本公使聲明按照中華民國臨時約法國民有保護之權並有營業之自由權自中國政府不能干預人民之營業除業經中國政府所允許外餘無解決方法關於第四項一條連其前文中國政府以爲侵害中國主權但中國勉允在主權範圍以內自己宣言不將沿海一帶割讓以爲表示獨立保全領土之意對於南滿鐵路日本原提條件本無贖回期限此節頗堪注意嗣後日本政府託辭該欵所載不甚明瞭請中國將該欵註銷中國雖知此事僅於日本有益而仍允從如此中國拋棄二十三年以後應享贖回之權利關於安奉鐵路由雙方簽定之原欵載明於九十九年期滿將該鐵路歸還中國毋須給償然在下次會議將歸還不給償一層取銷當經中國允諾又足見中國政府多方竭力謀副日本之意願於三月十六日第十一次會議中國允許日本在南滿州建造鐵路日本有借欵優先權於三月二十三日第十三次會議中國允許改訂吉長鐵路借欵合同又中國將南滿州稅課抵借外債又南滿聘用顧問時日本均有優先權又在南滿指定區域內日本有開礦權查關於南滿開鑛條欵原文竟欲代日人謀開鑛專權之意自與機會相等主義相悖中國政府以爲有碍列強條約上權利未便承認旋因日本政府允將該條加以修正減輕專權性質中國即允從關於吉長鐵路合同之改訂中國允許從原合同上根本上修改以向來中國與各外國資本家所訂之鐵路合同爲標準並由中國聲明如將來中國政府以較現在鐵路借欵合同事項爲有利益之條件給

與其他承受鐵路權利人允將該項利益推及本路該路資本原爲中日各半此次聲明即將中國原有之股本讓與日人並將該路完全管理權歸諸日人於四月十日第二十一次會議中國政府對於福建一款允諾日後按照日本之意願另行聲明至於滿洲問題第二第三兩款關於日本人置有蓋造商工業及農業應用之地並有在南滿內地居住權之事中國政府大體允許但關於管轄幷保護享受此項權利之日本人中國政府欲加以修正條款至關於此項修正之商議另行詳述

就中國政府不能允諾條款而論在原提二十一條要求之中有六款爲中國所不能承認者上文業已述及查中國所以不能承認之理由係因各該款與中國主權其他列強之條約上權利以及機會均等主義均相抵觸例如原提要求第三項所列漢冶萍問題之第二款係極有礙各國工商業機會均等主義要求中日合辦中國之警政則係干涉中國內政侵損中國主權所以中國政府不能商議偏經日使解釋謂此僅指南滿之警政而言並云如中國聘用日人爲南滿警政顧問則日政府必能得滿意中國遂勉強承認關於取得學校醫院寺院用地與布教權之二款中國政府以爲必致令兩國國民友好感情之增進大有障礙兩國宗教相同自無日本派人來華傳播之必要中日教徒必有爭競之舉難免有爭執衝突之勢泰西教士素不與華人雜居而日本僧人則不然中國政府欲按照治外法權對於日本人民盡其保護之責必致因其形體服制及起居習慣與華人相同之故而無從辨認且中國人民恒慮無恥之徒勾結日僧利用特別情形以爲不法之事揚子江鐵路權利之要求與一九零八年三月六日所訂滬杭甬鐵路合同一九一四年三月三十一日所訂寧湘鐵路合同及一九一四年八月二十四日以南昌至潮州鐵路優先權讓與英商之成約均相抵觸乃日本公使雖知中英成約而仍壓迫中國承諾此項要求中國政府以爲既有成約在先自無從商議也至要求聘請有力之日本人爲政治財政軍事顧問及教習一節查中國政府聘用顧問之政策當與日本政府所業已採用之政策相同即擇用資格最合之

人而不問其國籍是也中國之聘用日本顧問以博士有賀長雄爲最早後又聘用平井博士爲交通顧問中山龍次君爲電政顧問足見中國政府深願利用著名日人以資督助惟日本要求須在最重要之行政三部分聘有力之日本顧問并要求合辦警察及約購定數軍械與合辦軍械廠各問題此則中國政府以爲均係侵及中國之主權無從考量職是之故中國政府於開議之初卽聲明不能商議嗣因尊重日公使之意願中國政府代表允將所以不能開議之理由剴切說明

就上列問題中尙在爭執之事宜而論日本要求日人有在南滿租地或購買地畝及居住遊歷貿易製造權一節且聲明欲使日本人在該處得有優越地位不但軼出彼此條約所訂範圍之外且在該處得以自由行動將限制中國主權之行使並大害中國之行政權也日本人在該處既可得土地所有權將來勢之所極該處土地到處皆可爲日本人所有是實侵害我國領土之完全也且內地雜居與治外法權不能相容依欲內地雜居之實行必須取銷治外法權先進之國俱有先例日本政府此次絕對要求雜居欲使治外法權推行及於中國內地並日本人民可以壟斷南滿洲之利益此與各國機會均等主義顯然不符故對於此項要求中國政府本無與商之餘地惟篤念兩國邦交所以雖有上述之種種困難仍於無可設法之中力求解決之法明知與條約不符仍於條約範圍以內勉滿日本之希望故第一次修正案提出在南滿州添開商埠且設立中日合辦農墾公司蓋日本人所願至之地必爲該處主要之處如將主要之處盡行開作商埠則日本人得以到處居住貿易商租地畝合辦農墾已可得雜居之實利而於中國條約上之困難各國均等主義均尙有辯護之餘地日本政府不允照此辦法中國又提出第二次修正案將添開商埠之案收回另擬辦法與日本人以條約外雜居之利益惟聲明商埠以外之日本人須服從中國警章完納各項賦稅與中國人一律並聲明日本人之民刑訴訟仍歸中國官裁判日本領事祇能到堂聽審此蓋仿照延吉廳（間島）韓民在中國內地雜居區域內辦法並非此次新創之例日

本政府不允乃爲第三次之修正案將訴訟問題分爲民事刑事仿照土耳其對於外國人現行之成例復行提出日本政府仍不允至是而爲第四次之修正案即將日本政府提出原案之第二條第三條關於南滿州雜居問題除土地所有權改爲土地租借權耕作土地加以另訂章程數字外完全照原案同意惟附加一條聲明中國政府委曲求全之辦法此條之意即依據三月六日日本公使聲明於第二條第三條原案附加條文擬一調和辦法俾與主權條約制度不相抵觸之意但日本政府始終不允在東部內蒙古不但與日本並無何等條約之關係且其地人民未習與外人相交外人前往游歷尙覺保護難周所以中國政府以爲將該處開放通商而令外人得居住營業非中外幸福且中國當初之未便允諾與南滿相提並論其原因亦在此但欲副日本政府之意仍允在該處開闢商埠若干此係會議至四月十七爲止之情形也凡中國政府可以讓步者無不推誠相讓以期日本政府對於中國萬難退讓之各點稍予通融俾得各項問題和平圓滿解決乃日本政府停議十日後於四月二十六日重提修正案

就日本之新議案而論綜計二十四款請中國政府速表同意並聲明此係日本政府最後之讓步同時聲明如中國政府將二十四款完全承認則日本政府擬將膠州灣一帶之地以適當機會附加條件交還中國政府日本政府雖改變原提南滿與東蒙之優越地位爲商務特別關係並第五項內之條款性質以要求作爲外交總長之聲明然關於東部內蒙追加要求四款中國政府對於日本新議案重加考量以勉副日本之意願並望從速解決故於五月一日答復時予以新讓步在此答復之中中國政府重將關於交還膠州之提議列入該提議曾由中國政府於二月二日第一次會議時提出經徇日本公使之請暫擱所以絕非新提議此次答復內中國將日本提出東部內蒙古四款擬允許三款東部內蒙古既爲中國地理上之新名稱向無明定界線頗覺爲難惟照日本公使在前次會議時聲明日本政府願以東部內蒙中國行政權所及之區域爲範圍雖該公使未願指定東部內蒙實在界線之所在而中國政府以其所稱各節並參攷前此日本公

使提交之東部內蒙古應開商埠所列之區域即可認定日本政府所謂之東部內蒙古係指歸南滿及熱河道所轄之內蒙古一部分而言中國政府并未加以何種限制對於日本人民務農中國政府曾提有另訂章程一款在此次答復時遂行取消對於地產爭執之案無論日人與日人或日人與華人訴訟之國政府允許日本領事有權派員旁聽中國政府又因日本政府之請將警察法令章程改為違警章程如此縮小中國官府管理日本人民之權限對於漢冶萍問題中國政府承認日本政府之新議案查該議案內有中國政府聲明該公司不歸國有又不充公又不准使該公司借用日本國以外之外國資本關於福建問題中國政府允許依據日本政府所擬意義寬大之條文向日本政府聲明中國政府并無允准無論何國在福建省沿岸建設造船廠軍用蓄煤所海軍根據地及其他一切軍務上設施並無擬借外資自行建設或施設上開各事中國既允上列讓步中日兩國意見幾乎一致且同時又備說明書解釋中國萬難復行退讓之苦衷並希望日本政府對於中國政府五月一日之答覆迅表同意以期中日交涉和平結束日本政府以為中國政府之答復不能滿意旋將四月二十六日日使所許交還青島之議取消又云如中國政府不將二十四款完全承認日本政府祇得執行嚴重手段中國政府得此消息始終仍持妥協精神並欲免除兩國邦交之間斷忍苦應付又向日本政府聲稱中國願將日本政府所重視而中國素認為無討論餘地之條款復加考量即於五月六日晚日本公使告知中國政府最後通牒已到北京中國政府為保持和平起見仍設法以副日本之希望雖中國如此請願日本政府仍未之允如此中國政府挽救之法已盡雖在會議時間中國人民發現愛國思想而政府始終將能予允許之事竭力退讓蓋中國政府區區擁護之精神僅僅與保全自國主權之完全各國在華條約上之權利及機會均等之主義而已但無效果深為惋惜於五月七日下午三時日本公使竟將最後通牒遞送前來日本政府最後通牒內譏誚中國茲中國政府希望上列交涉經過情形可以作為一種明切和平完全之答復至當時中國政府答復日本最後通牒應用何種方法曾以保存國民多數旅華外人不

致遭無辜之殃並保護各友邦利權不致傷失爲念爲此中國不得不勉從最後通牒所開各節如列強對於保持中國獨立及領土完全暨保存現狀與列強在中國工商業機會相等主義所訂之各條約因此次中國認日本要求而受事實上修改之影響者中國政府聲明非中國所致也總之此次交涉相持至三月有餘之久正式不正式會議至數十次之多中國政府期期以爭者實祇限於有碍中國主權之獨立領土之完全以及與條約及各國機會均等主義相衝突之條欵故於四月十七日以前凡可以勉強同意者無不速予承認洎乎四月二十六日日本重行提出修正案又力加考量酌予同意其爲第一次提出之對待條件加在第一項而未議結者則仍舊提出以待商議意謂日本政府必能諒察中國政府之苦心維持不幸日本政府仍然頑梗取最辣手段以相脅迫此則中國政府所深爲可惜者也

各國政府接到我國上項通告之後英法俄義四國因日本爲彼協商或同盟國並無表示其餘諸小國更取旁觀主義惟美政府堅不承認於同日以公文警告我國如左

爲照會事因中日交涉經過情形及中日兩國將有新約簽字事美政府今請告中政府凡關於損害美國之條約權利及旅華美國人民權利與中華民國之政治權或領土權幷關於在華之國際政策(即世人所認爲開放門戶主義)等結約或允許無論已成未成美政府決不承認又美政府幷曾以此照會日本矣合併聲明云云

環顧列強中對於此次中日交涉之惡果皆無積極之反對於是我國已處於孤立之地位不得不實行締結條約先由大總統於五月十三日發布申令宣告中國所有沿海港口灣岸島嶼無論何國概不允認租借或讓與其文如下

據參政院呈稱爲建議事前清末季國勢陵夷海疆多故沿海要塞或因故讓與外國或爲外國所租借以致險要淪陷軍防無所憑藉庶民不得安枕於設險守國之義大相背馳茲特建議呈請政府於創痛深之後爲懲前毖後之謀明令陸海軍部暨海疆官吏注重海防使沿海居民得於安居樂業幷宣告天下嗣後中國所有沿海港口灣岸島嶼無論何國概不允認租借或讓與務使本國堅固團之心而國際共享升平之福全國幸甚茲於五月十二日大會提出討論全院一致議決謹提出建議呈請公布施行等語查海疆區域關係國防大計亟應詳審綢繆該院建議洵屬識慮遠大特加宣布嗣後中國所有沿海港口灣岸島嶼無論何國概不允認租借或讓與並著陸軍海軍兩部及海疆官吏力負責任妥爲籌防以體鞏固國權之至意此令

自是我國外交部與駐京日使開始協商締結條約形式至終協定將兩方同意各件分爲條約與聲明兩種於二十五日實行由兩國政府同時正式公布如左

中日條約

（關於山東省之條約）

大中華民國　大總統閣下及

大日本國　大皇帝陛下爲維持極東全局之平和並期將現存兩國友好善鄰之關係益加鞏固起見決定締結條約爲此

大中華民國　大總統閣下任命中卿一等嘉禾勳章外交總長陸徵祥

大日本國　大皇帝陛下任命特命全權公使從四勳位二等日置益

爲全權委員各全權委員互示其全權委任狀認爲良好妥當議定條項如左

第一條　中國政府允諾日後日本國政府向德國政府協定之所有德國關於山東省依據條約或其他關係對中國享有一切權利利益讓與等項處分概行承認

第二條　中國政府允諾自行建造由煙台或龍口接連於膠濟路線之鐵路如德國拋棄煙濰鐵路借款權之時可向日本國資本家商議借款

第三條　中國政府允諾爲外國人居住貿易起見從速自開山東省內合宜地方爲商埠

第四條　本條約由蓋印之日起即生効力本條約應由

大中華民國　大總統閣下

大日本國　天皇帝陛下批准其批准書從速在東京互換　爲此兩國全權委員繕成中文日本文各二分彼此於此約內簽名蓋印以昭信守

中華民國四年五月二十五日

大正四年五月二十五日　作於北京

（關於南滿洲及東部內蒙古之條約）

大華民國　大總統閣下及

大日本國　大皇帝陛下爲發展在南滿洲及東部內蒙古兩國間之經濟關係起見决定締結條約爲此

大中華民國　大總統閣下任命中卿一等嘉禾勳章外交總長陸徵祥

大日本國　大皇帝陛下任命特命全權公使從四勳位二等日置益

爲全權委員各全權委員互示其全權委任狀認爲良好妥當議定條項如左

第一條　兩締約國約定將旅順大連租借期限並南滿洲及安奉兩鐵路之期限均展至九十九年爲期

第二款　日本國臣民在南滿洲爲蓋造商工業應用之房廠或爲經營農業得商租其需用地畝

第三條　日本國臣民得在南滿洲任便居住往來並經營商工業等一切生意

第四條　如有日本國臣民及中國人民願在東部內蒙古合辦農業及附隨工業時中國政府可允准之

第五條　前三條所載之日本國臣民除須將照例所領之護照向地方官註册應服從中國警

察法令及課稅

民刑訴訟日本國臣民爲被告時歸日本國領事官又中國人民爲被告時歸中國官吏審判彼此均得派員到堂旁聽但關於土地之日本國臣民與中國人民之民事訴訟按照中國法律及地方習慣由兩國派員共同審判

將來該地方之司法制度完全改良時所有關於日本國臣民之民刑一切訴訟卽完全由中國法庭審判

第六條　中國政府允諾爲外國人居住貿易起見從速自開東部內蒙古合宜地方爲商埠

第七條　中國政府允諾以向來中國與各外國資本家所訂之鐵路借款合同規定事項爲標準速行從根本上改訂吉長鐵路借款合同將來中國政府關於鐵路借款事項將較現在各鐵路借款合同爲有利之條件給與外國資本家時依日本國之希望再行改訂前項合同

第八條　關於東三省中日現行各條約除本條約另有規定外一概仍照舊實行

第九條　本條約由蓋印之日起卽生効力本條約應由

大中華民國　大總統閣下

大日本國　大皇帝陛下批准其批准書從速在東京互換爲此兩國全權委員繕成中文日本文各兩分彼此於此約內簽名蓋印以昭信守

中華民國四年五月二十五日　　作於北京

大正四年五月二十五日

（中日交涉往來公文）

關於山東事項之換文（照會）

爲照會事本總長以中國政府名義對貴國政府聲明將山東省內或其沿海一帶之地或島嶼無論以何項名目概不租與或讓與外國相應照會即希　查照須至照會者

中華民國四年五月二十五日

中華民國外交總長

日本國公使

（同照覆）

爲照覆事接准本日照會　貴總長以貴國政府名義聲明將山東省內或其沿海一帶之地或島嶼無論以何項名目概不租與或讓與外國等語業經閱悉相應照覆即希查照須至照覆者

大正四年五月二十五日

日本國公使

中華民國外交總長

關於山東開埠事項之換文

爲照會事本日畫押之關於山東省條約內第三條所規定應行自開商埠之地點及章程由中國政府自行擬定與日本國公使協商後決定之相應照會即希　查照須至照會者

中華民國外交總長

中華民國四年五月二十五日

日本國公使

（同照覆）

爲照覆事接准本日照稱本日畫押之關於山東省條約內第三條所規定應行自開商埠之地點及章程由中國政府自行擬定與日本國公使協商後決定之等語業經閱悉相應照覆即希查照須至照覆者

日本國公使

大正四年五月二十五日

中華民國外交總長

關於旅大租借地南滿安奉兩鐵路期限之換文（照會）

爲照會事本日畫押之關於南滿洲及東部內蒙古條約內第一條所規定旅順大連租借期限展至民國八十六年即西歷一九九七年爲滿期南滿鐵路交還期限展至民國九十一年即西歷二千零二年爲滿期其原合同第十二條所載自開車之日起三十六年後中國政府可給價收回一節毋庸置議又安奉鐵路期限展至民國九十六年即西歷二千零七年爲滿期相應照會即希　查照須至照會者

中華民國外交總長

中華民國四年五月二十五日

日本國公使

（同照覆）

爲照覆事按准本日照稱本日畫押之關於南滿洲及東部內蒙古條約內第一條所規定旅順大連租借期限展至民國八十六年即西歷一千九百九十七年爲滿期南滿鐵路交還期限展至民國九十一年即西歷二千零二年爲滿期其原合同第十二條所載自開車之日起三十六年後中國政府可給價收回一節毋庸置議又安奉鐵路期限展至民國九十六年即西歷二千零七年爲滿期等語業經閱悉相應照覆即希　查照須至照覆者

大正四年五月二十五日

日本國公使

中華民國外交總長

關於東部內蒙古開埠事項之換文

爲照會事本日畫押之關於南滿洲及東部內蒙古條約內第六條所規定中國應自行開商埠之地點及章程由中國政府自行擬定與日本國公使協商後決定之相應照會即希　查照須至照會者

中華民國四年五月二十五日

中華民國外交總長

日本國公使

（同照覆）

爲照覆事准本日照稱本日畫押之關於南滿洲及東部內蒙古條約內第六條所規定中國應行自開商埠之地點及章程由中國政府自行擬定與日本國公使協商決定之等語業經閱悉相應照覆即希　查照須至照覆者

大正四年五月二十五日

日本國公使

中華民國外交總長

關於南滿州開礦事項之換文

為照會事日本國臣民在南滿州左開各礦除業已探勘或開採各礦區外速行調查選定中國政府即准其探勘或開採但在礦業條例確定以前應仿照現在辦法辦理相應照會即希　查照須至照會者

中華民國四年五月二十五日

中華民國外交總長

日本國公使

一、奉天省

所在地	縣名	礦種
一牛心台	本溪	煤
二田什付溝	本溪	煤
三杉松崗	海龍	煤
四鐵廠	通化	煤
五暖池塘	錦	煤

六鞍山站一帶　由遼陽縣起至本溪縣　鐵

二、吉林省內南部

所在地	縣名	礦種
一杉松崗	和龍	煤鐵
二缸窰	吉林	煤
三夾皮溝	樺甸	金

（同照覆）

為照覆事接准本日照稱日本國臣民在南滿州左開各礦除業已探勘或開採各礦區外速行調查選定中國政府即准其探勘或開採在礦業條例確定以前應仿照現行辦法辦理等語業經閱悉相應照覆即希　查照須至照會者

日本國公使

大正四年五月二十五日

中華民國外交總長

一、奉天省

所在地	縣名	礦種

所在地	縣名	礦種
一牛心台	本溪	煤
二田什付溝	本溪	煤
三杉松崗	海龍	煤
四鐵廠	通化	煤
五暖池塘	錦	煤
六鞍山站一帶	由遼陽縣起至本溪縣	鐵

二、吉林省南部

所在地	縣名	礦種
一杉松崗	和龍	煤鐵
二缸窰	吉林	煤
三夾皮溝	樺甸	金

關於南滿州東部內蒙古鐵路課稅事項之換文

爲照會事本總長以中國政府名義對貴國政府聲明嗣後在南滿州及東部內蒙古需造鐵路由中國自行籌款建造如須外資可先向日本國資本家商借又中國政府嗣後以前開地方之各種稅課（除中國中央政府業經爲借款作押之鹽稅關稅等類外）作抵由外國借欵時可先

向日本國資本家商借相應照會卽希　查照須至照會者

中華民國外交總長

中華民國四年五月二十五日

日本國公使

（同照覆）

為照覆事接准本日照會貴總長以貴國政府名義聲明中國政府嗣後在南滿州及東部內蒙古需造鐵路由中國自行籌款建造如須外資可先向日本國資本家商借又中國政府嗣後以前開地方之各種稅課（除中國中央政府業經為借款作押之鹽稅關稅等類外）作抵由外國借款時可先向日本國資本家商借等語業經閱悉相應照覆卽希　查照須至照覆者

日本國公使

大正四年五月二十五日

中華民國外交總長

關於南滿州聘用顧問事項之換文

為照會事本總長以中國政府名義對貴國政府聲明嗣後如在南滿州聘用政治財政軍事警察外國顧問教官時可儘先聘用日本人相應照會卽希　查照須至照會者

中華民國四年五月二十五日

中華民國外交總長

日本國公使

（同照覆）

爲照覆事接准本日照會貴總長以貴國政府名義聲明中國政府嗣後如在南滿州聘用政治財滿軍事警察外國顧問教官時可儘先聘用日本人等語業經閱悉相應照覆即希　查照須至照覆者

大正四年五月二十五日

日本國公使

中華民國外交總長

關於南滿州商租解釋之換文（照會）

爲照會事本日畫押之關於南滿州及東部內蒙古條約內第二條所載商租二字須了解含有不過三十年之長期限及無條件而得續租之意相應照會即希　查照須至照會者

大正四年五月二十五日

日本國公使

中華民國外交總長

（同照覆）

爲照覆事接准本日照稱本日畫押之關於南滿州及東部內蒙古條約內第二條所載之商租二字須了解含有不過三十年之長期限及無條件而得續租之意等語業經閱悉相應照覆即希　查照須至照覆者

中華民國四年五月二十五日

中華民國外交總長

日本國公使

關於南滿州東部內蒙古接洽警察法令課稅之換文（照會）

爲照會事依本日畫押之關於南滿州及東部內蒙古條約內第五條之規定日本國臣民應服從中國之警察法令及課稅由中國官吏與日本國領事官接洽後施行相應照會即希　查照須至照會者

大正四年五月二十五日

日本國公使

中華民國外交總長

（同照覆）

爲照覆事准本日照稱依日本畫押之關於南滿州及東部內蒙古條約內第五條之規定日本國臣民應服從中國之警察法令及課稅由中國官吏與日本國領事官接洽後施行等語業已閱悉相應照覆即希　查照須至照覆者

中華民國外交總長

中華民國四年五月二十五日

關於南滿州東部內蒙古條約第二至第五條延期實行之換文（照會）

爲照會事本日畫押之關於南滿州及東部內蒙古條約內第二條第三條第四條及第五條中國政府因須準備一切擬自本條約畫押之日起延期三個月實行應請貴國政府同意相應照會即希　查照須至照會者

中華民國外交總長

日本國公使

中華民國四年五月二十五日

（同照覆）

爲照覆事准本日照稱本日畫押之關於南滿州及東部內蒙古條約內第二條第三條第四條及第五條中國政府因須準備一切擬自本條約畫押之日起延期三個月實行等語業已閱悉相應照覆即希　查照須至照覆者

日本國公使

大正四年五月二十五日

中華民國外交總長

關於漢冶萍事項之換文(照會)

爲照會事中國政府因日本國資本家與漢冶萍公司有密接之關係如將來該公司與日本國資本家商定合辦時可即允准又不將該公司充公又無日本國資本家之同意不將該公司歸爲國有又不使該公司借用日本國以外之外國資本相應照會即希　查照須至照會者

中華民國外交總長

中華民國四年五月二十五日

日本國公使

(同照覆)

爲照覆事准本日照稱中國政府因日本國資本家與漢冶萍公司有密接之關係如將來該公

司與日本國資本家商定合辦時可即允准又不將該公司充公又無日本國資本家之同意不將該公司歸爲國有又不使該公司借用日本國以外之外國資本等語業已閱悉相應照覆即希　查照須至照覆者

大正四年五月二十五日

日本國公使

中華民國外交總長

關於福建問題之換文（照會）

爲照會事照得中國政府有在福建省沿岸地方允許外國設造船所軍用貯煤所海軍根據地或爲其他一切軍事上之設施並自借外資爲前項各施設之意思中國政府果否有此意思請即見覆相應照會即希　查照須至照會者

大正四年五月二十五日

日本國公使

中華民國外交總長

（同照覆）

爲照覆事接准本日照稱各節業已閱悉中國政府茲特聲明並無在福建省沿岸地方允許外

國設造船所軍用貯煤所海軍根據地及其他一切軍事上施設之事又無借外資欲爲前項施設之意思相應照覆即希　查照須至照覆者

中華民國四年五月二十五日

中華民國外交總長

日本國公使

關於交還膠澳之換文(照會)

爲照會事本公使以帝國政府名義對貴國政府聲明日本國政府於現下之戰役終結後膠州灣租借地全然歸日本國自由處分之時於左開條件之下將該租借地交還中國

一、以膠州灣全部開放爲商港

二、在日本國政府指定之地區設置日本專管租界

三、如列國希望共同租界可另行設置

四、此外關於德國之營造物及財產之處分並其他之條件手續等於實行交還之先日本國政府與中國政府應行協定

相應照會即希　查照須至照會者

大正四年五月二十五日

日本國公使

中華民國外交總長

（同照覆）

為照覆事接准本日照會貴公使以貴國政府名義聲明日本國政府於現下之戰役終結後膠州灣租借地全然歸日本國自由處分之時於左開條件之下將該租借地交還中國等語業已閱悉

一、以膠州灣全部開放為商港

二、在日本國政府指定之地區設置日本專管租界

三、如列國希望共同租界可另行設置

四、此外關於德國之營造物及財產之處分並其他之條件手續等於實行交還之先日本國政府與中國政府應行協定

相應照覆即希　查照須至照覆者

中華民國外交總長

中華民國四年五月二十五日

日本國公使

前項條約與聲明既經兩國全權委員簽字互相照會直至六月二日始由我國外交部呈請大總統批准用璽並委任駐日公使陸宗輿爲換約全權委員實行交換今將外交部呈請原文並大總統批令列下

爲繕呈中日議訂條約謹請批准用璽以備互換事竊此次中日議訂山東條約四欵南滿及東部內蒙古條約九款徵祥奉命派充全權委員與日本全權委員日置益於五月廿五日彼此署名蓋印業於二十六日呈明鈞鑒查山東條約第四條及南滿東蒙條約第九條內開本約應由大總統批准其批准書從速在東京互換等語謹將兩項條約各照繕中文日文二冊恭呈鈞閱並請將約本批准請用國璽發交外交部轉寄駐日本公使陸宗輿祇領與日本批准約本互換所有繕呈中日議訂條約謹請批准緣由理合呈請伏乞　大總統鑒核訓示施行謹　呈

批令據呈中日議訂山東及南滿東蒙兩項條約業經本大總統核閱應准鈐用國璽發交該部轉寄駐日本公使陸宗輿祇領與日本批准約本互換仰即遵照此令

爲中日換約呈請頒給委任令事竊查此次中日議定山東條約第四條及南滿東蒙條約第九條內開批准書從速在東京互換等語除約本由部妥寄外應請委任駐日本公使陸宗輿爲換約全權委員與日本外部大臣定期照章繕具文憑署名蓋印將我國批准約本與日本批准約本在外部互換所有中日換約呈請頒給換約全權委任令緣由理合呈請伏乞　大總統鑒核

訓示施行謹呈

批令已頒給陸宗輿換約全權委任令矣此批

民國三年西歐酣戰之際日本有左右戰局之勢力法英俄三國百方媚悅日本惟恐失歡而日本全國上下之驕慢亦爲從來所未有大隈尤好勝急功山縣元老嘗有滿洲問題不决死不瞑目之言元老幕僚之野心政治家並致謀以專使來華竟此奇功大隈恐功非己出乃與其部下健將加藤外部謀乘國民不滿於還膠之宣言爲求償中國之計時我國駐使陸宗輿廣交而善探以所聞密報於前總統袁世凱袁電令設法消弭陸報以結歡元老爲設法消滅之第一步並得駐日某大使密告勸中國暫避其鋒而勿與日本齟齬其時適爲山東撤兵問題魯人要請孔急中國政府正欲抗議某大使因密告及此陸因以非時機而電請稍緩政府不能待卒於四年正月初四日提出抗議書於日館日政界大譁乃不但以滿洲勢力範圍並伸張於東蒙且以政友會及黑龍會浪人等之要求更附加第五項所謂二十一條大案者即以駐華公使日置益面遞於總統時項城沿用李合肥以夷制夷之故策求援於英美法俄而各國皆瞠目束手無以應不得已而思其次利用各國新聞鼓吹日加藤外部乃謂苟中國用此小策則日本將堅持益甚時談判日趨危險陸使宗輿乃設法疏通元老袁令金邦平赴日專事結納日政府監視甚嚴金乃速歸陸又電請某顧問歸東京相助悉以談判情形密達元老陸知加藤之獨斷獨行久與元老疏隔特爲此以間冀以元老

之力挽回最後之危局也至五月初大隈加藤果不與元老謀而遽下滿洲戒嚴令並以計驅除某顧問東京我國使署及電話等亦被嚴重監視各處圍城不能外通消息陸使乃微服密訪元老之幕僚某要人繼以哭訴謂某某元老迭次勸我國稍稍讓步謂必有出場排解之一日今滿洲戒嚴令即發下旗即在旦夕無已惟有將某某元老鬨騙中國政府及公使之外交經過張貼館門自刎其下以執總統國民因是某君深爲感動允將情形轉達元老且允疏通將顧問軍械兩條減除陸因是又請某日友使聽信於元老之門所得回信則派某參贊於某處下等待合宰接洽又派某西文參贊將五項中華英鐵路舊約乞援於英大使至五月四日而戰雲漸布內閣開元老會議二時以達部電到時袁已令外交次長曹汝霖赴日館願讓步若干條曹得陸電立即中止談判託故而開議至六時元老有怫然而去之信至五日方悉元老爭執甚力有除五項中兩條之說陸使即密歸此一電之關係至大後來日議會因此大生問題者此也顧日政府當時以元老之爭執乃仍於五日續開會議聞當局擬唆浪人開國民大會攻擊元老相持益急有非倒一不可之勢蓋非毀元老即倒內閣也幸山縣系之大浦內相極加調停定於六日早再開閣議並即開御前會議至午刻加藤外部尙於御前堅持有日皇先令退出之信聞元老與內閣爭持之點第一則日政府二十一條之修正案祇有事後報告元老並未先開元老會議此元老之不平者一二則日政府於未開御前會議之先已將南滿及關東戒嚴徵發令等先行頒發是也聞御前會議之初松方元老即問財

政如何準備石槻大藏則答稱已備四個月松方責以欲征服如此大國僅四個月之準備未免輕忽蓋恐袁政府戰敗之後全國陷於大亂難得收拾也山縣則以英國及他國是否說好如發通牒後再有外人說話又當如何加藤則以為諜出則中政府必照允即不然而戰袁政府亦必速倒山縣則謂袁政府即倒而支那大亂後收拾之責任轉比倒袁政府為難於是閣員稍稍氣餒松方又言顧問軍器等事本出之於雙方意合斷無强求之必要彼此爭持漸形决裂加藤則以去就爭其探報者云該會議雙方爭持之聲甚厲加藤為尤烈加藤確為先退日皇先令加藤退出之傳聞所由來也其時駐日英大使亦以陸使之切告於初四五兩日異常奔走山縣在會議中外人之說話云云固已有先入之言以五項之希望條件而加入袁的密敦書亦不合外交慣例特政府戒嚴令下最後通諜又有不能不發之勢惟內以元老之爭持外以同盟之勸告日政府乃不能不將第五項撤下顧五項撤下之內容初七日午後三鐘始行發表其時東京朝野大譁日人且有到我國使署前大呼支那外交大勝利萬歲者次日東京英文廣知新聞竟登兩相片一為日使日置益題其額曰灰色之外交一為中國駐使陸宗輿題其額曰此時有此人（The man of the Moment）蓋東京外交團於初六日止尚不信有最後通牒內修正讓步之事至七日午後外務省公表書出乃群相驚異莫不謂中國能得外交機宜且至我使署道賀英大使且謂東方交涉惟東方人能辦斯時袁項城外交人傑之稱報不絕書亦有稱陸宗輿為小袁世凱者然自此而袁項城自大輕日

之心從茲而起不數月而帝制問題漸以發生故人謂袁世凱以帝制而交換二十一條則大誤蓋二十一條發生在四年正月帝制發生在四年八月惟至撤消五號後袁以爲雖日之强無如何我遂無顧慮而暢所欲爲耳大隈以不能滿志於二十一條者轉欲取償於帝制問題自是而兩雄相鬬一死一倒此實民國四五年中日外交之眞相以陸之鬼才項城能用之而利國至段徐時代而反敗今年五四之變陸之辭呈尙斤斤以撤回五號自詡東海且以明令相慰藉至見於公文明令夫豈能假著者深不欲盲從時論從東京方面將二十一條要案經過秘史訪得確情錄附篇末以供研究中東外交故事者之參考耳

第四節　鄭家屯案

鄭家屯在奉省洮南府東距南滿鐵道百餘里之遙實爲滿蒙貨物出入之要道民國四年因蒙匪猖狂由奉督張作霖派陸軍第二十八師之一部調至該地駐防不幸前次中日條約成立之後日人根據前約分往南滿及東蒙內地居住而鄭家屯軍民遂首被其禍查此案由實起於民國五年八月十三日有一下級社會之日人在市中向一賣魚之華童不依所索價値强欲購買竟被拒絕致觸日人之怒即將魚童痛打經過路華兵目覩情形殊爲憫惻親向日人勸阻該人變羞成怒倚恃國勢竟然動蠻不見優勝反致受傷逃奔日營揑詞妄報即由日官派隊長帶兵二十名前往駐在該地之陸軍第二十八師支部司令處（設在一典舖內）交涉一抵司令處門前未待守門者報

告强欲進內當被衛兵攔阻日兵即將該衛兵痛擊致招其餘華兵之公憤羣起援助日兵遂開槍實行對敵其結果日兵死七名重傷九名華兵死四名傷數人而日兵知寡不敵衆退返本營電請大隊應援是晚中國縣知事一聞警信即往日營慰問竟被拘留至次日始行釋放越二日有大隊日兵抵屯該縣知事深恐激成大變商准華軍官先令華兵全部退出十五華里之外以免再見衝突而待解決至九月二日以後駐京日使忽以解決本案爲名三次親向我國外交總長面交數項重要之條件今將來往文件列左以資參考

（甲）解決本案之條件（五年九月二日面交）

際茲中日兩國之關係近來大見改良兩國親交之氣運適成一新紀元之時忽發生鄭家屯之不祥事件帝國政府最爲遺憾帝國政府就各方面詳查其事實務期爲公平之判斷要之本案係出於中國軍隊方面之挑撥且以中國之兵力包圍襲擊日本軍隊爲無容疑之事實事體重大爲不待言然帝國政府特重視中日兩國關係之大義勉以和平解決之趣旨提出此解決案要求中國政府速實行左列之事項

一、懲戒第二十八師師長

二、有責任之將校悉行免黜其中直接指揮暴行者處以嚴刑

三、爲使中國軍隊或軍人此後不再有挑撥日本軍隊軍人或人民之何等言動嚴飭中國駐

紮南滿州及東部內蒙古之中國軍全部並令該地方之中國各官廳以此項命令布告週知

四、承認日本政府爲保護取締南滿州及東部內蒙古之日本臣民於認爲必要之地點派駐日本警察官南滿州中國官憲並增聘日本人爲警察顧問

(乙)作爲中國政府任意之提案聲明左列之事項

一、南滿州及東部內蒙古駐紮之中國各部隊聘用日本將校若干名爲顧問

二、中國士官學校聘用日本將校若干名爲教習

三、令奉天督軍親往關東都督及奉天日本總領事署訪問謝罪

四、對於被害者或其遺族與以相當之慰藉金

關於派駐警察官問題之說明(五年十月十八日)

按照去歲所締結之關於南滿州及東部內蒙古之條約日本國臣民得在南滿州任便居住往來並得經營各種商工業又得在東部內蒙古與中國人民合辦農業及附屬工業所有南滿及東蒙地方日本臣民之數必將逐漸增加是以日本政府爲保護取締其臣民起見認爲有派駐警察官之必要

南滿洲內地已設有若干之警察官駐在所中國地方官事實上業經承認與之往來交涉帝國政府於南滿洲及東部內蒙古內地日本臣民逐漸增加之處擬在其必要地點隨時增設警察

官駐在所其地點自以日本居住民人數而定現在不能預爲列舉且有經費關係亦不致遽爾增設多處也警察官駐在所之組織按照土地狀況及居住之日本臣民多少而定大概不過遣派數名之警察官而已警察官之重要職務如左

一、預防日本臣民犯罪

一、日本臣民被害時保護之

一、搜查逮捕及護送應歸領事裁判之日本臣民犯罪者

一、關於民事之領事裁判執行事務例如承發吏之職務

一、監查日本臣民之身分關係

一、取締違犯中日兩國條約規定事項之日本臣民

一、關於中國警察法規中日兩國協議實施時日本臣民遵奉此項法規之一切處置

總之日本政府擬設警察官駐在所於南滿及東蒙內地係根據領事裁判權其趣旨不過爲完全保護取締日本臣民并使各該處之中日兩國官民之關係圓滿良好兩國經濟關係得以漸次發達而已請照前此中國政府顧全中日睦誼承認日本在南滿內地設立領事館及分館之例從速承認此次要求爲盼

關於派駐警察事件日本公使致外交部口述書（六年一月五日面交）

南滿東蒙條約施行之結果將來於該地方來往居住之帝國臣民必見增多帝國政府取締保護此項臣民起見須有增設警察官派駐所之必要等因業於去年十月十八日帝國公使面交陳前任外交總長之說帖內詳述一切早在洞悉之中也帝國政府以為倘或撤回此項要求將來該地方居住來往之帝國臣民大有不安之處難免與中國官民之間滋生事端惹起重大糾葛是不容疑蓋以帝國政府對於自國臣民既有必須保護之義務並有取締一切之權利因此不但不能默視發生此種事件抑且照之兩國國交親善起見亦有預先防範之義務者也查派駐帝國警察官之事究竟係屬治外法權當然之措置而毫無侵害中國主權之處更不庸置議藉資兩國官民關係之良好貢獻發展經濟之關係者必有不少是以帝國政府確信中國政府必表同意無疑倘或中國政府躊躇不表同意之時帝國政府只可應必要實行之亦屬不得已之事合併聲明

關於聘用軍事顧問事件日本公使致外交部口述書（六年一月五日面交）

中國政府如在南滿洲聘用外國軍事顧問時儘先聘用日本人等語業在南滿東蒙條約附件民國四年五月二十五日照會內聲明在案查聘用日本人軍事顧問藉可疏通兩國軍事官憲意思且於預防誤會所致諸項事端亦有所裨無疑是以帝國政府於中國政府在南滿洲陸續聘用日本軍事顧問是為希望惟此事關係貴國軍政帝國政府未便相強應由貴國政府任意

斟酌可也

關於聘用軍官學校教習事件日本公使致外交部口述書（六年一月五日面交）

帝國政府希望中國政府傭聘日本國將校若干充爲武官學校教官是係帮助養成將來派遣滿蒙地方之武官闡明中日兩國親善之精神以期滿蒙地方再勿發生此次鄭家屯等項之不祥案件而永絕禍根爲旨惟此事關係貴國軍政帝國政府未便相强應由貴國政府任意斟酌可也

關係聘用軍事顧問事件外交部答復口述書（六年一月十二日面交）

准一月五日 口述書稱中國政府如在南滿洲聘用外國軍事顧問時儘先聘用日本人等語業在南滿東蒙條約附件民國四年五月二十五日照會內聲明在案查聘用日本人軍事顧問藉可疏通兩國軍事官憲意思且於預防誤會所致諸項事端亦有所裨無疑是以帝國政府於中國政府在南滿洲陸續聘用日本軍事顧問是爲希望惟此事關係貴國軍政帝國政府未便相强應由貴國政府任意斟酌等因查奉天督軍公署本聘有貴國軍事顧問茲准來文業已悉

關於聘用軍官學校教習事件外交部答復口述書（六年一月十二日面交）

准一月五日 口述書稱帝國政府希望中國政府傭聘日本國將校若干充爲武官學 校教官

是係幫助養成將來派遣滿蒙地方之武官闡明中日兩國親善之精神以期滿蒙地方再勿發生此次鄭家屯等項不祥案件而永絕禍根爲旨惟此事關係貴國軍政帝國政府未便相强應由貴國政府任意斟酌等因查軍官學校向由本國陸軍人員教授現尙無聘用外國人爲教習之意思

關於派駐警察官事件外交部答復口述書（六年一月十二日面交）

准一月五日口述書稱南滿東蒙條約施行之結果將來於該地方來往居住之帝國臣民必見增多帝國政府取締保護此項臣民起見須有增設警察官派駐所之必要等因業於去年十月十八日帝國公使面交陳前任外交總長之說帖內詳述一切早在洞悉之中也帝國政府以爲倘或撤回此項要求將來該地方居住來往之帝國臣民大有不安之處難免與中國官民之間滋生事端惹起重大糾葛是不容疑蓋以帝國政府對於自國臣民既有必須保護之義務並有取締一切之權利因此不但不能默視發生此種事件抑且照兩國國交親善起見亦有預先防範之義務者也查派駐帝國警察官之事究屬治外法權當然之措置而毫無侵害中國主權之處更不庸置議藉資兩國官民關係之良好貢獻發展經濟之關係者必有不少是以帝國政府確信中國政府必表同意無疑倘或中國政府躊躇不表同意之時帝國政府只可應必要實行之亦屬不得已之事合併聲明等因查中日新約日本臣民得在南滿洲居住往來經營工商

業並得在東部內蒙古與中國人民合辦農業及附隨工業中國政府預料日本臣民之數必逐漸增加故於該約第五條訂定所有在南滿洲及東部內蒙古之日本臣民應服從中國警察法令以便中國警察實行其保護取締之職此次日本擬派駐警察官其理由亦係爲保護取締日本臣民起見但既有條約規定自可不必再設日本警官以免與中國警察權衝突去年十月十八日所交說帖內開日本警察官重要職務七項有爲中國警察權所應及者有爲現行條約所已經規定者有爲領事裁判所承發吏之職務者均無專設日警之必要是此警察問題與所稱治外法權自難牽混本國政府不能認爲當然之措置即數十年自與各國訂有治外法權之條約以來亦未聞有以此爲辭者雖經　貴公使迭次聲明此項警察決不干涉中國地方行政及警察權然經本國政府詳細考量於中國領土之內駐紮外國警察無論如何究於中國主權之精神及形式上均有妨碍且於人民方面易生誤會反足爲兩國親善之障碍至現在已經設置之日本警察官駐在所業由本國政府及地方官迭次抗議並未承認所有口述書內開必須設置日本警察官之理由本國政府碍難允認且此事尤與鄭家屯案無關迭次會議時　貴公使亦有脫離鄭家屯案之說本國政府以爲應請　貴國政府無庸再提仍不能作爲中國政府業經承認實行

關於商結本案日本公使致外交部照會（六年一月二十二日面交）

爲照會事關於會商鄭家屯一案經本公使在貴總長未到任以前與　貴部迭次會議彼此商定左列各欵除所已斟酌之字句外無再討論之餘地相應照會貴總長查照見覆爲荷須至照會者

一、申飭第二十八師師長

二、有責任之中國軍官按照法律酌量處罰其應從嚴者自應從嚴

三、於日本臣民之雜居區域內以對於日本軍民待以相當禮遇等語出示告諭一般軍民

四、奉天督軍以相當方法表示抱歉之意於關東都督及奉天日本總領事同在旅順之時行之

五、中國給被傷日人銀五百元以作治傷費

同日我國外交部亦依彼此商定之意旨照會日使承認日本最後所開各欵至是鄭家屯一案遂結

按鄭家屯非在南滿路線左右二十里界限以內日兵自無駐屯之權而日政府藉口保護僑民爲辭不經我國同意擅自派兵駐紮藐視我國其居心叵測不問可知乃觀日人在市中與我兵尋仇起鬬發生之後依國際上慣例宜由兩方外交當局查明曲直協同解決而日兵竟然以全身武裝向我兵營示威直接交涉寔含有藉端啓衅之歹意遂致開槍互擊衝突旣成日使反誣華兵挑撥

希圖歸罪我國且此案僅關於一隅地方之細事決不能認爲國際上重大之交涉然日政府小題大做電令日使向我外交部三次提出重大要求是不啻欲將我南滿洲及東部內蒙古以對待朝鮮第一步之方法施行於我國者也

第五節　交行借款

交通銀行創於前清末葉以國有交通各機關如鐵路電報等局所出入款項與享得代理國庫之特權爲主要營業其股分爲官四商六迨民國成立後財政異常困難該行總理梁士詒曾兼前袁總統之秘書長籌款有功得握大權以致該行與政府關係日益密接及至洪憲時代梁士詒盡將行中現銀悉供袁氏籌辦帝制之用冀建殊勳因之袁政府至民國五年五月積欠該行已達四千六百餘萬元之鉅於是行庫空虛不得不濫發紙幣以資應付至洪憲之末財難達於極點梁周二人遂商請袁氏用大總統之職權發布中交兩行紙幣停兌之命令致全國金融閉塞商務頓衰人民受害尤以京師爲最甚迨袁氏病卒民國復活新政府通令嚴拿帝制罪魁而梁士詒逃奔香港該行總理一席改由曹汝霖繼任以維該行營業爲宗旨於民國六年一月二十日與日本株式會社訂立日金五百萬元之借款茲將該行呈請國務院備案之呈文及借款合同附列於下

爲呈請備案事竊本行數年以來竭力圖維營業幸漸發達內外均無虧欠前因政府以財政困難迭飭墊付軍政經費本行不揣棉薄多方設法以冀仰副國家維持全局之至意自民國元年

迄今積欠至鉅但以庫款往來既無間斷私家存欵亦非少數是以墊款雖多尚可暫爲支持自奉令停兌以後營業減色現金缺乏周轉維艱而各省分行及匯兌所數十處有停兌者有因地方情形不能停兌者辦法既極不一處理乃益爲難本行迭次呈請發還積欠蓋實有不得已之苦衷乃距今數月迄無辦法且使國庫欵項照舊往來則出納之間亦可稍資周轉詎時經半載獨抱向隅加以官私存積多被提取收入之缺乏如彼支付之困難又如此雙方壓迫應付俱窮本行爲信用計爲營業前途計爲股東血本計不得不自行設法以資維持現與日本興業銀行等協議確定暫借日本金五百萬元約期三年年利七釐五毫十足交款並無用費以行存國家有價証券爲担保品純照商業借款性質辦理絲毫無損利權此項合同經提交本行董事會通過於一月二十日由本行總理與日本興業銀行總裁志立鐵次郞代理事二宮基成正式簽字理合將中日交借款合同各鈔錄一份請鈞鑒察備案並懇行知財政交通兩部查照備案及外交部援例照會日本駐京公使查照至紉公誼此呈附呈中日文借款合同各一分交通銀行總管理處謹啓

中華民國交通銀行(下稱甲)爲整理業務起見向日本國株式會社日本興業銀行株式會社台灣銀行及朝鮮銀行三銀行合組以株式會社日本興業銀行爲代表之銀行團(下稱乙)借日金五百萬元所有訂立合同條件開列於左

第一條　此項借款日本金五百萬元
第二條　此項借欵期限自本合同簽字之日起算滿三年爲限即至中華民國九年一月十九日爲滿期
第三條　此項借欵利息按年七釐五毫即日金每一百元按日金七元五十錢核算付給
第四條　此項借欵利息第一回付息應以借欵金額交付之日起迄民國六年七月十九日爲止按日核算先期交付以後每年於七月二十日及一月二十日先期交付半年利息
第五條　乙於收到本合同第十條所載担保品後應將此項借款全部金額（除第一回應扣利息）在東京交付於甲之代理人
第六條　甲之代理人收到前條借欵全部金額之時可作爲存欵存入乙之銀行隨時提用甲之代理人關於前項存欵之條件及滙款方法可在東京與乙協定
第七條　此項借欵全部實數交款並無扣折及用費
第八條　此項借欵將來還欵付息均在東京辦理
第九條　此項借款於期滿前甲亦得全部償還惟須於三個月前預行聲明
第十條　甲　爲担保還本付息起見提供左列物件作爲担保品
一、隴秦豫海鐵路借債劵額面一百三十萬元

一、中國政府國庫債券額面四百萬元

一、中國政府對於交通銀行債務證書額面二百四十二萬五千六百八十七元六角八分

第十一條　甲於前條担保品全部證券所載金額應備具可以收領之委任狀在北京交乙收執乙於收到前條担保品時應備具寄存證書交付與甲

第十二條　甲如到期不能還本付息時乙得將第十條所載之担保品隨意處分以充還本付息之用

第十三條　甲於此項借款期內所需必要之資金如須向外國借款時應以合宜條件先向乙商辦

第十四條　此項合同由甲呈明中國政府備案此項合同繕就漢文日本文各二分簽名蓋章甲乙各執一分爲據

中華民國六年一月二十日

大正　六年一月二十日

交通銀行總理曹汝霖

交通銀行協理任鳳苞

株式會社興業銀行總裁志立鐵次郎

代理理事二宮基成

按交通銀行賴政府援助營業非常發達支行林立與中國銀行相等實為我國最大兩銀行之一於我國經濟上頗有密切關係故日人垂涎已久查日本大隈內閣時代早有日支銀行案是全用强迫主義至寺內內閣則用經濟借款政策然至中交停兌之後陳錦濤財總時代已有收束交通銀行不辦之意苟非曹汝霖借日款維持則已不待梁周等歸來而交行已一敗不可收拾今年五四之後聞舊交系又與新交系脫離上海漢口等分行且起而排斥曹汝霖使不得再為總理是果出於排斥日款收回利權之公意抑或另有黨利之私見是非本著作者所得而知但聞梁士詒之游日本葉恭綽之游歐洲與夫梁周等一切辦實業之資本無不仰給於交通銀行是新交通系担借款之虛名舊交系收運用之實利個中人有謂曹汝霖之愚戇為天下所無者其然豈其然耶聞交行人員盤倒借金之利操縱鈔票之價早已十人九肥曹汝霖並一木偶總理尚有不能相容之勢其愚誠不可及然人亦有謂新舊交系均無不染指於該行者是則非個中人不能明其真相者已

第六節　吉長鐵路

吉長鐵路由南滿鐵道長春站左近直達吉林始於前清末葉從日本要求由我國向日人借款而建築之及至民國五年中日所訂關於南滿洲條件內復有中國政府允諾以向來中國與各外國

資本家所訂鐵路借欵合同規定事項爲標準速行從根本上改訂吉長鐵路借款合同之一條因是民國五年二月間南滿鐵路公司特派理事川上俊彥至北京與我交通部委員協商合同之修改前後開正式會議約計三十餘次其間交涉之困難非言可喻幸雙方各以誠意相見始將合同草案議妥然至將次簽約之際我國政府以國會之紛議爲慮力言須先得國會之贊可方能簽押於是將此草案移諮議院其結果爲一部分民黨反對謂合同中有關及國權之處尙宜修正須將該案付托外交財政交通三委員會共同審查至原案內容之要點如左

一、借欵金額爲日本金五百萬元（已交付二百五十萬元）利息五釐

二、借欵担保以該鐵路之財產及收入金充之於未償還以前不得抵押於他處期限爲五十年

三、該鐵路及中國政府如不能將借欵本利淸償時該鐵路之一切財產及收入歸南滿鐵路公司管理

四、在借欵期限內委託南滿鐵路公司代辦經理營業庶務一切

五、南滿鐵路公司有選任幹部辦理本路事務及用人訂約購買材料等權

六、中國政府得派代表一人會計一人翻譯一人監督本路財政但此項人員皆爲日本職員之副中國代表所選任之中國職員須服從日本幹部之指揮

七、該鐵路一切辦法與南滿鐵路相同並須撤去長春之吉長路原有停車場而併入南滿鐵路停車場與南滿路線相聯絡

當借欵草約審查時忽見該案內容無端漏洩於外間遂惹起日人方面提出嚴重之抗議而我國政府不得不對之以謝疏忽之罪也蓋先是依我國方面之意見約定於簽約以前雙方嚴守秘密故無論中外報紙除登載借欵數目及其他二三無關緊要之條件外絕對未知契約之內容不意此案提交議院時各議員彼此傳觀以致漏洩被天津大公報將內容全行揭載且示攻擊各報響應於是我政府乘機重行改訂借欵合同草案如左

一、借欵金額日金六百五十萬元除照舊約云已付過二百五十萬元現須續付四百五十萬元年利五分實收九十一萬元半

二、償還期限四十年

三、以本路財產及收入爲借款擔保如本路不能支付政府亦不能籌付時以本路之一切產業交公司管理

四、政府置局長以監督業務在借款期內委託公司代爲指揮總理俟淸償後交還

五、派日人三名充工務運輸會計之主任就中以一人爲代表執公司之權利義務

六、除主任以外之職員由局長及公司代表協定之

七、以本路之純利二分分配於公司
八、運貨及收入用中國貨幣而保存於日本銀行
九、本路之機件材料先儘中國貨購用
十、警察行政司法課稅權屬中國

以上之原案及改約草案雖僅據當時報章所載而大旨固無甚出入也

第七節 日幣墊款

是年我國對內則復辟之後對外則戰德之初用欵浩大財政日艱當時財政總長梁啓超原爲一言論家於經濟上素乏經驗一旦身掌財政補救無策惟有大借外款以資應付首向日本橫濱銀行訂結日幣一千萬元墊欵合同如下

中華民國政府現願借欵日幣一千萬元作爲擬與四國銀行團商借善後續借欵之墊款議由日本銀行團承辦因此財政總長代表中華民國政府(以下簡稱曰中國政府)橫濱正金銀行(以下簡稱曰銀行)代表日本銀行在北京訂立日本合同所有條款如左

第一款　銀行承認於訂本合同日起十天以內承辦墊欵日幣一千萬元應照本合同第四欵所開辦法交付中國政府

中國政府允銀行於訂本合同日起十天以內在日本發行中國政府國庫劵總數日幣壹千萬

元將此發行之進欵作爲墊欵之用

本國庫劵日期即爲發行國庫劵之日命名爲中華民國政府民國六年（即日本大正六年）國庫劵

第二款　本國庫劵償還期限自從發行之日起定爲一年在其償還之期前十天由中國政府將日幣寔數一千萬元交付銀行作爲還債之用中國政府應按在日本國應付之日幣一千萬元籌備足敷該欵之規銀或及國幣交付在上海銀行其匯價應同日與銀行商定或可於六個月前以內無論何時隨便訂定如或中國政府在日本寔存有日金果係並非專爲付還本國庫劵起見滙去者則於期前十天可用此項存欵付還惟須於期前兩個月通知銀行

第三款　本國庫劵自從在日本發行之日起即按照週年百分之七行息發行庫劵之日先將該利息扣除即照劵面虛數每百元寔收九十三元

第四欵　第三款所開發行本國庫劵之寔收進款由銀行扣除銀行佣費一厘即照劵面虛數每一百元付給一元即在日本印造國庫劵費用約須日幣三千元外其餘全數即於其發行後第三日歸入在橫濱之銀行中國政府存款項下應聽候財政總長提用此項存款銀行應按週年百分之三行息

前項所開存款應由銀行匯寄來華每星期滙款之數與銀行商定多寡但每一個星期不得

逾日幣二百萬元

第五款　本國庫劵進款專供本年七八九三個月行政經費之用其詳細用途另行開單函達銀行作爲本合同之附件

第六款　本國庫劵除中國鹽務收入業已指定從借欵債務之担保未經淸還者外即以中國鹽務收入之全數作爲担保

第七款　財政總長提用本國庫劵進欵所有一切手續條件均照中華民國二年簽定之善後借款合同第十四款所開辦法辦理

第八款　財政總長代表中國政府應於本合同第一款在日本發行本國庫劵之日暫發中國政府日幣一千萬元國庫大劵一張交付在北京之銀行做據此項國庫大劵定於次項所開國庫劵全數印造完成日應由銀行繳還財政部註銷

在日本發行之本國庫劵式樣文字及每張劵面之金額應由銀行參酌外國在日本發行國庫劵之例與中國在東京之公使商定

本國庫劵須將財政總長暨中國在東京之公使所簽姓名及其印信摹印於劵上以爲中國政府認可發行本國庫劵並担保本國庫劵之證據銀行督辦亦須在劵上加簽用印以證其爲經理人

中國政府應在訂本合同日電令中國在東京之公使照本款所開辦理

第九款　本國庫劵期限將滿時倘中國政府願展本墊款期限須在期滿前兩個月通知銀行銀行應允承辦發行第二次一年期限國庫劵以新換舊所有關於發行方法及條件開列於左

一、第二次國庫劵須在本國庫劵期滿之前三天發行所有應扣除利率及應給銀行佣費若干應按其時市面情形在其發行之前一個月另行商定

二、中國政府須在本國庫劵期滿之前十天核算償還本國庫劵日幣一千萬元與發行第二次國庫劵進淨款之差若干照數籌備足數該款之規銀及或國幣交付在上海銀行匯寄日本其滙價應同日與銀行商定

三、中國政府允自從發行第二次國庫劵之日起定由鹽務收入按期陸續撥交在上海銀行若干作爲償還該國庫劵之基金該基金須由銀行按照週年百分之五付息其撥付日期及每回應交之數應於發行該國庫劵之前一個月預與銀行商定

四、除前開三項外其餘一切手續及條件應照本合同規定辦理

第十款　本國庫劵一經善後續借款成立應由該借款進款首先償還

第十一款　本合同之條款須由外交部以正式公文照會日本駐北京之公使

第十二欵本合同共備中日兩文各四份中國政府執收各兩份銀行執收各兩份如文義有疑難之處以日人爲準

中華民國六年八月二十八日

日本大正六年八月二十八日

財政總長　梁啓超

橫濱正金銀行代表

取締役小田功萬壽之助

民國七年內閣改組故代理大總統馮國璋特任中法銀行華經理（俗稱買辦）繼任財政總長亦無理財學識除兼顧本銀行營業之外對於國庫進欵專以借欵爲要旨聞道路傳言當內閣將欲改組時王克敏力陳如任彼爲財政總長則可設法借用外國銀行之力以恢復中國銀行紙幣之兌換現金其時京師中行紙幣已二次停兌市民到處呼苦元首無法維持旣聞此說即將財政總長一席授與王氏及接任之後對於中行紙幣兌現計劃爲先將各行政機關前由中行墊借之款歸還以便中行得有現銀漸行收回發出之紙幣因之特向日本濱正金銀行提議仿照上次日幣墊款條件再借日幣壹千萬元當經應允訂立第二次墊款如下

中華民國政府現願借款日幣壹千萬元作爲擬與四國銀行團商借善後借欵之第二次墊欵

議由日本銀行團承辦因此財政總長代表中華民國府政府（以下簡稱曰中國政府）橫濱正金銀行（以下簡稱曰銀行）代表日本銀行團在北京訂立本合同所有條款如左

第一款　銀行承認於訂本合同日起十天以內承辦墊款日幣一千萬元應照本合同第四款所開辦法交付中國政府

中國政府允銀行於訂本合同日起十天以內在日本發行中國政府國庫券總數一千萬元將此發行之進欵作為本墊欵之用

本國庫券日期即為發行國庫券之日命名為中華民國政府民國七年（即本日大正七年）國庫券

第二款　本國庫券償還期限自從發行日起定為一年在其償還之期前十天由中國政府將日幣實數一千萬元交付銀行為還債之用中國政府應按在日本國應付之日幣一千萬元籌備足敷該款之現銀或及國幣交付在上海銀行其匯價應同日與銀行商定或可於六個月前以內無論何時隨便訂定如或中國政府在日本實在存有日本金幣果係並非專為付還本國庫券起見滙去者則於期前十天可用此項存款付還惟須於期前兩個月通知銀行

第三款　本國庫券自從在日本發行日起即按照週年百分之七行息發行國庫券之日先將該利息扣除即照券面處數每一百元寔收九十三元

第四欵　第三款所開發行本國庫劵之實收進款由銀行扣除銀行佣費一厘即照劵面虛數每一百元付給一元及在日本印造國庫劵費用約須日幣三千元外其餘全數即於其發行後第三日歸入在橫濱之銀行中國政府存款項下應聽候財政總長提用此項存款銀行應按週年百分之三行息

前項所開存款應由銀行滙寄來華每星期匯欵之數與銀行商定多寡但每一星期不得逾日幣二百萬元

第五欵　本國庫劵進款專供中國政府撥還中國銀行前此墊借與中國政府之欵以資中國銀行恢復該行鈔票價格之用其撥還墊款之細目另行開單函達作爲本合同之附件

第六欵　本國庫劵除中國鹽務收入業已指定從前借款債務之担保未經清償者外以後中國鹽務收入之全數作爲担保

第七欵　財政總長提用本國庫劵進款所有一切手續條件均照中華民國二年簽定善後借欵合同第十四款所開辦法辦理

第八欵　財政總長代表中國政府應於照本合同第一款在日本發行本國庫劵之日暫發中國政府日幣一千萬元國庫大劵一張交存在北京之銀行做據此項國庫大劵定於次項所開國庫劵全數即造完成日應由銀行繳還財政部註銷

在日本發行之本國庫券式樣文字每張券面之金數應由銀行參酌外國在日本發行國庫券之例與中國在東京之公使商定

本國庫券須將財政總長暨中國在東京之公使所簽姓名及其印信摹印於券上以爲中國政府認可發行本國庫券並担任本國庫券償務之證據銀行督辦亦須在券上加簽用印以證其爲經理人

中國政府應在訂本合同日電令中國在東京之公使照本條所開辦理

第九款　本國庫券期限將滿時倘中國政府願展本墊款期限須在期滿之前兩個月通知銀行銀行應允承辦發行第二次一年期限國庫券以新換舊所有關于發行方法及條件開列於左

一、第二次國庫券須在本國庫券期滿之前參酌發行所有應扣除利率及應給銀行用費若干應照其時市面情形在其發行之前一個月另行商定

二、中國政府須在本國庫券期滿之前十天核算償還本國庫券日幣一千萬元與發行第二次國庫券進淨款之若干照數籌備足數該欵之規銀及或國幣交付在上海銀行滙寄日本其滙價應同日與銀行商定

三、中國政府允自從發行第二次國庫券之日起定由鹽務收入按期陸續撥交在上海銀行

若干作爲償還該國庫劵之基金該基金須由銀行按照週年百分之五付息其撥付日期及每回應交之數應於發行該國庫劵之前一個月與銀行商定

四、除前開三項外其餘一切手續及條件應照本合同規定辦理

第十款　國庫劵一經善後續借款成立應由該借欵進欵首先償還

第十一欵　本合同之條款須由外交部以正式公文照會日本駐北京之公使

第十二款　本合同共備中日兩文各四份中國政府執收各二份銀行執收各二份如文義有疑難之處以日文爲準

中華民國七年一月六日　財政總長　王克敏

日本大正七年一月六日　橫濱正金銀行代表

副總支配人武內金平

財政部公函　財字第九號

逕啓者本日中國政府與貴銀行訂立日幣一千萬元墊欵依合同第五欵內開本國庫劵進款專供中國政府撥還中國銀行前此墊借與中國政府之欵以資中國銀行恢復該行鈔票價格之用其撥還墊款之細目另行開單函達銀行作爲本合同之附件等語茲將該項撥還墊款之細目另開清單隨函送請貴銀行

查閱即作為本合同第五欵所開之附件可也此致

銀行團代表正金銀行

中華民國七年一月六日　王克敏

按本合同第五款規定此項墊欵專供撥還中行前此墊借與政府之款以資中行恢復鈔票價格之用然成立之後中行鈔票價格終未恢復實與成立本墊款之要旨不符而財政當局尚不自省反襲故智復以恢復中行紙幣價格為名依照此次合同各欵於是年七月五日與正金銀行續訂日幣一千萬元第三次墊欵合同及至十二月又根據第九欵與日人重訂中國政府民國七年財政部證券改借契約如下

依照中華民國七年一月六日（日本大正七年一月六日）中國政府與橫濱正金銀行（以下稱銀行）在北京所締結之日金一千萬元墊款契約中國政府在日本所發行之民國七年（即日本大正七年）財政部證券（以下稱舊證券）於中華民國八年一月十四日（日本大正八年一月十四日）即屆償還之期中國政府根據該契約第九條通知銀行擬請延長右證券償還期限銀行允為引受新發行一個年限之財政部證券以為借換之手續特由財政總長代表中國政府銀行代表日本銀行團在北京締結契約其條項如左

第一條　中國政府在償還舊證券期限三日前對於銀行應在日本發行中國政府財政部證券計額面日金一千萬元並以此項證券中國政府之實收數連同第七條所定之資金為充

當償還舊證券之資金

銀行依前項規定於舊證券償還期日及此後證券償還完了之時即將舊證券交由駐日中國公使付還中國政府

本條第一項之財政部證券其發行日期即定爲大正八年一月十一日其名稱即定爲中國政府民國八年（卽日本大正八年）財政部證券

第二條　此項財政部證券於發行之日起滿一個年償還之

第三條　此項財政部證券在日本按百分之七利息預付之（卽按發行額面每百元實收九十七元）

第四條　此項財政部證券除中國鹽稅收入業已指定爲從前各債務之擔保未經淸還者外即以中國鹽稅收入之全數爲優先擔保

第五條　中國政府自中華民國八年八月日本大正八年八月起至中華民國八年十二月日本大正八年十二月止五個月間每月五日從鹽稅收入以與日金二百萬元相當之上海規銀或國幣交付上海銀行撥付橫濱銀行以爲此項財政部證券償還基金之用

上項兌換行市應以交付日或一個月前與銀行協定之日本電滙行市爲准

橫濱銀行接得上項還償基金滙電後即爲登記並由當日起至財政部證券償還期限前十

日止按年五厘行息

第六條　銀行於此項證券發行之日得以舊證券額面平價作爲此項財政部證券之代價收受之

第七條　中國政府應將本合同第三條之預付利息暨第九條之經手費及此項財政部證券印刷費約計三千元合計日金八十萬三千元於舊證券滿期十日前以與此項相當之上海規銀或國幣在上海交付其兌換行市應於付還日或一個月前與銀行協定之

第八條　銀行既發行此項財政部證券償還舊證券之後應將此項財政部證券中國政府之實收金額與第七條所定之撥還金額以及關於償還舊證券之各項帳目迅速開送中國政府

第九條　中國政府應以總劵額面百分之一卽日金十萬元爲發行此項財政部證券之經手費於證券發行之日交付銀行

第十條　財政總長代表中國政府依本契約第一條於財政部證券發行之日先發行額面一千萬元之財政部證券一紙交付銀行之北京分行

此項證券一俟在日本所發行之財政部證券全部印刷完畢由銀行交還財政部

在日本所發行之此項財政部證券樣式及各證券額面金額銀行當參酌從來在日本所發

行之外國財政部證券成例與駐日本國公使協定

此項證券由財政總長及駐日本國公使署名並加蓋官印以證明發行此項證券係得中國政府許可並負其責任再以銀行總裁爲此項證券經理人亦須於該證券署名蓋印

中國政府於本契約蓋印之日當以實行本件之訓令電達駐日中國公使

第十一條　此項財政部證券於第二次善後借款成立之時當以該借款實收金額內優先償還

第十二條　本契約中之各條項當由外交部以正式公文知照駐北京日本公使

第十三條　本契約應用中日兩國文字各繕四份中國政府及銀行各執其二關於解決本契約有疑義之時憑日本文解決之

中華民國七年十二月十日　　財政總長曹汝霖

日本大正七年十二月十日　　橫濱正金銀行代表

副總支配人武內金平

查梁啓超亡命日本最久本抱親日主義其於幣制首向日本借欵正以實行親日政策故不但一

墊欵也而并附以請日人顧問之條件汪大燮上年專使赴日并令與日本前大藏大臣阪谷芳郎訂聘約至後來阪谷來華而梁已下野不得要領而返深抱不快至曹汝霖長財政陸宗輿總裁幣制局日人以爲必得達目的也乃曹陸之幣制主張以畫一銀幣維持中交爲時下政府有利之政策且所頒之金幣條例與阪谷宗旨不合適美國爲顧問事抗議因延擱其事陸宗輿辭幣制總裁呈文中有汪梁訂聘阪谷顧問非其主張等語以公文述此當係實事然則梁汪固亦親日派之首倆而以忘中國之顧問條約媚日者乎

第八節　無線電約

民國七年二月我國海軍部與日商訂立一無線電約允准該商在我境內設置一大無線電台以與日本歐美通電查前清政府已與英商大東海線公司及丹商大北陸線公司訂約規定我國與歐美往來電報均歸該兩公司專利其後德人佔據膠澳復由該地敷設一海綫直達德境當經前清政府提出抗議卒經協定由德人每年納費若干以充賠償大東大北兩公司之營業損失及俄國內亂發生其經過西比利亞之大北陸綫不通以後往來歐洲電報全以大東公司轉達至近年無線電異常進步各國先後設置大無綫電因是我政府先與英商馬可尼無綫電報公司議定設立無綫電台合同惟因故未即簽約於是日人運動海軍劉總長前交通次長葉恭綽得成此約可謂心靈手敏蓋聞駐京英使在項城時代早已誘說袁氏懲辦把持路政之某次長某次長久銜之

而因以爲報且上有曹汝霖之親日總長當其衝日人之敏捷與袁某之靈巧可稱雙絕而英人則以必親日派之所爲故恶曹汝霖日甚云茲將所訂合同並其附件附列於下

茲擬訂在中國設一大無綫電台其能力可與日本歐美大電台直接通電合同條件於下

一、本合同係以中華民國海軍部名義（以下稱中國政府）與日商三井洋行承辦工程司名義（以下稱承辦人）雙方協議訂定

二、承辦人經中國政府許可設一大無綫電台其發報電力及收報機械可直接與日本歐美通報該電台地點由中國政府指定後得在該處購置或租賃地基以便建築之用

三、凡租購地基建築房屋桅塔以及營造軍輸并安置機械等項預算須用資本金五十三萬六千二百六十七鎊（預算列後）由承辦人自行籌集并由其獨自擔任關於建築及一切設施事宜

四、上列資本金五十三萬六千二百六十七鎊即係建築該電台之用匀作三十年分還即全數之資本分爲三十分每年還一分其未還之款按每年八厘利息於每年還欵時加入每年還款時期準定於陽歷十二月三十一日即從開辦年間爲始

五、承辦人擔任以上資本及按年利息係由電台收入項下開支各項之後所餘款內償還故承辦人獨自負有償還一切開支之責任如收入不敷開支其應償還資本及利息亦由承辦人

負責惟中國政府於三十年內須付承辦人以管理之全權

六、電台在承辦人管理期內中國政府應得有該台全年營業收入百分之十之報效金係照陽歷全年計算準定每年年終繳納設該台全年營業收入不敷開支則中國政府仍應得有該台全年營業收入百分之十之報効金

七、中國政府得委人駐台監督并查帳之權庶可核實第六條所定繳納之報効金除前次所派人員外并可派練習生到台練習惟該練習生所有一切費用應由中國政府擔任

八、電台營業因負有收入責任甚大故中國政府須允許與外國各電台及海口輪船通報而於營業可期發達惟中國內地各電台通報除軍事上通電當依軍事機關命令辦理外其餘中國內地商報一律拒絕若中國政府有軍務時代該台應遵從中國一切軍律

九、政府於三十年期內無論何時可將電台收回國有屆時所有未還之款及其結至交款日之八厘利息均由政府償還同時承辦人對於該電台一切行動不生效力按照上開辦法應由承辦人於電台未經交與中國政府之前將電台所有一切物件等用華英文開列清單呈部

十、中國政府如未能依第九條所云將款項償還則無撤免承辦人管理之權如政府有此類行為當認承辦人有該電台之所有權

十一、三十年期內承辦人既負有償還資本並擔保按年付息等項之責任故具有讓與電台於

他公司之權但須得中國政府許可否則於法律上作爲無效

十二、電台用至三十年期限屆滿（如未照第九條辦理）無論該電台資金是否收清該電台即應完全無價授與中國政府收管承辦人不得有絲毫索償惟中國政府須於六個月以前通知否則承辦人當取全年收入百分之五爲酬勞金至第五年爲止

十三、中國政府將電台收歸國有後台內所有一切人員應由政府留用給予薪洋如間有不合用者亦可辭卻惟在承辦人管理期內一切人員均由承辦人雇用給薪其薪水均由收入項下支給

十四、電台在承辦人管理期內如遇應行增加電力添購機器由承辦人員負責增加但須得政府之允許其增加資本仍在原定三十年內分期攤還本利

十五、中國政府須頒發護照與承辦人以便轉運各種機械材料庶免繳納厘金以及其他內地雜稅惟承辦人須將各種機器材料清單送核給發護照其餘仍照中國向章辦理

十六、電台須用材料如有中國出品其成色優美及價値較廉者應儘先購用

十七、本合同用華英文各繕三份如有爭執之點應以英文爲憑

中華民國海軍部

日商三井洋行代表

中華民國七年二月二十一日訂立

附則合同

中華民國海軍部(下稱中國政府)與日商三井洋行承辦工程司(下稱承辦人)於中華民國七年二月二十一日雙方訂立附則合同爲建設無綫電台事按照正合同中國政府無論何時可付清款項將該電台收回國有現議使該電台裝設完竣後即由中國政府收回辦法其建築等所需資本由承辦人代中國政府籌集致經中國政府及承辦人雙方協議附則合同條件如左

一、承辦人担任代中國政府募集債款金額五十三萬六千二百六十七鎊該款以承辦人名義存儲日本銀行作爲建築無綫電台之用

二、上開資本金分爲三十年由中國政府付還即全數之資本金分作三十分每年攤還一分每分計一萬七千八百七十五鎊十一先令四本士其未還之款按每年八厘利息於每年還款時加入

三、中國政府每年付還資本定於陽歷十二月三十一日其第一年還款自該電台建築完竣完全通電於日本歐美各電台至第十年爲開始付還之期

四、中國政府應付還利息按照本附則合同第二條所開利率自該電台建築成立之年十二月三十一日爲開始付息之期

五、按照本附則合同該電台之管理及營業權既由中國政府收回則所有該電台營業收入或不敷開支等事承辦人均不負責其正合同第五條文亦即作爲無效

六、如電台爲中國政府收回後倘營業上或發生與其他水綫公司與中國已訂之合同內有妨碍之處則承辦人聽憑中國政府囑令由承辦人將電台另行設法與水綫公司免去妨碍辦法倘不能籌妥此項辦法則中國政府應付還之款即暫爲停止俟妥善後再行照付

七、本附則合同即爲正合同之一部分應按正合同十七款一體辦理

中華民國海陸軍部

日商三井洋行代表

中華民國七年二月二十一日訂立

海軍部鈞鑒逕啓者查附則合同第二款所稱中國政府管理電台時所有費用并攤還本利均歸中國政府承認倘

貴部對於此節有所疑義則敝行情願以

貴政府命令將電台代爲管理并由敝行担任還貲本利息并開支一切費用按照正合同所議之條件辦理以下所列三條爲保護敝行利益起見特開列如左

一、中國政府須於一年以前通知以便籌劃妥善辦法

二、電台在中國政府管理時代其資本利息及一切開支按照現在合同所議均歸中國政府自行担任

三、電台在敝行管理時代其一切寄遞官商電信均准敝行收費肅此專請　鈞鑒

此函附在附則合同之後兩方同意蓋印爲證

三井洋行代表

中華民國海軍部

海軍部鈞鑒敬肅者查

貴政府與大北大東兩水線公司所訂合同在一九三一年內有不准其他陸地電台與歐洲及美洲通電等情敝行自應於一九三一年以內遵照附則合同第六條內所開文字辦理至一九三一年爲始

貴政府與大北大東兩水線公司所訂之合同已失效力則本行即可與歐美全地球通電一切營業即無妨碍理合聲明伏乞　鈞鑒

此函附在附則合同之後兩方同意蓋印爲證

三井洋行代表

海軍部鈞鑒敬肅者敝行與

貴部所訂合同建設大無線電台一座所需材料係敝國名廠選定或由歐美訂購均係最高貨色

萬不至以低貨搪塞情事特此聲明伏乞　鈞鑒

三井洋行代表

此函附在附則合同之後兩方同意蓋印爲證

第九節　山東路約

日本兵佔膠澳之後對我山東時思擴張其勢力範圍不幸我國財政日益困難會民國七年新國會成立正屆大總統改選之期需款孔急歐美既不承借遂不得不向日本資本家告貸於是日人要求魯省鐵路建築權而我政府竟電令駐日公使章宗祥向日政府提議以濟順及高徐兩路應許日本惟要求日政府撤退駐在山東之日軍並撤廢日本在山東所設之民政署以作交換再三協商卒由章使與日外部訂立下列之借款預備合同茲將章使與日外部往來之公文及合同條件列左以備研究

敬啟者中國政府決定向日本國資本家借款速行建築左列各地點間之鐵路茲本使受本國政府之委任特將此旨向貴國政府聲明

一、濟南順德間

二、高密徐州間

但左列兩線路如於鐵路經營上不利益時另以適當線路協定之

以上所述貴國政府無異議時應請迅執必要之處置令貴國資本家承允該項借款之商議相

應函達敬希見復爲荷謹具

中華民國七年　月　日

中華民國特命全權公使章宗祥　印

外務大臣男爵後藤新平閣下

敬啓者本日接奉　貴翰內稱貴國政府決定向日本國資本家借欵速行建築左列各地點間之鐵路特將此旨聲明等語業已閱悉

一、濟南順德間

二、高密徐州間

但左列兩線路如於鐵路經營上不利益時另以適當路線協議決定之

帝國政府欣然承認中國政府右列之聲明並當速執必要之處置令日本國資本家承允該項借欵之商議特此奉復謹具

大正七年九月二十四日

日本帝國外務大臣男爵後藤新平印

中華民國特命全權公使章宗祥閣下

敬啓者帝國政府顧念貴我兩國間所存善鄰之誼本和衷協調之旨意將關係山東省諸問題

照左列各項處置認爲妥當茲將此事特向貴國政府提議

一、膠濟鐵路沿線之日本國軍隊除濟南留一部隊外全部均調集於青島

二、膠濟鐵路之警備可由中國政府組成巡警隊任之

三、右列巡警隊之經費由膠濟鐵路提供相當之金額充之

四、右列巡警隊本部及樞要驛並巡警養成所內應聘用日本國人

五、膠濟鐵路從業中應採用中國人

六、膠濟鐵路所屬確定以後歸中日兩國合辦經營

七、現在施行之民政撤廢之

貴國政府對於右列之提議其意嚮若何敬希示復爲荷敬具

日本帝國外務大臣男爵後藤新平印

大正七年九月二十四日

中華民國特命全權公使章宗祥閣下

敬啓者接奉　貴翰內稱貴國政府顧念貴我兩國間所存善隣之誼本和衷協調之意旨起見提議關於山東省諸問題照左記各項處理等因業已閱悉

一、膠濟鐵路沿線之日本國軍隊除濟南留一部隊外全部均調集於青島

二、膠濟鐵路之警備可由中國政府組成巡警隊任之
三、右列巡警隊之經費由膠濟鐵路提供相當之金額充之
四、右列巡警隊本部及樞要驛並巡警養成所內應聘用日本國人
五、膠濟鐵路從業中應採用中國人
六、膠濟鐵路所屬確定以後歸中日兩國合辦經營
七、現在施行之民政撤廢之

中國政府對於日本國政府右列之提議欣然同意特此奉復謹具

中華民國特命全權公使章宗祥印

中華民七年　月　日

外務大臣男爵後藤新平閣下

濟順高徐兩鐵路借欵預備合同

中華民國政府(以下稱政府)因建造自中華民國山東省濟南府至直隸順德之鐵路及自山東省高密至江蘇省徐州之鐵路(以下稱二鐵路)與股分公司日本興業銀行所代表之股分公司日本興業銀行股分公司台灣銀行及朝鮮銀行共三銀行(以下稱銀行)之間訂立左列合同以爲正式借欵合同之準備

第一條　政府認准自山東省濟南府至直隸省順德之鐵路及自山東省高密至江蘇省徐州之鐵路建設所需一切雜用由銀行發行中華民國政府濟南順德鐵路金幣公債高徐鐵路金幣公債(以下稱二鐵路公債)

但調查濟順高徐二鐵路線路若於鐵路經營上認爲不利益時得由政府與銀行商議變更其路線

第二條　政府速定二鐵路之建造費及其他必需之一切費用徵求銀行之同意

第三條　二鐵路公債之期限爲四十年自發行之日起算第十一年開始還本用分年攤還之方法辦理

第四條　政府與二鐵路正式借欵合同成立同時即着手建造鐵路期其速成

第五條　政府對於銀行提供左列物件爲二鐵路公債付還本息之担保

現在及將來濟順高徐二鐵路所屬之一切財產並其收入

政府非得銀行之承諾不得以前項之財產或收入作爲担保或保證物提供於他人

第六條　二鐵路公債之發行價格及公債利率政府實收金額依發行當時情形擬以有利於政府之主義協定之

第七條　關於以上各條所未規定之條項政府與銀行協議決定之

第八條　濟順高徐二鐵路正式借欵合同以本預備合同爲基礎自其成立之日起四個月以內訂定之

第九條　銀行於預備合同成立同時對於政府墊借日金弍千萬元十足交欵并無回扣

第十條　本墊款之利息年息八厘即對於日金一百元每年付息日金八元

第十一條　本墊款以政府所發行國庫證券貼現方法交付之

第十二條　前條國庫證券每六個月換給一次每次以六個月份之息金支付於銀行

第十三條　政府於濟順高徐二鐵路正式借欵合同成立之後以本公債募得之資金優先即速付還本墊款

第十四條　本墊款之交付償還付息及其他一切之授受均於日本東京行之

本預備合同共備中日文各兩份政府銀行互執各一份如關於本預備合同解釋上發生疑義時以日文合同爲準

中華民國特命全權公使章宗祥

株式會社日本興業銀行

副總裁小野英二郎印

中華民國七年九月二十八日

日本大正七年九月二十八日

按上列草合同平心而論如謂中國鐵路不應借外債則已若可借外債則第一須問所訂合同是否將該路全權屬諸外人又該路所經境地是否有成外國勢力範圍之嫌照中國從前將此兩路允許德國建築舊案及中德膠濟鐵路合同則全路管車管財均歸德人專主膠濟車上中國人與德國人待遇情形亦顯分等差鐵路用地範圍尤大路權既非中國所可過問路境既成治外法權推行之區域此等辦法謂之借款造路實無異於送路詳查本草合同於上列流弊似均防制近年借款造路類多以津浦合同爲據本草合同中併此不提蓋尚有再求進步之意據聞兩方協議本草合同時日人方面迭次主張援照中國允許德國之例均經嚴拒而罷故此兩路如能集款由中國人自築自係另一問題萬一仍依本草合同訂立正式合同則保全路權中國主張自可綽有餘地也

對於本草合同不滿意者均以爲不應借用日資恐啓日本覬覦中國土地之心查此兩路前已定借用德資既許外資則改用日資本無差別路權之失否在合同如何及將來中國辦事人能否得力而已日資與其他外資同爲造築鐵路所需既無回扣又無格外擔保以借資而論實無吃虧可言至恐日人覬覦一節亦屬過慮京奉京漢滬寧等路均用外資何嘗卽失土地甚者乃謂此兩路借款成立即是許日本繼承德國在山東之權利此說最爲謬誤日本欲繼承德國權利在四年中

日所訂二十一條條約及日本與英法協約早經確定在先惟此兩路借款當時日本實未提及后俯觀日本要求照德國之例中國未許而借款亦成又觀日本資本家初不希冀此兩路聲明將來可改路綫則此兩路之借欵與德國權利問題毫無關涉可以洞見所借中國專使不明此中情節反將此兩路借款與德國權利合為一談不知不覺以美國人推諉之言認為自己做錯誤國誤人日本自然樂出是說於是此兩路問題與青島問題乃有不可分之勢其實此兩路借款成立之歷史何嘗如此此旁觀者不能不深考者也

此兩路借款成立同時將民政署訂明撤廢膠濟路定為合辦不可謂非於中國有利之事當初日本將軍政改為民政時中國即慮其施行民政有永佔之危業經屢次抗議今聲明撤消即示日本無永佔之意其巡警隊及巡警養成所聘用日人或因沿路日僑衆多不酌用日人及將巡警切實訓練恐將來日僑不服交涉滋多轉生損失且警權由中國長官主持但使因應得宜亦兩害取輕之道至膠濟路之合辦即是將已失之路收回一半何則當德人管理之時名為合辦其實中國既無資本亦無主權此路本屬德人私權照例不能沒收若德人將私權讓與日本中國恐亦無法可施現預定中日合辦將來所屬確定後即可由兩國切實共同組織定期經營數十年後自仍歸之中國合辦時有利與否則在辦理人得力與否而已

迨五月四日京師學生為青島問題發生風潮時會章使回京適在曹宅竟被學生誤聽讒言指為

賣國賊群起毆打致受重傷遂於六月十日遞呈辭職其文如左

呈爲病體增劇懇請准予辭職事竊宗祥奉使東京於茲三載上年感受風濕症兼患失眠屢經電請辭職未邀允准今春奉令回京入覲遂於四月下旬內渡抵京後即經面陳鈞座仍懇免去使職正擬再遞辭呈不料有五月四日之事撫膺自問奉職三年苟有利於國家未嘗不惟力是視所有辦理中日交涉事宜無一不恪遵政府訓令往來文電有案可稽惟時輸忿艱而補苴無術此則私衷所深自媿疚者也一月以來傷勢雖漸平愈舊恙日形增劇伏思駐日使務殷繁斷非孱病之軀所能勝任惟有切懇鈞座俯念下情准予免去駐日本全權公使本職俾得侍奉老父退居田間无任感激待命之至所有病體增劇懇請准予辭職緣由理合具呈大總統鈞鑒訓示謹呈

第十節　滿蒙路約

滿蒙四路借欵築造之議成於民國四年十月間其時由外交總長孫寶琦與日本公使山座圓次郎互換文件聲明中國願借日本資本建造滿蒙間四路以開原海龍間海龍吉林間及長春洮南間三路定爲即時修造之綫洮南熱河間一路聲明將來如須外資修造時日本有借欵優先權翌年由交通部與正金銀行締結四鄭鐵路合同四鄭者即四平街至鄭家屯爲長春洮南間之一段今四鄭已蒇工開車矣現正續商延長至洮南路綫此滿蒙四路經過之歷史也迨上年（即民國七年）九

月政府與日本商議借欵遂以已訂契約之滿蒙四路而進商墊款於是有駐使章宗祥與日本外務大臣換文之舉是該四路之成立實成立於民國四年而非成立於民國七年也茲將互換文書幷預備合同列後以供世人參考焉

敬啓者中國政府決定向日本國資本家借款速行建築左列各地點間之鐵路茲本使受本國政府之委任特將此旨向貴國政府聲明

一、開原海龍吉林間

二、長春洮南間

三、洮南熱河間

四、洮南熱河間之一地點起至某海港間（本綫經路俟將來調査後決定之）

以上所述貴國政府無異議時應請迅執必要之處置令貴國資本家承允該項借款之商議相應函達敬希見復爲荷謹具

中華民國七年　月　日

中華民國特命全權公使章宗祥

外務大臣男爵後藤新平閣下

敬啓者本日接奉　貴函內開貴國政府決定向日本國資本家借款速行建築左列各地點間之

鐵路特將此旨聲明等語業已閱悉

一、開原海龍吉林間

二、長春洮南間

三、洮南熱河間

四、洮南熱河間之一地點起至某海港間（本綫經路俟將來調查後决之）

帝國政府欣然承認中國政府之聲明並當速執必要之處置令日本國資本家承允該項借款之商議特此奉復敬具

大正七年九月二十四日

日本帝國外務大臣男爵後藤新平

中華民國特命全權公使章宗祥閣下

滿蒙四鐵路借款預備合同

中華民國政府（以下稱政府）因建造自熱河至洮南之鐵路自長春至洮南之鐵路自吉林經過海龍至開原之鐵路自熱洮鐵路之一地點達某海港之鐵路（以下稱滿蒙四鐵路）與股分公司日本興業銀行所代表之股分公司日本興業銀行股分公司台灣銀行及朝鮮銀行共三銀行（以下稱銀行）之間訂定左列預備合同以爲正式借款合同之準備

第一條　政府認准熱河洮南間長春洮南間吉林開原間及熱洮鐵路之一地點達某海港之鐵路建造所需一切費用由銀行發行中華民國政府熱洮鐵路金幣公債長洮鐵路金幣公債吉開鐵路金幣公債某某鐵路金幣公債（以下滿蒙四鐵路金幣公債）

但由熱洮鐵路之一地點至某某海港鐵路之線路得依政府與銀行協議決定之

第二條　政府速定滿蒙四鐵路之建造費及其他必需之一切費用徵求銀行之同意

第三條　滿蒙四鐵路金幣公債之期限為四十年自公債發行之日起算第十一年開始還本用分年攤還之法辦理

第四條　政府與滿蒙四鐵路正式借款合同成立同時與銀行協定工事進行之計畫依其協定着手建造鐵路期其速成

第五條　政府對於銀行提供左列物件為滿蒙四鐵路金幣公債付還本息之擔保現在及將來滿蒙四鐵路所屬一切財產並其收入

政府非得銀行之承諾不得以前項之財產及收入作為擔保或保證提供於他人

第六條　滿蒙四鐵路之金幣公債之發行價格及公債利率政府實收金額依發行當時情形務以有利於政府之主義協定之

第七條　關於以上各條所未規定之條項政府與銀行協議決定之

第八條　滿蒙四鐵路正式借款合同以本預備合同爲基礎自其成立之日起四個月以訂定之

第九條　銀行於預備合同成立同時對於政府墊借日金二千萬元十足交欵并無回扣

第十條　本墊欵之利息爲年息八釐即對於日金一百元每年付息日金八元

第十一條　本墊款以政府所發行國庫證劵貼現之方法交付之

第十二條　前條國庫證劵每六個月換給一次每次以六個月份之息金支付於銀行

第十三條　政府與滿蒙四鐵路正式借款合同成立之後以本公債劵得之資金優先速付還本墊欵

第十四條　本墊款之交付償還付息及其他一切之授受均於日本東京行之

本預備合同共備中日文各二份政府銀行互執各一份如關於本預備合同解釋上發生疑義時以日文合同爲準

中華民國七年九月二十八日

日本大正七年九月二十八日

中華民國特命全權公使章宗祥印

株式會社日本興業銀行

副總裁　小野英二郎印

曷言乎預備合同爲墊款而立也曷不訂正式合同而先訂預備合同正式合同須規定詳明非倉卒所可辦也預備合同僅十餘條較之各線路借款合同其詳略不可同日語者此故也夫中國指未造鐵路而爲墊款合同者不自該四路始且不自日本始也民國二年與比訂秦隴豫海鐵路合同而有墊款若干萬佛郎也民國四年與法訂欽渝鐵路合同而有墊款若干萬佛郎也不但鐵路已也即北京市政借款浦口商埠借款亦莫不有墊款之先例焉墊款愈多卽成本愈重獲利愈難結果還款亦不易此種行爲固不能目之爲正當惟自民國以來財政時時困於極點於是不能不舉外債然政治借債爲四國銀行團（該銀行團本爲英法俄日德五國所組而成今德已出團故稱四國）所壟斷非一國單獨所能辦故借經濟之名而爲通融資財之舉乃數見不鮮矣國人果以滿蒙四鐵路墊款之舉爲不然也則責難於民國七年九月章使之換文毋寧責難於民國四年十月外交部之換文何也無外交部允許造路之換文則雖欲訂墊款合同亦不可得也

第十一節　礦林借款

礦林借款即吉黑兩省金礦及森林借款也按吉黑兩省之森林甲於全國庚子以前俄人任意採伐築輕便鐵路經營林塲者不知凡幾東清鐵路迄今以木料爲燃料此其明證也迨清光緒末年始派宋小濂與俄人議林塲界址結果除鐵路附屬地外須得中國許可始可採伐至是始稍稍有

限制矣然以前之林場不能計焉鐵路附屬地之林場不能問焉此俄人侵略東省時代之事實也日人之經營東省林木也始於合辦鴨綠江採木公司至森林法頒布後森林定爲國有而日人之擬經營者亦稍稍困難矣困難愈甚垂涎愈深今之森林借款用意其在斯乎至於金礦則我國向來較森林爲注意漠河金礦其効最著此外俄人私採或私與中國人合辦者不可勝計而日人則尙無問焉自歐戰俄敗舉凡在東三省俄人之權利日人均擬取而代之則其有意於該省金礦事業也亦勢之所必至者也茲將借款合同及往來公函附列於下以資參考

中華民國政府（以下稱甲）爲謀吉黑兩省金礦森林事業之發達起見由股分公司中華匯業銀行（以下稱乙）訂借日金三千萬元正兩者之間議定條項如左

第一條　本借款金額爲日金三千萬元正

第二條　本借款期限自本合同簽字之日起算定爲十年即扣至中華民國十七年八月一日日本大正十七年八月一日爲滿限但到期後得由雙方協議續借之

第三條　自本合同簽字之日起經過五年後無論何時得於六個月前預先知照償還本借款金額之一部分

第四條　本借款金年息七釐五毫即對於日金一百元付息日金七元五十錢但實行第二條續借時之利率應按照一般市場利率之高低而務以有利於甲爲宗旨協議之

第五條　本借款金之第一次付息於本借款金交欵之日將自交款日至中華民國八年一月十四日日本大正八年一月十四日之利息按日計算先付之此後於每年一月十五日及七月十五日先付後六個月分之利息但最末期之付息則按日計算先付至合同滿期日之利息

第六條　本借款金十足交款並無回扣

第七條　本借款金之交付償還付息及其他一切之授受均於日本東京行之

第八條　甲對於乙提供左列之物件爲本借款金付還本息擔保

一、吉黑兩省之金礦及國有森林

二、由前項金礦及國有森林所生之政府收入

第九條　甲於本合同有効期限内關於前條金礦國有森林及其收入擬由他人借款時應預先與乙商議

第十條　本借款本利償清時本合同即行作廢

本合同共備中日文各三份農商部財政部暨乙各執中日文各一份如關於本合同解釋上發生疑義時以日文合同爲準

中華民國七年八月二日

中華民國政府農商部總長　田文烈

中華民國政府財政部總長　曹汝霖

股分公司中華匯業銀行總理　陸宗輿

股分公司中華匯業銀行專務理事柿田常次郎

日本大正七年八月二日

逕啓者此次　貴銀行由股分公司日本興業銀行所代表之股分公司日本興業銀行股分公司台灣銀行及朝鮮銀行三銀行受資金之供給與本政府訂定吉黑兩省金礦及森林借款合同茲特聲明實行左列之事項

一、爲統一吉黑兩省之金礦行政以謀金礦事業之發達而整頓各種之設備及中央政府收入之增加起見設立中央政府直轄之採金局管理該兩省之金礦行政且俟採金局設立之後速即備置金礦原簿以便考査

二、爲統一吉黑兩省之森林行政以謀森林事業之發達而整頓各種之設備且謀中央政府收入之增加起見設立中央政府直轄之森林局管理該兩省之森林行政

三、採金局及森林局之設立應儘兩個月以內實行此致

股分公司中華匯業銀行

總理　陸宗輿
專務理事　柿田常次郎

中華民國政府農商部總長　田文烈
中華民國政府財政部總長　曹汝霖

中華民國七年八月二日

逕啓者此致　貴銀行由股分公司日本興業銀行所代表之股分公司日本興業銀行股分公司台灣銀行及朝鮮銀行三銀行受資金之供給者日本政府訂定吉黑兩省金礦及森林借欵合同茲特聲明實行左列之事項

爲使採金局及森林局達其目的以鞏固本借款償還之財源起見擬聘用日本人技師俾襄各該兩局之事務其傭聘合同另訂之

此致

股分公司中華匯業銀行
總理　陸宗輿
專務理事　柿田常次郎

中華民國政府農商總長　田文烈

中華民國政府財政總長　曹汝霖

中華民國七年八月二日

逕啓者接准來函內開此次敝行由股分公司日本興業銀行所代表之股分公司日本興業銀行股分公司台灣銀行及朝鮮銀行三銀行受資金之供給與中華民國政府訂定吉黑兩省金礦及森林借款合同茲爲表明對於該兩省現在從事經營之採金事業森林事業及其關係人既得之權利及利益決不侵害之宗旨起見特聲明如左

一、關於吉黑兩省之金礦已得中央政府或地方官廳之核准以官辦或商辦之方法經營採金事業者及其關係人既得之權利及利益概尊重之且期依將來採金局各種之設備保護此等經營者之事業而促其改良發達以增其利益且謀政府收入之增加

二、關於吉黑兩省之國有森林已得中央政府或地方官廳之核准以官辦或商辦之方法經營採代事業者及其關係人既得之權利及利益概尊重之且預備將來依森林局各種之設備保護此等經營者之事業而促其改良發達且謀政府收入之增加等因查所稱各節均屬正當辦法自應備案合行後請　查照此致

股分公司中華滙業銀行

總理　陸宗輿

專務理事　柿田常次郎

中華民國農商總長
中華民國財政總長

中華民國七年八月二日

逕啓者接准來函內開此次僘銀行與股分公司日本興業銀行所代表之股分公司日本興業銀行股分公司台灣銀行及朝鮮銀行三銀行受資金之供給與中華民國政府訂定吉黑兩省金礦及森林借款合同竊望　貴政府本於振興採金事業及森林事業之主義突進商借日幣與（中華民國）中日合辦事業特此聲明如左希望將來依採金局及森林局各種之設備改良採金事業及森林事業又或計畫新事業而需要巨額之資金時依中國當事人之希望商借日款或組織中日合辦公司以謀其事業之發達上列之列務祈賜予允諾施行等因當時所稱各節自可允行相應復請　查照此致

股分公司中華滙業銀行

總理　陸宗輿

專務理事　柿田常次郎

中華民國政府農商總長

中華民國政府財政總長

中華民國七年八月二日

逕啓者接准　來函內開此次敝銀行由股分公司日本興業銀行所代表之股分公司日本興業銀行股分公司台灣銀行及朝鮮銀行三銀行受資金之供給與中華民國政府訂定日金三千萬元正之借款合同爲振興吉黑兩省金礦及森林事業之資金茲根據七月三日　貴政府與敝銀行之間訂定之草合同末項之規定與上列三銀行協議之結果敝銀行對於三銀行　一、提供本於本借款合同所有之債權爲担保　二、提供本借款之担保即吉黑兩省之金礦及國有森林及其他收入爲復担保關於以上二項應請交付　貴政府之承認書等語茲特造送該項承認書卽希　查照爲荷此致

股分公司中華滙業銀行

總理　陸宗輿

專務理事　柿田常次郞

中華民國七年八月二日

中華民國政府農商總長

中華民國政府財政總長

承認書

爲承認事茲承認　股分公司中華滙業銀行對於日本帝國股分公司日本興業銀行股分公司台灣銀行及朝鮮銀行三銀行提供本於吉黑兩省金礦及森林借款合同所有之債權爲担保並提供本借款之担保即吉黑兩省之金鑛國有森林及其所生之政府收入爲復担保須至承認者

中華民國政府農商總長　田文烈

中華民國政府財政總長　曹汝霖

股分公司中華滙業銀行總理陸宗輿

專務理事柿田常次郎

中華民國七年八月二日

敬啓者左記民國七年八月二日　鈞函聲明各件參照敝行此次與　貴政府締結之黑龍江及吉林兩省金礦並森林借款契約敝行甚爲滿足特此奉覆敬具　左記

敬啓者關於此次　貴銀行以株式會社爲代表向株式會社日本興業銀行株式會社台灣銀行及朝鮮銀行等三銀行仰給資金締結黑龍江及吉林兩省金礦並森林借款契約一事中華民國政府聲明實行左記各件

一、統一黑龍江及吉林兩省金礦行政完備諸般設施以資金礦事業之發達並設置中央政府直轄之採金局管掌兩省之金礦行政以圖增加中央政府之收入

但採金局設置後務須迅速調製金礦各帳

二、統一黑龍江及吉林兩省森林行政完備諸般設施以資森林事業之發達並設置中央政府直轄之森林局管掌兩省森林行政以圖中央政府收入之增加

三、採金局及森林局之設立務以此後兩個月內實行之

株式會社中華滙業銀行總理陸宗輿

專務理事柿田常次郎

中華民國政府農商總長田文烈閣下

中華民國政府財政總長曹汝霖閣下

中華民國七年八月二日

敬啓者左記中華民國七年八月二日　鈞函聲明之件參照此次敝行與　貴政府締結之黑龍江及吉林兩省金礦並森林借款契約敝行甚為滿足特此奉復敬具　左記

敬啓者關於此次　貴銀行以株式會社日本興業銀行為代表向株式會社日本興業銀行株式會社台灣銀行及朝鮮銀行等三銀行仰給資金締結黑龍江及吉林兩省金礦森林借款契約中

一、爲使採金局及森林局達到目的以確定本借款償還財源之故准聘用日本人技師襄助兩局事務其聘用契約另行協定之

華民國政府聲明實行左記條件

株式會社中華滙業銀行總理陸宗輿

專務理事柿田常次郎

中華民國七年八月二日

中華民國政府財政總長曹汝霖閣下

中華民國政府農商總長田文烈閣下

敬啓者關於此次敝銀行以株式會社日本興業銀行爲代表向株式會社日本興業銀行株式會社台灣銀行及朝鮮銀行等三銀行仰給資金締結黑龍江及吉林兩省金礦並森林借款契約一事茲爲表明決不侵害該兩省正在經營中之採金業者並國有森林之伐採業者及其關係人之既得權利並利益起見特聲明如左

一、關於黑龍江及吉林兩省金礦既得中央政府或地方官廳認許賴官辦或商辦以經營採金事業者及其關係者之既得權利並利益均尊重之將來依採金局諸般設施以保護此等經營者之業務使之改善發達或助長其利益以期政府收入之增加

二、關於黑龍江及吉林兩省國有森林既得中央政府或地方官廳認許賴官辦或商辦以經營伐採事業者及其關係者之既得權利並利益均尊重之將來依森林局之諸般設施以保護此等經營者之業務使之改善發達或助長其利益以期增加中央政府之收入

中華民國七年八月二日

株式會社中華滙業銀行總理陸宗輿
專務理事柿田常次郎

中華民國政府農商總長田文烈閣下
中華民國政府財政總長曹汝霖閣下

敬啓關於此次敝銀行以株式會社日本興業銀行爲代表向株式會社台灣銀行及朝鮮銀行等三銀行仰給資金締結黑龍江及吉林兩省金礦並森林借欵契約一事將來關於開發該兩省採金事業之事敝行甚望貴政府商借日款或促進中日合辦事業請承認後卽予實行特聲明如左

一、採金局及森林局依諸般之設施將來以改良採金事業並森林事業或另行規畫新式企業而需要鉅額資金之時得依中國當事者之希望商借日本資金或依中日合辦事業以圖事業之發達

中華民國七年八月二日

株式會社中華滙業銀行總理陸宗輿
專務理事柿田常次郎

中華民國政府農商總長田文烈閣下
中華民國政府財政總長曹汝霖閣下

敬啓者關於此次敝銀行以株式會社日本興業銀行爲代表向株式會社日本興業銀行株式會社台灣銀行及朝鮮銀行等三銀行仰給資金締結黑龍江及吉林兩省金礦並森林事業發達資金日幣三千萬元借欵契約一事茲根據七月三日　貴政府與敝銀行所締結草契約中末項所載經與該三銀行協議特由敝銀行代該三行請求　貴政府一、承認以本借款本契約所有債權爲担保而提供之事二、承認以本借欵指爲担保之吉黑兩省金礦及國有森林並由此所得之政府收入爲復担保而提供之事即希賜函承認爲荷

中華民國七年八月二日

株式會社中華滙業銀行總理陸宗輿
專務理事柿田常次郎

中華民國政府農商總長田文烈閣下

中華民國政府財政總長曹汝霖閣下

此次敝行與

貴政府締結之黑龍江及吉林兩省金礦並森林借款契約係根據裨補

貴政府整理財政主義既無因本借款而壟斷兩省森林及金礦利益之事亦無阻碍地方人民生業之意即將來　貴政府設立森林局及金礦局之時亦深望得依其自由之設施以助斯業之發達藉增人民之福祉毫無拘束

貴政府之設施及侵害人民之自由及其他利益之意特此聲明

株式會社中華匯業銀行總理　陸宗輿

株式會社中華匯業銀行

專務理事柿田常次郎

中華民國七年八月二日

日本大正七年八月二日

中華民國政府農商總長　田文烈閣下

中華民國政府財政總長　曹汝霖閣下

顧此次林礦借款寥寥數條並無過分之條件利息七釐五足十交款皆為當時借款難能之事而

爲借欵當事者所詡詡自鳴得意者也其附件有設專局聘技師以從事經營該兩省之森林金礦經本省人一度之反對由債權者備函聲明對於兩省之業已從事森林採金事業者不侵害其已得之權利並定明將來如須合辦須依當事人之希望而行如此則此借欵不獨較之俄人之自由開礦伐林者不可同日而語即日人之慾望亦有足以限制之保障而無甚流弊我聞此言而疑之然觀其合同則尙無損害主權喪失權利之點也顧何以言之如彼也噫我知之矣中國借外欵向皆視爲利藪所謂回扣其內容實不能問民國以來借款之最巨者厥惟熊鳳凰經手之大借款交欵之數僅爲八四即克利浦之借欵亦熊經手其折扣僅至八二當時因經手不明袁總統曾密派曹汝霖章宗祥顧維鈞查辦一次當時何許拆扣之大借欵未嘗聞有訾議之者果何故歟曹汝霖之舉債其用途之當否係另一問題而於此點不取回扣力矯從前之弊吾不能不表而出之以風於世也

第十二節　電政借欵

我國經營電政有年報局林立然因土地過廣經費有限萬難偏及近世交通一項有關國家强弱頗切交通當局鑒及於斯特與中華滙業銀行訂借日金二十萬元其件條如下

中華民國政府（以中稱甲）爲充有線電報改良及擴充之資金起見與股分公司中華滙業銀行（以下稱乙）訂借日金二千萬元正雙方議定條欵如左

第一條　本借欵金額爲日金二千萬元正

第二條　本借欵期限自本合同簽字之日起算以五年爲限即扣至中華民國十二年四月二十九日日本大正十二年四月二十九日爲止但期限到後仍得由雙方協議續訂

第三條　本借欵金年息八厘即對於日本金一百元付息日金八元

第四條　本借欵第一次之利息於本借款交欵之日得自交款之日起至大正七年七月十四日止之部份按日計算前付之此後於每年一月十五日及七月十五日前付後六個月之部份但最末期之付息仍按日計算前付其至合同滿期之日爲止之部份

第五條　本借款金十足交欵並無回扣

第六條　甲受領本借款金時即交存於乙俟有需要隨時提取存款利息及滙款之方法另定之

第七條　本借欵金之交欵償還付息及其他一切之授受均於日本東京行之

第八條　甲對於乙提供左列物件爲本借款金付給本息之担保

關於中華民國政府全國有線電之一切財產及其收入

第九條　乙對於甲承認其關於有綫電報原有之左列借款合同

一、光緒二十六年七月初十日中丹英會訂滬沽水線合同

二、光緒二十六年十二月廿一日中丹英會訂煙沽副水線合同

三、宣統三年三月十二日大東大北兩電報公司預付報費合同

第十條　甲於本借欵有效期限内擬變更前條借欵之約欵或擬借換時預先與乙商議

第十一條　甲於本借欵於效期限内關於有線電報擬由外國借欵時預先與乙商議

第十二條　甲常將與本借欵金六個月利息相當之金額以銀存乙作爲財政部之存欵

本合同共備中日文各二份甲乙互執各一份如關於本合同之解釋上生有疑義時以日文合同爲準

中華民國政府交通總長曹汝霖

中華民國政府財政總長曹汝霖

股分公司中華滙業銀行總理陸宗輿

股分公司中華匯業銀行專務理事　柿田常次郎

中華民國七年四月三十日

日本大正七年四月三十日

中華滙業銀行來函譯文

逕啓者此次敝銀行商准日本銀行團供給資金於民國七年四月三十日訂定日金二千萬元

之借欵合同爲　貴政府改良及擴充有線電報之資金所有依據該合同第六條末段之規定應與

貴政府協定之各條及其他事項擬照下開各條辦理計開如左

一、股分公司中華滙業銀行對於依據合同第六條辦理之中華民國政府存款按照左列利率付息但一次提取金五十萬元以上應於三日前預先知照

不滿一月提取之金額　年二厘

不滿三月提取之金額　年四厘

三個月以上存放之金額　年五厘

二、中華民國政府依據合同第六條存入中華滙業銀行之存款除中華民國政府於東京因付給在外國購買物品之代價或因償還外債所提取之金額或因償還中華滙業銀行之債務所提取之金額外應按提取日之公平匯水行市合成銀元(北京通用銀元)由北京中華滙業銀行交付之

三、中華民國政府如將合同第十二條之存款滙往東京付息時應交由中華滙業銀行承辦

以上各項合請　查照見復爲荷此致

中華民國政府交通兼署財政總長曹汝霖　閣下

股分公司中華滙業銀行總理陸宗輿
股分公司中華滙業銀行專務理事 柿田常次郎
中華民國七年四月三十日
敬啓者此次敝銀行商准日本銀行團供給資金訂定日金二千萬元之借款合同爲 貴政府改良及擴充有線電報之資金按照民國七年四月十日貴政府與敝銀行訂定之草合同末項規定與日本銀行團協議之結果決定如左之三項
一、敝銀行對於日本銀行團提供該借款合同爲担保
二、敝銀行對於日本銀行團提供該借欵之担保即關於中華民國政府全國有線電報之一切財產及其收入爲復担保
三、敝銀行對於日本銀行團附交對於前列二項之 貴政府承認書
以上各項相應函請 查照茲繕交該項承認書刊行以便轉交爲荷此致
中華民國政府交通總長兼署財政總長曹汝霖 閣下
股分公司中華滙業銀行總理陸宗輿
股分公司中華滙業銀行專務理事 柿田常次郎
中華民國七年四月三十日

承認書譯文

中華民國政府承認左列第一項承認其第二項

一、股分公司中華滙業銀行對於日本銀行團代表股分公司日本興業銀行提供中華民國七年四月三十日中華民國政府與股分公司中華滙業銀行訂定之中華民國政府改良及擴充有線電報借欵合同爲擔保

二、股分公司中華滙業銀行對於日本銀行團代表股分公司日本興業銀行提供按照中華民國七年四月三十日中華民國政府與股分公司中華滙業銀行訂定之中華民國政府改良及擴充有線電報借款合同第八條由中華民國政府提供於股分公司中華滙業銀行之擔保即關於中華民國政全府國有線電報之一切財產及其收入爲復擔保

中華民國政府交通兼署財政總長曹汝霖

股分公司中華滙業銀行總理陸宗輿

股分公司中華滙業銀行專務理事　柿田常次郎

中華民國七年四月三十日

中華滙業銀行來函譯文

逕啓者此次敝銀行商准日本銀行團供給資金於中華民國七年四月三十日與中華民國政

府訂定日金二千萬元借款合同為改良及擴充有綫電報之資金茲具擬左列各條特 請貴
政府於該借款有效期間內以予承認并希 見復為荷

一、關於全國有線電報將來如聘用外國人充技師時應預向敝銀行商議

二、對於用本借款資金辦理之全國有線電報改良及擴充之事業如聘用外國人充技師時
希望聘用適當之日本人

三、將來全國有綫電報事業需用材料購買外國品如品質相同或較優價格相同或較廉則
應購買日本品此致

中華民國政府交通總長曹汝霖閣下

股分公司中華滙業銀行總理陸宗輿

專務理事柿田常次郎

中華民國七年四月三十日

致滙業銀行承認書（此稿由財政部封發）

中華民國政府承辦左列各項

一、股分公司中華滙業銀行對於日本銀行團代表股分公司日本興業銀行提供中華民國
七年四月三十日中華民國政府與股分公司中華滙業銀行訂定之中華民國政府改良及

擴充有綫電報借欵合同爲担保

二、股分公司中華滙業銀行對於日本銀行團代表股分公司日本興業銀行提供按照中華民國七年四月三十日中華民國政府與股分公司中華滙業銀行訂定之中華民國政府改良及擴充有綫電報借欵合同第八條由中華民國政府提供於股分公司中華滙業銀行之擔保即關於中華民國政府全國有綫電報之一切財產及其收入爲復擔保

中華民國政府交通兼署財政總長曹汝霖

股分公司中華滙業銀行總理陸宗輿

專務理事柿田常次郎

中華民國七年四月三十日

復中華滙業銀行函　此稿由財政部封發

逕啓者接准　貴銀行民國七年四月三十日來函所開各項均表同意計開如左

一、中華滙業銀行對於依據合同第六條辦理之中華民國政府存款按照左列利率付担保

一次提取金五十萬元以上時應於三日前預先知照

不滿一個月提取之金額　年二釐　不滿二個月提取之金額　年四釐　五個月以上存放之金額　一年五厘

二、中華民國政府依據合同第六條存入中華匯業銀行之存款除中華民國政府於東京因付給在外國購買物品之代價或因償還外債所提用之金額或因償還中華匯業銀行之債務所提用之金額外應按照提取日之公平滙水行市合成銀元（北京通用銀元）由北京中華滙業銀行交付之

三、中華民國政府如將合同第十二條之存款滙往東京付息時應交由中華滙業銀行承辦

此致

股分公司中華匯業銀行總理陸宗輿專務理事柿田常次郎

中華民國政府交通兼署財政總長曹

中華民國七年四月三十日

復中華滙業銀行函此稿由交通部封發

逕啓者接准貴銀行本日來函所開各條於本借款期限內同意如左

一、關於全國有綫電報將來如聘用外國人充技師時應預向敝銀行商議

二、對於用本借款資金辦理之全國有線電報改良及擴充之事業如聘用外國人充技師時希望聘用適當之日本人

三、將來全國有線電報事業需用材料購買外國品時如品質相同或較優價格相同或較廉

則應購買日本品　此致

股分公司中華滙業銀行總理陸宗輿專務理事柿田常次郎

中華民國政府交通兼署財政總長曹汝霖

中華民國七年四月三十日

按滙業銀行何爲而設立實因段內閣與寺內內閣經濟親善交換主義而起者也交換者惟何一曰加關稅二曰打消日本日支銀行三曰交通銀行借款後自身不便合辦而以滙業爲化身故就曹陸所做之事言亦可謂事事思慮周至不愧八方周到之外交家也其合同却比向來合辦事業矯正爲多即如同樣等數合資之日本而惟派專務理事聽總理之號令其尤難能者每行經理用中國人其後中美懋業章程字字抄滙業而獨對於協理經理各節有難色迄今亦惟滙業用人行政東人尙能守法從命近來以該行爲合辦事業模範者殆未可以日本關係遂詈之不議不論之列也茲將中華滙業銀行約規附列於下以資參考

中華滙業銀行約規（民國六年八月十日經財政部批准）

第一章　總則

第一條　本銀行稱爲中華滙業銀行

第二條　本銀行以中日兩國人合辦爲股份有限公司

第三條　本銀行之總行設於北京以營業上之必要經重役會之議决得於中日兩國緊要之地（中國以商埠爲限）設分行分所及代理處

第四條　本銀行存立期間自開業日起滿三十年但以股東總會之决議得延長其時期

第二章　資本及股份

第五條　本銀行之資本爲一千萬金圓分十萬股每股爲一百金圓

前項之資金全數收足後得以股東總會之决議再行增加資本

第六條　本銀行之股份由中日兩國人均分引受

第七條　本銀行之股份中日兩國人之外不得有之

本銀行股份之買賣讓渡須經重役會之承認

第八條　本銀行之股票爲記名式有一股五股十股及一百股之四種股票

第九條　股金交款第一次交金五十圓至第二次之交款須依營業之必要經重役會之决議爲之

第十條　股本之交欵股票之發行交付及買賣讓渡等之手續以重役會之决議定之

第三章　股東總會

第十一條　股東總會分定時臨時兩種定時總會每年於四月開行臨時總會則須重役會認爲必要時或資本金有四分之一以上之股東將會議之目的事項及招集之理由以公函提出請求總會之召集開行

第十二條　股東總會之召集須於一個月以前將會議之目的事項通知各股東股東得以代理人行使議决權但代理人以本行之股東爲限

第十三條　各股東之議決權一股有一權

股東總會之議決以出席股東議決權之過半數決之可否同數時議長決之但變更定章及合併解散之時須有總股東半數以上全資本半額以上之股東出席以其議決權之過半數決之

第十四條　股東總會之議長總理任之總理有事故時專務理事任之專務理事有事故時理事順次任之

第十五條　股東總會議決之事項記載於決議錄由重役署名保存之

第十六條　股東總會出席名簿重役署名後附綴於決議錄

第四章　役員及重役會

第十七條　本銀行設總理一人專務理事一人理事四人以上監事四人以上稱之爲重役

總理及專務理事任期五年以有二百株以上之股東中於股東總會選任之

總理爲中華民國人專務理事爲日本人

理事之任期四年於百股以上之股東中選之監事任期三年於五十股以上之股東中選之但皆於股東總會選任之

理事員數中日兩國人均分之監事員數中人得較增重役滿期後不妨再選

第十八條　理事監事有缺員而仍無礙於執務時得延至於次之股東總會再行選舉

補缺選任之理事監事任期即前任者所餘之期

第十九條　重役之任期卽於定時股東總會前滿了時但仍得延長至股東總會終結時爲止

第二十條　總理及專務理事均爲本銀行之代表

專務理事輔佐總理專管本銀行之日常業務

監事則監查本銀行之業務

第二十一條　總理專務理事及理事監事之薪津及酬勞以股東總會之決議定之經理人以下各行員之薪津以重役會之決議定之

第二十二條　本銀行業務執行上之重要事項依重役會之決議

重役會以總理專務理事及理事組織之以總理爲議長總理有事故時專務理事任之專務理事有事故時順次理事任之

第二十三條　重役會之決議以出席員之過半數決之可否同數時議長決之

監事得出席於重役會陳述意見但不得加入議決之數

第二十四條　重役會決議事項記載於決議錄由出席員署名

第五章　營業

第二十五條　本銀行之營業如左

一　借借及貼現

二　存款

三　關於一切之業務

四　一切公債及社債之應募引受

五　各種經濟借款之經理

六　債務之保證

第二十六條　本銀行依營業之便宜得營左之業務

一　有價證券及金銀之買賣及兌換

二　金銀貨貴金屬及諸證券之存管

三　官所及各公司之金款經理

四　各公司銀行之代理業務

第二十七條　本銀行依殷實之公司及商店之委託得爲商品運販之代理

第二十八條　本銀行不能取得自己之股票及因質權之目的而引受者

第二十九條　本銀行對本行行員不得爲貸借但有確實之擔保時不在此限

第三十條　依營業上之便宜得爲鉅額借入金

第三十一條　本銀行除營業上之必要及債務關係之外不得取有不動產

第六章　銀行兌換券

第三十二條　本銀行得發行銀行兌換券

第三十三條　兌換券之細則依重役會之決議定之

第七章　計算

第三十四條　本銀行之營業年度依年歷行之

第三十五條　前條之各期末結賬後於定時股東總會二星期前將財產目錄貸借對照表營業報告書損益計算書利益金分配案逐項調製受監事之監查提出於股東總會求其承認

第三十六條　本銀行於每決算期中之總益金中將總損金除去後其餘額爲利益金分配如左

一　利益金百分之十以上　缺損補塡準備金

二　利益金百分之二以上　特別公積金

三　利益金百分之十以下　重役賞與金及交際費

特別準備金者因金銀價格變動生損失之時供補充之用

右三項金額除去之後其餘額方爲股東配當金及撥歸下屆賬存

第三十七條　本銀行應負擔之費用金三萬圓以內

第三十八條　本銀行業務執行上必要之各項規則經重役會之決議總理定之

附　則

甲　依中華民國不得已之慣例創立後三個年爲度得年給六釐之官息

乙　各行經理原則以華人爲正日人爲副但有時亦得以日人爲正華人爲副

華商股代表　陸宗輿簽押

興業銀行總裁　志立鐵次郎

日商股代表　朝鮮銀行總裁　櫻井鐵太郎　簽押

臺灣銀行總裁　美濃部俊吉

第十三節　對德宣戰

西歷一九一四年七月二十八日奧塞兩國爲奧皇儲斐迪南大公爵在塞拉熱窩城被塞人刺死

一案以致戰禍爆發於南歐一時投入戰事旋渦者有德俄法英比五强國其後義大利不守盟約反要求奥國割讓亞得利海沿岸之地不得結果遂脫離德奥義三國同盟而與奥匈宣戰至日本見利可圖藉口日英同盟條約亦向德國宣戰以便奪取山東權利自是歐洲諸小邦如土耳其布加利亞羅馬尼亞希臘葡萄牙等各以利害所在先後加入交戰團體迄至民國六年美國爲德人以潛艇作戰慘無人道向德提起交涉無效遂與德奥宣戰並運動美洲諸小邦如巴拿馬智利巴西等國與之取一致行動惟我中國所以加入協約團方面而與德奥宣戰其發端實肇始於民國四年八月上旬爲德國遠東艦隊集中膠州灣以作根據地出巡海面擾亂敵人商務當經駐京英使朱爾典運動我國故大總統袁世凱派員密向駐京德使交涉要求將膠澳租借地暫歸我國管理以維航路而保友國商務並將山東軍隊集合於濰縣一帶以備武力解決不意事被日人得知目爲千載一時良機即根據日英同盟條約密向英政府提議由日本負責實行剷除德人在東亞之軍事根據地其時英國已無餘力顧及亞洲一得日本提議遂與之協定由英日兩國共同出兵驅除以爲牽制之計日本乃於八月十五日突致最後通牒與德國要求將膠澳租借地全部以無條件且無賠償於一九一四年九月十六日以前交與日本轉還中國並限德國於本月二十日午時以前承認上項要求至限期滿德國竟不答覆日英兩國遂會同開始軍事行動矣

當日英協商膠澳問題時我政府固未嘗與聞之直至日本將致德通牒宣布之後始知其情既已措

手不及不得不改變方針時陸宗輿適充駐日公使即主張宜以中英日三國聯合攻取膠澳袁大總統頗採此議電命先與日政府交涉嗣由日外相答以中國既守中立不必預戰此時惟望中國政府能自保秩序而已云云當由陸公使面詰加藤外相以攻膠主旨所在加藤答謂無佔領土地野心陸使遂質問云既無佔領土地之心將來攻得膠灣必當還我則現時即無謝絕合攻之必要加藤答云現時祗望中國於交戰之地予以便利云至是中日英三國合攻膠澳之議完全打消而我國對德亦不能有所動作及英日聯軍佔據膠澳之後在東方之德人仍以我國爲策應地極力煽惑印度人民反叛英國於是英人苦之蓋印度爲英國軍需糧食接濟地而在亞美尼亞進攻土耳其後路之英軍皆爲印人且印度人多奉回教與土耳其有密切之宗教關係故易動搖如果一旦作亂歐戰方殷英國鞭長莫及決無鎮平餘力若請日人代勞又恐引虎入門將來與己不利思之再三復由駐京英使向我故大總統袁世凱勸說我國正式加入協約國方面以便出兵亞美尼亞或派大兵駐在新疆邊境莎車府和闐州一帶藉資鎮攝英國諸屬地民心使之悒憚然袁氏頗懼日本再行從中作梗不敢輕允答以如得日本同意則中國必從英請自是英政府先與法俄兩政府相商決定各電訓駐在東京大使向日本政府徵求意見不料日人懼我一旦加入協約戰團將來列席和會必與日本不利果然反對我國之加入英法無可奈何另與日本協商保維諸屬地之辦法而我中國對德之舉動又見停頓矣民國五年洪憲倒斃黎元洪繼任大總統之職後有英

人辛博森屢上條陳於黎大總統詳述中國宜與德絕交宣戰以挽國勢然黎氏非惟不信反派其英文秘書郭太祺面告辛氏勿再作此主張斯時合肥段祺瑞爲國務總理辛氏遂經國務院參議陳紹唐介紹帶同俊民謁見段氏由丁士源通譯面陳歐戰情形與中國加入協約戰團之利害當經段氏答以此事重大須加意研究蓋段氏固早有此心者也辛氏告退即連上書於我國政府主張參戰甚力並作論登載各報藉以鼓吹而陳紹唐復以辛博森意見轉呈段總理未幾段氏屢與其左右要人靳雲鵬徐樹錚傅良佐曾毓雋曲同豐丁錦張志譚衞興武等私行討論共同研究參戰利害其結果多認我國加入協約戰團實於國家有莫大利益幾皆傾向參戰政策決定後由陸軍次長傅良佐先在本部內設立一外交事務處以資進行而備待機發作段氏又派陸宗輿赴日探訪彼中對我政策與中國參戰實際之利弊時日本本野外部適力贊中國預戰並列述中國參戰與否之利害陸以之電段閣而段意益覺然南方不但民黨不贊成即各督軍亦然東海乃促陸歸寄作參戰條議先行疏通倪嗣冲而反對最有力者爲張勳東海乃派陸赴徐州說之勳始允持中立態度不贊一辭天佑我國賜予良機會美政府爲德國通告各中立國宣言以潛艇作戰封鎖各協約國海面不准中立國商船駛入封鎖界內其有抗者不與告知即行擊沉一案目爲違反公法有背人道特向德國提出抗議要求取消無效遂與之絕交並令駐各中立國美使運動各中立國與美取同一態度自是駐京美使連赴公府勸告而黎總統以事關國際前途甚大未便表示可

否答之因此美使又赴國務院謁見段總理懇切勸誘段氏原抱參戰政策既見時機已臨即答謂以中美關係之密切當應一致行動惟正式表示之時期殊有討論之必要故不能不稍遲數日云美使退出後段總理即行召集臨時外交緊急會議時外交總長伍廷芳因病不能列席特遣朝樞公子到會代爲報告一切繼由段總理極力主張與美取一致行動遂將我國對德應持之積極態度確定由院密電各省軍民長官徵求同意俟得多數贊成再行要求國會秘密討論段氏回私宅後又召集左右要人告以國務會議之結果並囑在坐諸人分頭向各方面疏通意見以期實行又恐黎總統反對特電請梁啓超由津來京與湯化龍同負疏通之責任又派傅良佐往謁今大總統徐世昌徵求意見徐以極簡單言語答之謂將來如果協約國戰敗則德國獨霸世界決不問我國曾守中立與否亦必不容我存在若萬一協約國得勝則我國既在協約方面當然可得戰勝之利益而在野名流如汪大燮陸宗輿曹汝霖林長民等皆左袒段氏政見到處游說贊助甚力

民國六年二月初我國政府於對德方針既經閣議通過又得各省軍民長官之多數贊成而本國輿論如在北京發行之國民公報亞細亞報公言報京津時報民視報等亦力主以強硬手段對德及梁啓超入京晉謁黎總統陳述意見經總統允許先對於德國關於所謂潛艇戰策致一嚴重警告書待其回答如何再行研究表決至九日午後六時由外交劉次長特請德使到外交部親自賚交警告書緣伍外交總長尙在病假中故也茲將警告書全文列左以饗閱者

本月一日敝國政府奉到貴國通牒敬悉貴國政府將於二月一日以降採用海上封鎖策對於中立國輪船航行於一定禁制區域內概與危險等因查貴國從前以潛航艇作戰與敝國人民生命損害甚非淺鮮茲復更行濫用欲實行採用新潛艇戰策危及敝國人民之生命財產實屬蹂躪國際公法之本義

若承認此項通牒其結果將使中立諸國間及中立諸國與交戰諸國間之正當通商悉被侵犯而導專橫無道之主義於國際公法上故敝國政府關於二月一日宣言之新戰策特對貴國政府提出嚴重之抗議且爲尊重中立國之權利維持兩國之親善關係期望貴國政府勿實行此新政策

若事出望外此抗議竟歸無效使敝國不得已而斷絕兩國現存之外交關係實屬可悲然敝國政府之執此態度全爲增進世界之平和保持國際公法之權威起見自不待言敝總長特因此機會致最高敬禮於閣下之前　一九一七年二月九日

中華民國外交總長伍廷芳

德意志帝國全權公使辛慈閣下

我國政府提出對德抗議書同時對於美國政府亦咨送回答其全文曰

奉到本月四日貴國政府通牒敬悉貴國政府因德國政府二月一日以降將採用潛航艇新戰

策決取認爲必要之行動等因竊傲國政府與貴國大總統意見相同處即德國政府危及中立國人民之生命財產且危及中立國與中立國間及中立諸國與交戰諸國間之正當通商　若聽其施行不加反對則德國政府恐遂於事實上實行此項新戰策在國際公法上特開一個新主義此亦敝國政府所同信者也　敝國政府對於閣下通牒中所表示之態度全表贊同故特與貴國政府共採一致之態度關於海上封鎖策向德國政府提出嚴重之抗議且表明中國政府今後因維持萬國公法本義或將不得已而採認爲必要之行動　敝總長因此機會特致最高之敬意於閣下之前

德使接受我國抗議書後即電柏林請示至二月下旬已接收該國政府回答我國之公文內容頗爲强硬以故德使辛慈氏思欲用計破壞我國對德舉動自是以德文電社爲總機關出極惡手腕利用德華銀行之多數紙幣收買我眼光短淺素行黨爭之公府羣小及不肖議員與輿論並無恥劣紳嗾使竭力妨害我政府固定之外交方針然大勢所趨無異螳螂當車適見其自斃而已於是時局愈加切迫我政府連催德使從速答覆我國之抗議然德使仍不將所接德政府公文正式遞呈僅於三月三日對我國務院由口頭陳述回答之大要以致我政府勢不得已決定採取第二步辦法至三月十日午後二時半段總理特率同谷農商張司法范教育各總長出席兩院正式徵求國會意見先至衆議院由段總理報告外交之經過及此次之方針後當籍於韜園之議員十名左

右遂繼起接續質問費時二鐘餘始由某氏提出動議即關於政府之對德方針信任與否付之表決然韜園一派竭力妨碍動議表決聲勢洶洶至迫議長席顯其暴亂行爲幸場內守衛警士得力極力制止得告無事議長遂依動議用記名投票付表決開票結果如次出席人數爲四百五十名同意者三百三十一名不同意者八十七名放棄投票權者三十名二票無效政府之外交方針遂以多數贊成通過於衆議院段總理與各國務員即轉臨參議院報告一切因爲時過晚弗克表決而散會次日午後參議院復開秘密會繼續討論越三小時之久出席議員中試反對之演說者閧有馬君武丁象謙丁世嶧數人惟丁世嶧君之演說純以商議的語調溫和的態度出之試贊成之演說者有韓玉辰李述膺王正廷三君均能堂堂皇皇發揮其主張是日議場秩序亦嚴肅整齊遠甚於上日衆議院之嘈雜混亂討論畢用投票方法表決出席人數爲二百零二人計投票結果贊成票百五十九反對票三十七無效票五棄權者一至此段內閣對德外交方針既經參衆兩院之正式贊成由是依預定計畫與協約國臨機應付積極進行所謂段氏對於國家之大計畫已一半告成而駐京德使辛慈見無法可以挽回遂於我國會通過之即晚(十一晚)將德政府回答之公文向我外交部正式遞呈其文如左

爲照會事本月(三月)十日晚七鐘本大臣奉本國政府命令將左之意見轉達中華民國政府中華民國政府於抗議中用恫喝之言反對德國新近所宣布之封鎖政策本帝國政府不勝詫

異之至查他國僅有一片抗議惟與德國交誼最親密之中國乃加以種種恫嚇殊爲遺憾況中國在封鎖海內原無航業決不至受累故此項恫嚇更屬奇異中華民國政府提及現在戰策曾損害中國人民生命查中華民國政府向來對於本帝國政府並無一次之聲明此等事實據本帝國政府所得各屬報告均謂中國人民如被損害者係在戰線斬壕或盡力於他項軍事所致伊罹此等行爲與從戰者無異陷於危險實由自取本帝國政府關於將中國人運往作戰事上之用屢次提出抗議即在戰時德國亦嘗予中國良好交誼據此交誼德國願將此恫嚇之言視爲未到繼續舊交本帝國政府特本此理由切盼中華民國政府修正此問題之意旨德國之敵人先曾宣布封鎖戰策且悍然實行毫無顧忌故德國碍難取消其封鎖戰略但仍願依照中華民國政府之特別希望而商議保護中國人民生命財產辦法俾德國得盡力顧及中國航業之利益若中國竟與德絕交不但失一真實良友且足以惹起不堪設想之轇葛德國確見及此特向中國執此通融態度等因奉此本大臣除將本帝國政府答覆照會貴總長外並聲明如中華民國政府願行商議則本大臣有商議保護中國航業利益之權須至照會者

段內閣一接德國上項照會之後即開閣議將與德絕交應施之手續議決並將致德絕交照會之字句議決由各國務員簽押送呈大總統蓋印直至三月十四日始將致德絕交照會交與德使其文曰

外交總長伍爲照會事關於德國施行潛水艇新計畫一事本國政府本注意世界和平及尊重國際公法之宗旨曾於二月九日照達貴公使提出抗議並經聲明萬一出於中國願望之外抗議無效迫於必不得已將與貴國斷絕現有之外交關係等語在案乃自二月以來　貴國潛艇行動置中國政府之抗議於不顧且因而致多傷中國人民之生命三月十日始准貴公使照覆雖據稱貴政府仍願議商保護中國人民生命財產辦法惟既聲明礙難取消封鎖戰略即與本國政府抗議之宗旨不符本國政府視爲抗議無效深爲可惜茲不得已與貴國政府斷絕現有之外交關係因此備具貴公使並貴館館員暨各眷屬離去中國領土所需沿途保護之護照一件照送貴公使請煩查收爲荷至貴國駐中國各領事已由本部令知各交涉員一律發給出境護照矣須至照會者右照會大德欽命駐華全權公權辛中華民國六年三月十四日

同日又由外交部通知列國並發表大總統布告以使國內人民盡知此事其文列左以備查考

大總統布告

此次歐戰發生我國嚴守中立不意接本年二月二日德國政府照會德國新定之封鎖計畫使中立國商船從是日起在限定禁線內行駛諸多危險等語當以德國前此所行攻擊商船之方法損害我國人民生命財產已屬不少今茲潛艇作戰之計畫危害必更劇烈我國因尊崇公法保護人民生命財產起見遂向德國提出嚴重抗議並聲明如德國不撤銷其政策我國迫不得

已將與德國斷絕現有之外交關係在我深望德國或不至堅持其政策仍保向來之睦誼不幸抗議已逾一月德國之潛艇攻擊政策並未撤銷各國商船多被擊沉我國人民因此致死者已有數起昨十一日接德國正式答覆礙難取消其封鎖戰略實出我願望之外茲爲尊崇公法保護人民生命財產計自今日始與德國斷絕現有之外交關係特此布告

大總統印　中華民國六年三月十四日　國務總理陸軍總長段祺瑞　外交總長伍廷芳　內務總長教育總長范源廉　財政總長陳錦濤　海軍總長程璧光　司法總長張耀曾　農商總長谷鍾秀　交通總長許世英

德使接收我國絕交照會後遂帶同使館人員離京回國所有留居我國內之德人及其利益由德政府請駐京和使代爲照料並由駐京和使照會我外交部謂關於本月十四日貴總長照會內稱中國政府與德國斷絕現有之外交關係茲本大臣按照德國政府所請本國政府囑爲照料所有德國在中國之利益本大臣在中國素承貴部優待此次奉本國政府訓令望貴部仍持從前之態度杳貴國政府自來注重國際公法不但自己尊重且欲他國尊重之所以本大臣現在應負之責任決無爲難之處云當由外交部照復和使承認而德政府以我國與其斷絕國交對於留居德國之華人亦特訂條例如下（一）中國官吏及商民不得入德國境內（二）在德國境內之中國官吏及商民等願回中國者德國軍警即送至國境爲止或送至中立地之丹麥境內（三）在德國境內

之中國官吏及商民仍願居留德國者得受軍警之特別檢查(四)在德國境內之中國官吏及商民有特別納稅之義務(五)在德國境內之中國官吏及商民須限制交接與宴會

先是英法諸國駐京公使一再聯美國勸告莫不竭力運動段內閣許以增加進口關稅延付庚子賠欵等利益要求從速實行而美使復尤美國可以財力援助藉促其成於是日本政府既知萬難反對不得不表同情決意進取見好友邦手段特由駐京日本使館武隨員面謁陸軍次長傅良佐要求以非正式之勸告轉達段總理謂日政府意見如果中國實行與德絕交務宜再進一步而向之宣戰迨我國正式宣告與德絕交之後俄國單獨與敵人媾和之消息傳播各方以致西歐陣地日益緊迫斯時美國尙未宣戰英法後援頗覺疲乏幾難對抗遂拼命運動中美兩大國加入戰爭以求援助而便牽制俄國至日本亦爲英法運動我國甚力蓋先是日本乘地中海航路危急時際英國要求日本立派軍艦往巡地中海以保護印度與英法交通之機遇已由上年(民國五年)開始與英國政府談判要求該國承諾於將來和平會議時贊助日本所提出關於處分山東德國權利及領得太平洋依廊多以北德領諸島之要求至本年(民國六年)一月下旬卒得英國承諾茲將駐東京英國大使於一九一七年一月十六日致日本外務大臣照會與日本外務大臣於是月二十一日答覆英國大使之西文譯左

(英使照會)上月二十七日貴大臣與本使會談聲明日本帝國政府希望得一種保證即將

來平和會議時英帝國政府承諾贊助日本所提出關於處分山東省德國權利及領有依廊多以北德領諸島之要求關於此節本使接奉本國政府訓令特將大英帝國政府之意見通告閣下如次

大英政府欣然承諾日本政府所請聲明保證將來於平和會議贊助日本關於處分山東德國權利及領有依廊多以北德領諸島之要求惟日本政府亦自應於是時以同一之精神贊助英國關於依廊多以南德領諸島之要求

本使深以通知此節於閣下爲幸卽希亮察大英帝國大使格里因

(日本外務大臣覆文)　接奉貴使本月十六日來文聲明保證大英帝國政府承認贊助帝國政府將來在平和會議提出關於處分山東省德國權利及領有依廊多以北德領諸島之要求日本政府對於貴國政府此項友誼精神之保證無任感謝並深幸其爲兩國聯合之一新證明本大臣茲代表日本政府聲明決以同一之精神贊助英國政府將來在平和會議所提關於依廊多以南德領諸島之要求

本大臣特在此機會向貴使切實聲明卽希亮察外務大臣本野

日本政府一得英使所致上項聲明書後卽於是月十九日致駐東京法俄兩大使要求法俄兩政府予以同一之保證其文如下

帝國政府關於將來擬向德國提出之議和條件尚未與協約各國公式提議蓋以爲關於此種問題應在平和談判開始時由日本與協約各國爲具體的决定也惟觀察近來發展之大體形勢與對於和議條件有關之各種特別接洽如關於波士佛爾之處分君士但丁及達列爾之處分均經各關係國有所協商日本政府亦以爲在此時機應將日後自國所擬提出議和條件中緊要之件向法國(俄國)聲明希望請爲考量

帝國政府爲盡力完成其在此次戰爭所負之責任以及特別保證將來東亞之和平與維持帝國之安全起見極應除去德國在東亞政治上軍事上經濟上活動之根據地凡茲努力已均爲法國(俄國)政府所深悉

因此帝國政府有意於平和談判時要求德國讓與其戰前在山東省所享有土地及一切特殊權利並太平洋中依廓多以北德領諸島

帝國政府特望法國(俄國)政府對於是等合法之要求予以保證即關於此等問題帝國政府將來可以得貴國完全之贊助至於日本人民因敵人不法戰爭所受生命財產之損害賠償以及別項議和條件與協約各國有共通性質者自不在現在所提問題之考量範圍內也

本大臣特於此聲明如上即希亮察外務大臣本野

法俄兩國既見英國已予承諾亦表同情惟法國要求下列四款以爲交換條件茲將駐東京法國

大使於同年五月一日復日本外務大臣照會及日本外務大臣於是月六日之覆文列下以窺全豹

（法使照會）法蘭西民國政府對於日本政府將來在平和會議所擬提出日本最關緊要之山東及太平洋中德國領島諸問題爲協助辦理並同時承諾贊助日本政府向德國要求讓受該國戰前在中國山東省各權利及太平洋領島惟要求日本政府應盡力使中國與德國完全斷絕外交關係所希望之事件如下

一、發給護照令德國外交官及領事出境

二、勒令在中國德僑出境

三、押取在中國德船照意大利葡萄牙辦法交協約國處置據法國政府所得報告在中國各口岸之德船共有十五艘共約四萬噸

四、押取德商在中國商業

（日本外務大臣覆文）接奉貴使一九一七年五月一日來文所稱民國政府對於日本政府將來在平和會議所擬提出日本最關緊要之山東及太平洋中德國領島諸問題願爲協助辦理並同時承諾贊助日本政府向德國要求讓受該國戰前在中國山東省各權利及太平洋領島

帝國政府接奉此文深謝法政府之友誼許予贊助帝國政府之希望來文所稱希望帝國政府盡力使中國與德國完全斷交各節帝國政府自來對之未嘗懈怠凡所努力度在法政府洞鑒之中帝國政府特於此更加聲明願完全贊助文開各節與協約各國一致進行期於辦到即希亮察外務大臣本野

嗣後日本復向義國提出同一要求義國無有異議故日本對於山東省德國之權利既得英法俄義四大强國之保證毫無恐懼致對協約國運動我國之加入亦以全力援助惜乎我國各派未能一致尤以府院爲最甚竟爲對德宣戰一案不幸發生種種風潮如解散國會各省獨立張勳復辟南北對抗至今尙未統一而國家受極大損失人民蒙異常禍害揆厥原因皆由當時反對宣戰者所釀成也蓋當時對德宣戰問題發生時我國人論宣戰本案之不可者殆甚稀少惟因段祺瑞身爲內閣總理雅不願於斯時而宣戰決意欲先改造內閣然後實行宣戰換言之即反對派固執私見不顧外患出最拙劣之手段欲借參戰問題以推倒段內閣也若迴顧其時反對派不挾對人問題決行全國一致之參戰則民國六年之政變不致發生而對於參戰舉動可博幾倍之效果對於協約國可多幾倍之信用亦未可知縱令不能遂行參戰義務然舉今日以上之參戰成績亦有整理國內行政及開發實業之餘力乃事勢相反於歐戰中我國耽於內亂國債山積秩序紊亂坐失良機言之痛心是豈非對人舉動之結果而當時反對者能辭其咎乎茲將宣戰前因後果概述於

後以使國人略知其眞相

溯自我國與德絕交之後協約國駐京外交代表及其輿論皆勸我國進取宣戰手段而在京之我國輿論如國民公報晨報公言報京津時報等及政界要人如今徐大總統梁啓超汪大燮陸徵祥曹汝霖林長民陸宗輿曾毓雋陳紹唐與前衆議院議長湯化龍並軍界中人如今靳總理傅良佐曲同豐等莫不竭力一致贊成各省輿論亦多鼓吹於是段總理外察世界大勢內度本國情形確知非宣戰不能救國遂堅定參戰政見從事籌備一面使汪大燮陸徵祥曹汝霖與英法日三國公使接洽派陸宗輿往日與寺內內閣會商使梁啓超湯化龍陳紹唐等與各政黨疏通使靳雲鵬傅良佐等向北洋軍人游說一面提出國務會議討論其時外交總長伍廷芳財政總長陳錦濤農商總長谷鍾秀司法總長張耀曾海軍總長程璧光皆屬民黨素與公府切近秉承黎總統暫不宣戰宗旨屢於國務會議作祟而民黨議員爲對人問題亦倡言如宣戰案由段內閣提出國會決不予以同意以致段總理陷於進退維谷之境深以爲憂遂由國務院參議陳紹唐與俊民等糾合同志數十人分向京津滬漢各處游說軍政商學各界造成請願事實（各處人民請願之公電曾見各埠報章）以消反對者之口實然斯時各省海陸軍方面因疑慮德國潛航艇之精銳仍多堅持反對態度故陳紹唐深恐到處游說難見成效乃會同日人井上一葉等不分晝夜趕作潛航艇功用薄弱說明書刷印四萬餘册散佈京外政軍報商各界此後各界反對之聲浪乃得日見減少以致

民黨議員暨公府方面雖抱積極反對主義終歸無理取鬧毫無實力之可藉顧當時段總理之參戰政策對上有黎總統之否認對下受民黨閣員之牽制在議會方面又難得通過爲謀國家利益起見不得不設法挽救以貫澈其政見故在私宅召集左右要人商議進行計劃決定借助各省督軍以爲聲援惟因督軍中亦有反對者是以由陸軍部假軍事會議爲名電令各省督軍來京其路遠或不能離者須派全權代表蒞會以便切實疏通及各督軍與代表到京後方知爲宣戰一案首在國務院參陸辦公處開第一次會議段總理以陸軍總長資格到會主席提議參戰即有人起而反對當經大衆勸止暫時休息由傅良佐等向反對者陳說參戰利害卒得反對者應許以服從多數爲標準續開會議竟得多數贊成遂決定先由各省督軍藉口連絡分頭宴請本省議員從中疏通意見再聯名呈請總統俯允不料事與願違民黨議員固執黨見而黎總統亦堅不採納且其時爲憲法問題兩黨爭辯甚力而行政與國會兩方面又爲之大起衝突因此二故各督軍遂再聯名上書黎總統要求解散國會實行宣戰未准即分路出京前往徐州開會

黎總統待各督軍出京之後不告段氏突以命令免去段祺瑞國務總理之職而以外交總長伍廷芳兼署因是招起國會多數議員之反對僉謂此種命令實屬違法蓋依約法須經國務總理署名方能發布令觀此次免去段氏之命令未經段氏署名而以新署之伍廷芳署名於免去舊者之命令上前者既未署名而去後者由何根據繼任故認此命令先後顚倒實不合法有議員胡鄂公等

提出質問書要求政府限日切實答覆竟無效果以致參衆兩院議長湯化龍王家襄及同黨議員相繼辭職通電各省說明原由而在徐州開會之各督軍一得京音皆知非以積極手段對待不能挽回局勢遂決定各返本省宣布獨立以促黎氏省悟

北洋派各督軍除長江三督以外幾皆宣告脫離中央關係並由北方各省抽調軍隊會集津保兩處以示要挾而備武力解決黎氏無法連電張勳請彼入京担任調停因此張勳帶定武軍五千名左右先到天津電致黎氏要求先下發布解散國會之命令然後入京否則不願從中調停黎氏不得已商之兼署國務總理伍廷芳伍氏絕對不從提出辭職書而業經國會通過之正式內閣總理李經義又留居天津不肯入京接印負責是以黎氏復命步軍統領江朝宗暫署國務總理一職由彼署名下令解散國會

張勳在津接得黎總統應許解散國會之電後即一面電告各省退兵竟得效果一面拜訪在津要人如今大總統徐世昌及李經義段祺瑞朱家寶雷震春等告別進京當會見段氏時段氏面詢張勳此次進京是否帶有復辟之意張勳答云決無此事段氏復謂余已在野政事概不過問惟復辟一事余決不贊成若果實行恐起而反對者不少幸諒察之此外無言可告至此張勳退出未幾與李經義同車入京謁見總統後李氏遂接任國務總理矣

張勳入京後即將帶來之衛隊悉數運至京內視段氏手無兵權毫不顧慮一面與復辟派秘密籌

備大舉一面强迫在京軍界要人如王士珍陳光遠江朝珍蔡成勳等同意至七月一日晨佈置完備即發表宣統復辟之詔力迫黎總統退出公府黎氏無法支持逃奔日使署托庇於日兵之下先是陸軍次長傅良佐因憤段氏被非法解職携眷出京不願留居要職隨之赴津迨王士珍繼任陸軍總長即派人力請段氏勸傅回任合肥以情誼所關命傅遵從及傅入京後探知張勳陰謀已定黎既無能王又敷衍乃立謁王氏托詞接眷急走津門面告段氏段氏怒髮冲冠誓與共和共存亡密商大計既定即命傅運動駐在馬廠陸軍第八師之張九卿王汝勤兩旅長起兵討逆一得同意遂由段氏召集段芝貴靳雲鵬曲同豐曾毓雋徐樹錚等商議進行方法當經決定舉段祺瑞爲討逆軍總司令親往馬廠誓師組織司令部任傅良佐爲參謀長於是梁啓超湯化龍汪大燮陸宗輿曹汝霖張志潭陳紹唐葉恭綽張孤陶雲鶴金鼎勳丁士源丁錦杜持張堯卿羅風閣黃伯增暨俊民等二十餘人聞信亦先後加入討逆團體贊助一切而北洋派督軍中以曹錕最爲熱心非惟力予段氏以種種便利且派兵駐防蘆溝橋一帶以便行動

張勳在京聞知段氏出而反對即密電僞巡撫朱家寶設法謀害幸天佑民國段氏適已潛乘安武軍（倪軍）之軍需車離津一臨馬廠立將討逆宣言書送至保定交由曹錕通電發表蓋其時馬廠附近電局已被監視無從拍發矣至軍事已由傅氏佈置完備次日開始發兵當晚佔領津門遂分兩由傅氏統率即向郎坊前進蓋張勳已派兵東下幸經駐在郎坊第十六混成旅某參謀長（係

曲同豐門生）乘楊旅長遠在天津一方面即發令將郎坊以西之鐵軌毀斷並派兵列陣防禦一方面電請曲氏急往主持致辦軍不能東進迨傅兵至郎坊曲亦赶到商定計畫傅以陸軍次長名義命曲暫攝前敵指揮傅氏又因前第十六旅旅長馮玉祥素得軍心特親往謁之邀彼擔任第十六混成旅司令之職當經應允傅即謁段報告一切請任段上將軍芝貴為討逆軍第一路總司令立蒙照准蓋段芝貴為北洋派老輩交際頗廣深得人心者也

曹錕在保定一得討逆軍佔領津門之捷報急發令使范國璋全部直攻京師以牽制張兵於是在郎坊之第一路討逆軍亦開始攻擊張軍大敗遁至豐台段軍追之張軍不敵退入京城由是討逆軍聲勢大振各省先後響應在南京之馮副總統始發通電表示維護共和意見而陳光遠蔡成勳等繼之倒戈向張包圍京師交通阻斷因此駐京外交團深恐危及僑商一再出而調停勸張應從段氏提出之條件將所部解除武裝聽候處置然張終不屈服至此傅遂憤不顧身微服入京先假警廳囑張部下勸張服從不聽復請王士珍親往勸之仍無效遂於七月十一日電請討逆軍總司令發總攻擊命令至次曉開始戰鬥交戰十二小時傅氏嚴行督戰將士奮勇異常張軍不敵而降張由荷兵保護避入荷使館京城完全克復遂由軍警各界歡迎段氏返京重組共和政府

共和政府幸賴段氏偉力舉義復活之後段氏對於世人公憤之潛艇戰略為維公法人道貫澈所抱政策起見當然不能久置不顧並以與國既與德國取同一之行動對待辦法自不能有所區別

特開國務會議提出宣戰一案當經全體贊成復蒙馮代理總統允准於民國六年八月十四日照會駐京和奧兩使轉達德奧兩國政府其原文列左以作紀念

致和使照會（八月十四日發）

為照會事中國政府前以中歐列強施行潛水艇計畫違背國際公法危害中國人民生命財產曾於本年二月九日向德國政府提出抗議並聲明萬一抗議無效迫不得已將與德斷絕現有之外交等語不意抗議之後中歐列強潛水艇仍繼續擊沉中立國及交戰國之商船因而致多傷中國人民之生命中國政府不能不視為抗議之無效遂於三月十四日向德政府宣告斷絕外交關係然其時中國政府猶希望德國所採違背公法傷害人道之計畫或因世界之公憤而有所變更今則並此亦已絕望矣中國政府本其尊重公法保護人民生命財產之宗旨對此情形不能久留不顧茲中國政府特聲明自中華民國六年八月十四日上午十時起與德國入於戰爭之狀態所有中德兩國於一八六一年九月二日所訂中德條約一八八十年三月三十一日所訂中德善後章程及現在有效之其他條約合同或協約無論關於何種事項者均一律廢止至一九〇一年九月七日所訂之條款及其他同類之國際協議有涉及中德間之關係者亦一併廢止又中國政府對於海牙保和會條約及其他國際協約一切關於戰時文明行動之條款仍遵守不渝合併聲明除電請丹政府轉知德政府外相應照請　貴公使轉達德政府為荷

須至照會者

致奧使照會

爲照會事中國政府前以中歐列强施行潛水艇計畫違背國際公法危害中國人民生命財產曾於本年二月九日向德政府提出抗議嗣以抗議無效於三月十四日向德政府宣告斷絕外交關係並經照達　貴公使在案現因中歐列强此項違背公法傷害人道之計畫毫無變更中國政府爲尊重公法保護人民生命財產起見不能久置不顧　貴國現與德國既爲同一之行動則中國政府對於德奧兩國不能有所區分茲向貴國政府聲明自中華民國六年八月十四日上午十時起本國與　貴國入於戰爭之狀態所有中奧兩國於一八六九年九月二日所訂中奧條約及現在有效之其他條約合同或協約無論關於何種事項者均一律廢止至一九〇一年九月七日所訂之條欵及其他同類之國際協議有涉及中奧間之關係者並從廢止又中國政府對於海牙保和會條約及其他國際協約一切關於戰時文明行動之條款仍遵守不渝合併聲明除電本國駐奧公使轉達貴政府並請發給出境護照外相應備具　貴公使並　貴館館員暨各眷屬離去中國領土所需沿途保護之護照一件照送　貴公使請煩查收爲荷至

貴國駐中國各領事已由本部令知各交涉員一律發給出境護照矣須至照會者

同日又發布大總統布告及命令各一道並通告駐京各國公使茲將大總統布告及命令並與各

使往來照會彙錄於左以備查考

大總統布告

我中華民國政府前以德國施行潛水艇計畫違背國際公法危害中立國人民生命財產曾於本二月九日向德政府提出抗議並聲明萬一抗議無效不得已將與德國斷絕外交關係等語不意抗議之後其潛水艇計畫曾不少減中立國之船隻交戰國之商船橫被轟毀日增其數我國人民之被害者亦復甚衆我政府不能不視爲抗議之無效雖欲忍痛偷安非惟無以對尙義知恥之國人亦且無以謝當仁不讓之與國中外共憤詢謀僉同遂於三月十四日向德政府宣言斷絕外交關係並將經過情形宣示中外我中華民國政府所希冀者和平所尊重者公法所保護者我本國人民之生命財產初非有仇於德國設令德政府有悔禍之心怵於公憤改其戰略實我政府之所禱企不能遽視爲公敵者也乃自絕交以後歷時五月潛艇之攻擊如故非特德國而已即與德國取同一政策之奧國亦始終未改其態度既背公法復傷害我人民我政府責善之深心至是實已絕望爰自中華民國六年八月十四日上午十時起對德國奧國宣告立於戰爭地位所有以前我國與德奧兩國訂立之條約合同協約及其他國際條款國際協議屬於中德中奧間之關係者悉依據國際公法及慣例一律廢止我中華民國政府仍遵守海牙和平會條約及其他國際協約關於戰時文明行動之條欵罔敢逾越宣戰主旨在乎阻遏戰禍促

進和局凡我國民宜喻此意當茲國變初平瘡痍未復遭逢不幸有此釁端本大總統睠念民生能無心惻非當萬無苟免之機決不為是一息爭存之舉公法之莊嚴不能自我失之國際之地位不能自我圮之世界友邦之平和幸福更不能自我而遲悞之所願舉國人民奮發淬厲同履艱貞為我中華民國保此悠久無疆之國命而光大之以立於國際團體之中共享其樂利也布告遐邇咸使聞知此布

中華民國六年八月十四日

大總統令

現在我國已與德國奧國立於戰爭之地位所有一切應辦事宜著各該管官署查照現行國際公法慣例妥速辦理此令

中華民國六年八月十四日　國務總理陸軍總長段祺瑞　外交總長汪大燮　內務總長湯化龍　財政總長梁啓超　海軍總長劉冠雄　司法總長林長民　教育總長范源廉　農商總長張國淦　交通總長曹汝霖

致協商中立美國各公使照會（八月十四日發）

為照會事本國政府於本年三月十四日與德國斷絕外交關係曾經照會　貴爵公使/公使/署公使　轉達

貴國政府在案現因中歐列強施行違背公法危害人道之潛水艇計畫並無變更之希望本國政府宣告自中華民國六年八月十四日上午十時起與德奧兩國同時入於戰爭之狀態所有中國與德奧兩國訂立之條約無論關於何種事項者均一律廢止至一九〇一年九月七日所訂之條約及其他同類之國際協議有涉及中國與德奧兩國之關係者並從廢止再中國政府對於海牙保和會條約及其他國際協約一切關係戰時文明行動之條款仍遵守不渝相應照會 貴爵公使／公使／署公使查照並請轉達 貴國政府可也須至照會者

英國艾署公使照會 爲照會事准本日文稱現因中歐列強施行違背公法危害人道之潛水艇計畫並無變更之希望本國政府宣告自本日上午十時起與德奧兩國同時入於戰爭之狀態所有中國與德奧兩國訂立之條約無論關於何種事項者均一律廢止至一九〇一年九月七日所訂之條款及其他同類之國際協議有涉及中國與德奧兩國之關係者並從廢止再中國政府對於海牙保和會條約及其他國際協約一切關於戰時文明行動之條款仍遵守不渝等因茲已遵照所請將貴政府重要之决議詳報本國政府而本國政府必樂聞斯舉及深可欽佩此舉之理由無可疑也尤望因此我兩國更形敦睦時代發始之點茲特聲明本國政府欣願趁此機會將友誼及連帶責任並協助之處特向中國政府確實表明自必盡力贊助中國在國際上享得大國當有之地位及其優待也須至照會者（八月十四日）

義國阿公使照會　爲照復事本月十四日接准照稱中國政府自八月十四日上午十時起與德奥兩國入於戰爭之狀態等因本公使接閱之下茲行表明本國政府欣願趁此機會將友誼及連帶責任並協助之處特向中國政府確實表明自必盡力贊助中國在國際上享得大國當有之地位及其優待特此詳知貴部所有以上照會各等情業經查照轉達本國政府相應照復云云（八月十四日）

日本林公使照會　爲照會事接准本月十四日照會內開貴國政府於本年三月十四日與德國斷絕外交關係現因中歐列强施行違背公法危害人道之潛水計畫并無變更之希望貴國政府宣告自中華民國六年八月十四日上午十時起與德奥兩國同時入於戰爭之狀態所有貴國與德奥兩國訂立之條約無論關於何種事項者均一律廢止至一九〇一年九月七日所訂之條款及其他同類之國際協議有涉及中國與德奥兩國之關係並從廢止再貴國政府對於海牙保和會條約及其他國際協約一切關於戰時文明行動之條款仍遵守不渝合併聲明并請轉達本國政府等因業已閱悉本公使當將照開各節逐一電達本國政府同時確信本國政府於此際使兩國之友好關係益加敦厚親密幸願以互相之協助幹旋盡力俾貴國得享有國際上大國所有之地位與尊敬相應照復查照可也須至照會者（八月十四日）

葡國符公使照會　爲照覆事接准照稱自中華民國六年八月十四日起與德奥兩國同時入

於戰爭之狀態等因前來本公使據此即將前因速爲轉達本國政府去後玆本國政府欣願趁此機會將友誼及連帶責任並協助之處特向中國政府確實表明自必盡力贊助中國在國際上享得大國當有之地位及優待也相應照覆貴總長查照爲荷須至照會者（八月十五日）

俄國庫公使照會　爲照復事本月十四日接准來函以中國政府宣告與德奧兩國同時入於戰爭之狀態並請轉達本國政府等情前來本爵公使當經轉達諒本國政府欣願趁此機會向中國政府將友誼及連帶責任並協助之意確實表明自必盡力贊助中國於國際團體之中佔得大國當有之地位暨享此地位之優權蓋無疑意相應照復貴總長查照可也須至照會者（八月十六日）

美國芮公使照會　爲照會事接准貴總長本日來照內稱本國政府宣告自八月十四日上午十時起與德奧兩國同時入於戰爭之狀態等因本國政府欣願趁此機會將友誼及連帶責任並協助之處特向中國政府確實表明自必盡力贊助中國在國際上享得大國當有之地位及其優待相應照復貴總長查照可也須至照會者（八月十四日）

比國麥公使照會　爲照復事接准本月十四日貴總長來文內開現因中歐列強施行違背公法危害人道之潛水艇計畫并無變更之希望本國政府宣告自中華民國六年八月十四日上午十時起與德奧兩國同時入於戰爭之狀態貴總長並聲稱所有中國與德奧兩國訂立之條

約無論關於何種事項者均一律廢止至一九〇一年九月七日所訂之條欵及其他同類之國際協議有涉及中國與德奧兩國之關係者並從廢止貴總長併聲明中國政府對於海牙保和會條約及其他國際協約一切關於戰時文明行動之條欵仍遵守不渝等情前來於接讀貴總長緊要來文之下本大臣冒致確實表達以此次貴國政府所決定者能使中比兩國自來所有邦交之感情融洽上及友誼敦睦上益行漲生極特別之價值本大臣並以特懷滿足之欣悅照會貴總長以本國政府欣願趁此機會將友誼及連帶責任並協助之處特向中國政府確實表明自必盡力贊助中國在國際上享有大國之地位及其優待須至照會者(八月十六日)

法國康公使照會　爲照會事本月十四日接准貴總長來照內稱自中華民國六年八月十四日起與德奧兩國同時入於戰爭之狀態等因前來本公使據此即將前因速爲轉達本國政府去後茲本國政府欣願趁此機會將友誼及連帶責任並協助之處特向中國政府確實表明自必盡力贊助中國在國際上享得大國當有之地位及其優待也須至照會者(八月十五日)

宣戰之舉依法須經國會通過其時舊國會因以反對宣戰爲暗施倒閣手段之旗幟竟至激起政變而被黎總統明令解散直至七年北京新國會成立之後始由政府提交追認一致通過而在廣東之非常國會(由舊國會議員組成)亦棄去彼素抱之反對私意開會通過宣戰案至此我國對德奧宣戰不分南北始見完全一致惜乎宣戰之後府院爲暗爭行政責任漸漸不洽段氏因之辭

職下野而參戰義務遂無熱心者主持不克實行致啓友國詰責政府無法應對特設督辦參戰事務處以段氏爲督辦然而心中頗不願段氏有所動作得增名譽故於該處經費加以極少限制定每月不過現洋一萬五千元延至數月不發萬難著手以致參戰舉動不能進步有失國際信用追溯原因而當時元首實不能辭其咎矣

民國七年十一月十一日歐戰實行停止至八年和約成立我國因約內關於德國前在山東之權利規定由日本承繼未能贊同故拒絕簽字惟對德戰事狀態當然與協約國一致終了於九月十五日由大總統頒發布告文曰

我中華民國於六年八月十四日宣告對德國立於戰爭地位主旨在乎擁護公法維持人道阻遏戰禍促進和平自加入戰團以來一切均與協約各國取同一之態度現在歐戰告終對德和約業經協約各國全權委員於本年六月二十八日在巴黎簽字各國對德戰事狀態即於是日告終我國因約內關於山東三欵未能贊同故拒絕簽字但其餘各欵我國固與協約各國始終一致承認協約各國對德戰事狀態既已終了我國爲協約國之一對德地位當然相同茲經提交國會議決應卽宣告我中華民國對於德國戰事狀態一律終止凡我有衆咸使聞知特此布告

同日政府因參戰一役始終由段氏一人主持收效頗巨特以大勳位晉授之茲將大總統命令附

列於下以彰功績

扶植正義有國所同參戰一役實秉斯指今者兵氛既戢和會相從我國幸得與協約諸邦從容樽俎迴溯定策之始建威上將軍前國務總理段祺瑞默運淵謀特標幹略迨辭樞軸仍綰戎始淬智殫精聯誠班信擘畫罔懈厥功懋焉茲特晉授以大勳位用彰令矩慨觀成之靡易念慮防維艱來軫日新嘉庸足式昭之策府尚其敬旃此令

第十四節 軍事協定

民國六年俄國突起革命皇室退位改組共和政府繼續與敵相戰不幸俄兵多無鬭心每戰敗北東境盡失萬難維持現狀且加國內缺乏糧食又短金銀庶民困苦不堪於是社會急進主義（即過激主義）盛行內地推列寧氏爲領袖推倒共和政府組織過激派內閣不顧國際盟約首先與德奧實行單獨媾和釋放內地德奧俘虜致開德人侵犯遠東道路因此協商國對於過激政府所作所爲大不滿意會在西比利亞各地之捷克斯拉夫人傾向協商方面自編軍隊掘起抵抗過激派並派人分頭要求協約國爲其後援卒得英美法日義五大强國一致應允決定共同派兵至西比利亞應援藉阻德勢東下以免危及中央亞細亞其時我政府探得日本出兵西比利亞計劃擬分二路以一路由海參威上陸沿西比利亞鐵路進攻東部之過激軍以一路由旅順經奉吉先佔哈爾濱然後轉攻中部之敵人然而我國既爲協商國之一且西比利亞南境毗連我土而南路日

軍欲過之地又屬我領土事關國體主權不得不共同動作是以先由外交部正式要求英美法義日五大強國許我派兵加入聯軍竟得同意復由督辦參戰事務處派員與駐京日使館武參贊協定海陸兩軍聯合動作之約規以防日本乘機侵我主權蓋美英法義四國軍隊皆以海參威爲進兵之起點而獨日本不懷善意決心藉此機遇力謀擴張其勢力範圍於北滿擬仿對德奪取青島手段竊佔北滿中心地及中東鐵路總紐之哈爾濱爲其出兵第二路之惟一目的也茲將中日兩國關於本件往來之正式公文及所定海陸兩軍聯防敵軍之條款與追加之聲明依據外交部正式公布者列下以資研究

中國駐使致日本外務大臣文

敬啓者中國政府鑑於目下時局依左列綱領與 貴國政府協同處置信爲貴我兩國之必要茲依本國政府之訓令特向貴國提議本使深爲榮幸

一、中國政府及日本國政府因敵國實力之日見蔓延於俄國境內其結果將使遠東全局之和平及安寧受侵迫之危險爲適用此情勢及實行兩國參加此次戰爭之義務不能不及早協同考量應行之處置

二、依前項所述經兩國政府合意後因實行決定之事凡兩國陸海軍對於此次共同防敵戰略之範圍應行協力之方法及其條件由兩國當局官憲協定之該當局官憲對於互相利害用

題互相愼重誠實隨時協議並由兩國政府核定俟時期實行

以上提議相應函達敬請見復爲荷茲本使對於　閣下特表敬意敬具

中華民國七年三月二十五日

中華民國特命全權公使章宗祥

外務大臣法學博士子爵本野一郎閣下

日本外務大臣復中國駐使文

敬復者本日接准貴函內開貴國政府鑑於目下時局依左列綱領與帝國政府協同處置信爲貴我兩國之必要特向帝國政府提議等語經閱悉

一、日本政府及中國政府因敵國實力之日見蔓延於俄國境內其結果將使遠東全局之和平及安寧受侵迫之危險爲適應此項情勢及實行兩國參加此次戰爭之義務不能不及早協同考量應行之處置

二、依前項所述經兩國政府合意後因實行決定之事凡兩國陸海軍對於此次共同防敵戰略之範圍應行協力之方法及其條件由兩國當局官憲協定之該當局官憲對於相互利害問題互相愼重誠實隨時協議並由兩國政府核定俟時機實行

帝國政府對於貴國政府所提議主旨全然同感依前列綱領與貴國政府協同處置爲帝國政府

所欣快相應函復茲本大臣對於閣下特表敬意敬具

大正七年三月二十五日　　日本帝國外務大臣法學博士子爵本野一郎

中華民國特命全權公使　章宗祥閣下

日本外務大臣致中國駐使函

敬啓者三月二十五日貴我兩國政府因共同防敵業經互換公文帝國政府以爲該公文之有效期間應由兩國軍事當局商定再因共同防敵日本軍隊在中國境內者俟戰事終了後應一律由中國境內撤退帝國政府特此聲明相應函達茲本大臣對於閣下特表敬意敬具

大正七年三月二十五日　　日本帝國外務大臣法學博士子爵本野一郎

中華民國特命全權公使　章宗祥閣下

中國駐使復日本外務大臣函

敬復者本日接准尊函內開三月二十五日使我兩國政府因共同防敵業經互換公文貴國政府以爲該公文之有效期間應由兩國軍事當局商定等語中國政府對於此節亦甚表同意再尊函所稱因共同防敵日本軍隊在中國境內者俟戰事終了後應一律由中國境內撤退貴國政府特

此聲明等語亦經閱悉以上依本國政府之訓令相應函復茲本使對於閣下特表敬意敬具

中華民國七年三月二十五日

中華民國特命全權公使章宗祥

外務大臣法學博士子爵本野一郎閣下

中國陸軍共同防敵軍事協定

基於中日兩國政府協商之結果依據兩國政府交換之文件（參照附錄第一第二第三第四號）經兩國軍事當局互派委員協定事項如左

第一條

中日兩國陸軍因敵國實力之日見蔓延於俄國境內其結果將使遠東全局之和平及安寧受侵迫之危險爲適應此次情勢及實行兩國參加此次戰爭之義務起見取共同防敵之行動

第二條

關於協定軍事行動彼此兩國所處之地位與利害互相尊重其平等

第三條

中日兩國當局屆基於本協定開始行動之時對於各自本國軍隊及官民在軍事行動區域之內當命令或訓告使彼此推誠親善同心協力以期達成共同防敵之目的

凡在軍事行動區域之內中國地方官吏對於該區域內之日本軍隊須盡力協助使不生軍事上之窒碍日本軍隊須尊重中國

主權及地方習慣使人民不感受不便

第四條

爲共同防敵在中國境內之日本軍隊俟戰爭終了時卽由中國境內一律撤退

第五條

中國境外派遣軍隊時若有必要兩國協同派遣之

第六條

作戰區域及作戰上之任務適應於共同防敵之目的由兩國軍事當局量各自本國之兵力另協定之

第七條

中日兩國軍事當局在協同作戰期間爲圖協同動作之便利起見應行左記事項

一、關於直接作戰上軍事機關彼此互相派遣職員充當往來聯絡之任

二、爲圖謀軍事運動及輸運補充敏活確實起見陸海運輸通信諸事宜須彼此共謀利便

三、關於作戰上必要之建設例於行軍鐵路電信電話等項應如何設備由兩國總司令官臨時協定之俟戰事終了凡臨時之建設工程均撤廢之

四、關於共同防敵所需之兵器及軍需品並其原料兩國應互相供給其數量以不害各自本國所需要之範圍爲限

五、在作戰區域之內關於軍事衛生事項應互相補助使無遺憾

六、關於直接作戰上之軍事技術人員如有互相輔助之必要時經一方之請求應由他方輔助之以供任使

七、軍事行動區域之內設置諜報機關並互相交換軍事所要之地圖及情報關於諜報機關之通信聯絡彼此互相輔助圖

共便利

八、協定共用之軍事暗號

本條所列各項其須預先計畫及應預先施行者在作戰未實行之前另協定之

第八條

為軍事輸送使用東淸鐵路之時關於該鐵路之指揮保護管理等應尊重原來之條約其輸送方法臨時協定之

第九條

本協定實行上所要詳細事項由中日兩國軍事當局指定各當事者協定之

第十條

本協定及附屬本協定之詳細事項中日兩國均不公布按照軍事之秘密事項辦理

第十一條

本協定由中日兩國陸軍代表者簽名蓋印經各自本國政府之承認時發生效力其作戰行動俟適當之時機經兩國最高統率部商定開始之

本協定及基於本協定所發生之各種細則俟中日兩國對於德奧敵國戰爭終了時卽失其效力

第十二條

本協定以漢文及日本文各繕二分彼此對照簽名蓋印各保有一分為証據

中華民國七年五月十六日
大正七年五月十六日 訂於北京

中華民國陸軍軍事協商委員

委員長　果威將軍靳雲鵬

委員　陸軍中將靳煥文

委員　陸軍中將曲同豐

委員　陸軍少將田書年

委員　陸軍少將劉詢榮

委員　陸軍少將江壽祺

委員　陸軍少將丁　錦

委員　督辦參戰處參議劉崇傑

委員　陸軍少將張濟元

委員　陸軍步兵上校陳鴻逵

委員　陸軍步兵上校秦　華

日本帝國陸軍軍事協約委員

委員長　陸軍少將齋藤季治郎

委員　陸軍少將宇垣一成

委員　陸軍步兵中佐本莊繁

委員　陸軍砲兵少佐川崎吉五郎

委　員　　　陸軍步兵大尉山田健三

中日陸軍共同防敵終了時期之聲明

中日兩國經最高統率部協議本之中日陸軍共同防敵軍事協定第九條關於第十一條第二項中所云戰爭狀態終了之時協定如左

對於德奧敵國戰爭狀態終了之時云者指中日兩國批准歐洲戰爭平和會議所訂結之平和條約中日兩軍隊由中國境外及駐在同地方協約各國軍隊同時撤退之時而言

本協定以漢文及日本文各繕二份彼此對照簽名蓋印雙方各保有一份爲証據

中華民國八年二月五日　　　大中華民國陸軍代表者

日本大正八年二月五日　　　大日本帝國陸軍代表者

關於中日陸軍共同防敵軍事協定實施上必要之詳細協定

基於中日軍事協定第九條中日兩國軍事當局指定之各當事者關於該協定第六條第七條現協定左列事項

第一條

中日兩國各派遣其軍之一部對於後貝加爾州及黑龍州各取軍事行動其任務在救援捷克斯拉夫克軍並排除德奧兩國及爲之援助之勢力

期指揮之統一及協同圓滿起見行動於該方面之中國軍隊應入日本軍司令官指揮之下

為與自滿州里方面行動於後貝加爾方面之軍隊互相策應起見中國軍隊之一部應於庫倫至貝加爾湖方面行動如中國於該方面希望日本軍派遣兵力之一部日本亦可派往令屬中國軍司令官指揮之下

此外中部蒙古以西之邊境應由中國自行鞏固防備

第二條

關於兵器及軍需品之供給雖緊急不得已之物品可由前方司令官互相協定然其他之物品及原料之供給則應由東京及北京最高補給機關互相交涉行之

第三條

關於衞生業務中國如有所希望日本應於力所及之範圍內提供便利將來情況進展則關於病院及休養所之施設等日本軍亦須受中國之助力

第四條

須由南滿鐵路輸送之中國軍隊及其軍需品應由中國自行運至大連營口或奉天自此以後至長春之輸送由日本軍擔任之自庫倫方面向貝加爾湖方面行動之中國軍隊若希望日本軍參加一部時則該日本軍隊及其軍需品至大沽秦皇島或奉天由日本軍自行輸送自此以後之輸送由中國軍担任之

關於東清鐵路之輸送應以東清鐵路之當局實施之任而為與該當局交涉并使中日及捷克斯拉夫克各軍輸送之調度有方起見中日應設協同機關但此項機關將來聯合國軍動倘行動於此方面之時該聯軍所要之人員亦可參加

第五條

關於連絡職員之派遣除交涉已定或正在交涉之外前方司令部或將來更有必須互遣職員情事應由東京與北京最高補給

機關辦理如或另有情事應再隨時協議

第六條

兵器及其他軍需材料並原料之供給及兩國運輸軍隊各應担任之輸送等費用均須給價應隨時或軍事終了後核算給之

第七條

本協定以漢文及日本文各繕二分彼此對照簽名蓋印各保一分爲證據

中華民國七年九月六日

大正七年九月六日

中日海軍共同防敵軍事協定

基於中日兩國政府協商之結果依據中華民國七年三月二十五日
大正七年三月二十五日兩國政府於東京交換之文件經兩國海軍當局互派委員協定事項如左

第一條

中日兩國海軍因敵國勢力之東漸其結果將使遠東全局之和平及安寧受侵迫之危險爲適應此次情勢及實行兩國參加此次歐戰之義務起見取共同防敵之行動

第二條

關於協同軍事行動彼此兩國所需之地位與利害互相尊重其平等

第三條

中日兩國當局屆基於本協定開始行動之時對於各自本國艦船及官民在軍事行動區域內之當令或訓告使彼此推誠親善同心協力以達共同防敵之目的

第四條

作戰區域及作戰上之任務如應用共同防敵之目的由兩國海軍當局量各自本國之兵力另協定之

第五條

中日兩國海軍當局在協同作戰期間爲圖協同動作之便利起見應行左記事項

一、關於直接作戰上軍事機關彼此互相派遣職員充當往來聯絡之任

二、爲期軍事行動及輸運補充之敏活確實起見陸海運輸通信諸事宜須彼此共謀利便

三、關於修造艦艇兵器及軍事機具等並其所需材料應量力互相輔助其軍需品亦同

四、關於直接作戰上之軍事技術人員中日兩國海軍如有互相輔助之必要時經一方之請求應由他方輔助之以資適用

五、中日兩國海軍於必要之地點各自設置諜報機關又互相交換行動上所要水路圖誌及情報並爲期通信聯絡之敏活確實互相輔助以圖其便利起見兩國當事者應臨時協定其所要之設備

六、協同商定共同之軍事暗號

本條所列各項須預先計劃及應預先施行者在作戰未實行之前另協定之

第六條

本協定實行上所要詳細事項由中日兩國海軍當局指定各當事者協定之

第七條

本協定及附屬本協定之詳細事項中日兩國均不公布按照軍事之秘密事項辦理

第八條

本協定由中日兩國海軍代表者簽名蓋印經各自本國政府承認時發生效力其作戰之行動俟適當之時機經兩國海軍最高統率部商定開始之

本協定及基於本協定發生各種細則俟中日兩國對於德奧敵國戰爭狀態終了時失其效力

第九條

本協定以日本文及漢文各繕兩分彼此對照簽名蓋印各執一分爲證據

中華民國七年五月十九日在北京簽

日本大正七年五月十九日

委員長海軍中將沈壽堃

委　　員海軍少將吳振南

委　　員海軍少將陳恩燾

委　　員海軍中校吳光宗

委員長海軍少將吉田增次郎

委　　員海軍大佐伊集院俊

委　　員海軍大佐樺山可也

中日海軍共同防敵說明書

一、中日兩國海軍為圖共同作戰之圓滿以謀軍事協定第一條之宗旨起見和衷協同互相輔助以期用兵計畫周妥無遺

二、軍事協定之第五條各項內容應行說明如左

第一項所定職員目下以公使館海軍武官及駐在各處之海軍武官充之其他應於必要時隨時協定派遣之

第三項所需材料如金屬料件之類軍需品如燃料糧食之類以及子彈火藥為軍事上所必需者兩國均應竭力輔助之

第五項交換水路圖誌一事俟一方之請求時行之軍事行動區域之內遇有應行補測之海灣經雙方認為必要時應由該地方所屬之本國海軍當局自行補測之

中華民國七年五月十九日
日本大正七年五月十九日　在北京簽

委員長海軍中將沈壽堃
委　員海軍少將吳振南
委　員海軍少將陳恩燾
委　員海軍少將吳光宗
委員長海軍少將吉田增次郎
委　員海軍大佐伊集院俊
委　員海軍大佐樺山可也

中日海軍共同防敵終了時期之聲明

中日兩國經最高統率部協議本之中日海軍共同敵軍事協定第六條關于第八條第二項中所云戰爭狀態終了之時協定

如左

對於德奧敵國戰爭狀態終了之時云者指中日兩國批准歐洲戰爭平和會議所訂結之和平條約中日兩國海軍由俄境及駐在同地方協約各國海軍撤退之時而言

本約定以漢文及日本文各繕二份彼此對照簽名蓋印雙方各執一份為証據

中華民國八年三月一日

日本大正八年三月一日

第十五節　參戰借款

當美國勸我國與之一致行動時曾許我以財力援助迨我國認可實行絕交後英法等國復積極運動我國進行宣戰出兵歐洲以厚兵力而當時段總理亦認為增進國際地位之良機頗採納斯說決意施行擬先編練十萬精兵以充遠征不幸國內突起政變段氏下野而遠征計劃遂見停頓矣及段氏復任總理實行宣戰之後即欲貫澈出兵政策自顧國內餉械難籌特派員與法美英三國公使接洽要求履行前約時美國已加入戰團決定派兵二百萬人往歐所有海船多半充作軍輪因是英法既有美軍為之後援且我國距離歐洲過遠運輸缺乏輸送不便故謝絕我之請求至此段氏出兵歐洲計劃不克實行未幾西比利亞告急我國既與友國協同動作則對於參戰之軍隊及其軍需應即從新編練加意籌備以免遺笑外人而維國體預算經費非有數千萬元不能達

到目的國內既無鉅款可籌美英又不應借爲我國威信與邊防起見不得不商之日人迄至民國七年九月二十八日方始告成訂立參戰借款合同如下

中華民國及日本帝國依據兩國陸軍協同防敵軍事協定之宗旨中華民國政府（以下略稱爲甲）爲先編練得爲完全協同動作之國防軍隊及參戰所需各經費特與日本帝國朝鮮銀行所代表之日本帝國朝鮮銀行股分公司日本興業銀行及股分公司台灣銀行共三銀行（以下略稱爲乙）訂立借款合同如左

第一條　本借款全額爲日幣二千萬元以中華民國政府國庫證券交乙承受

第二條　前條國庫證券之發行其期限一年按年行息七釐以貼現之方法發行之外加佣費一釐由該國庫證券之全額內扣除期滿之日得由當事者雙方協定照上列所定同一條件換給發行

第三條　甲受領本借欵金額時應即存於乙乙對此存欵按年付息七釐

第四條　前條存款甲有提用必要時乙應依另外協定之手續交付於指定之受取人

第五條　本借欵所需之國庫證券製造費印花稅及其他雜費歸乙担負

第六條　甲將來如有與本借欵同一目的更欲借欵時應先向乙協議

本合同應備中日文各二份甲乙各保存其一合同如有疑義依日文解决之

中華民國特命全權公使章宗祥
日本帝國朝鮮銀行總裁美濃部俊吉

中華民國七年九月二十八日
日本大正七年九月二十八日

附　約

依照中日簽字之中華民國政府參戰借欵合同第四條本借欵全權交付於直接主管國防軍隊機關所屬之經理主任

中華民國特命全權公使章宗祥
日本帝國朝鮮銀行總裁美濃部俊吉

中華民國七年九月二十八日
日本大正七年九月二十八日

逕啓者中華民國七年九月二十八日簽約之參戰借欵中華民國政府以將來整理新稅之收入作爲償還財源特此聲明此致

朝鮮銀行，

股分公司日本興業銀行　代表

股分公司台灣銀行
朝鮮銀行總裁美濃部俊吉殿

中華民國特命全權公使章宗祥

中華民國七年九月二十八日

此外尚有軍械借款約日金一千八百萬元專充購買日本軍械之用亦以國庫劵爲保証自此兩項借款成立後餉械齊備即擇黃寺北苑兩處先設軍官與軍士兩教導團至三個月畢業之後復編練參戰軍三師任曲同豐爲第一師師長馬良爲第二師師長陳文運爲第三師師長所有軍官軍士皆由教導團畢業者充之據駐京各使館武官謂該三師官兵之軍事程度頗高尤以曲同豐所領之第一師爲最良馬師次之現因歐戰告終改名爲國防軍而督辦參戰事務處同時奉令亦裁撤惟因俄國問題仍未解決西比利亞亂事仍然存在國防緊要特設邊防事務處以專責任

按中日軍事協定與參戰及軍械兩借欵實爲國家體面與主權而訂立即督辦參戰事務處與參戰軍之設立亦然但南北紛爭時曾由廣東軍政府要求取銷並由南方和議總代表列爲議和條件而英美諸國尤恐與己不利亦暗示反對故日政府遂正式宣言於我國南北未統一以前中止參戰借欵及參戰軍軍械之交付至軍事約定於歐洲和約簽押之後業由中央政府向日本政府提議廢止然日本固執須待本件追加之聲明書中所定對於戰爭狀態終了之時卽指中日兩國

批准歐戰平和條約中日兩軍隊由中國境外及駐在同地方協約各國軍隊同時撤退之時始能取消目下我國既未簽押和約而協約國之軍隊亦未由防地撤退不允我請至今尚無結果

第十六節　青島問題

西歐陣地兩軍對抗幾近五年之久迄至西歷一九一八年(民國七年)秋間德皇威廉第二外見軍事之失敗內睹革命之突起不得已而宣告退位改建民主國體於十一月初德國以共和政府名義先向美國大總統威爾遜氏請求休戰以便媾和即由威總統將德人意旨轉知實行交戰之英法義三大強國當經應允復與德使簽訂停戰條約共計三十五條大旨規定(一)停戰條件簽押後六小時陸地及空中一律停止戰事(二)德軍限於停戰條件簽押之後十四日完全退出其所侵佔之亞爾薩羅藍尼及比利時盧森堡等國境交由協約國軍隊鎮守如德國軍隊在上列各境界內於所定之時間尚未退出者應將認為戰事犯(三)協約國之人民被拘為質者與現行審訊或已定罪者應即遞送回其本國限於十四日內完畢(四)德國應交出完全貨炮五千尊內二千五百尊為大炮二千五百尊為野炮又機關槍三萬架射火機三千架又飛機炸彈機與夜行之炸擊機二千架均在原地移交(五)德軍應即退出萊尼河左岸各地交由協約國軍隊鎮守其地方行政亦由協約國派員執行凡萊尼河之重要渡口如麥延司哥卜藍斯及谷侖等處與其右岸半徑三十基羅米突內各地點之橋頭礮台並重要行軍地點全歸協約軍守據在萊安河右岸應

設一中立區域其界綫寬十基羅米突由荷蘭邊界起直至瑞士邊界爲止該地人民於停戰條件簽押之先凡有參與軍事者均不得追究亦不得有關於妨害實業或裁減其人員之舉動德國軍隊由萊尼河各地方之撤退應於展限之十一日內完畢即由停戰條約簽押之日起以二十五日爲限期（六）凡敵軍撤退之境界內不得驅逐居民及損害其生命財產亦不得有各種毀滅破壞之妄動各種陸軍機關及陸軍蓄存之糧食均應完全移交在所定撤退軍隊期間不得移動彈藥器械而所存之各種糧食應屯於原地點實業工廠等不得損壞即其人工亦不得移動大路及各交通機關鐵路河城通衢橋梁電報電話均不得毀壞（七）現所用之行政軍務各人員不得妄離職守五千輛之車頭五萬之火車千輛之摩托車及其所有備用之器械材料均應於所指定之比國與盧森堡退兵期限內完全移交協約強國亞爾薩羅蘭尼之各鐵路亦應於該期限內與各人員及材料等同時移交萊尼河左岸之國內鐵路行車應用之材料應留於原地點停戰期內德國應保護其所存修理器械各工廠及維持交通要路應用之煤炭材料使勿損壞凡由協約國擒獲之船隻均應復還（八）德國政府亦應察出其所施殘害行動之各地方卽如置毒於流泉井水等處報告協約國（九）協約國與美國陸軍在所佔領之各境界內應有施行其徵取軍需之主權至維持其鎭守萊尼境內（除亞爾薩羅蘭尼外）各軍隊之經費應由德國政府付給（十）德政府應卽遵照所規定之詳細條欵護送協約國及美國戰事犯回國並無交換條件協約強國與美國當

能按其意見處置此等戰事犯(十一)德國兵士因病傷未能離開其撤退境界者將由德人看護彼等應備應用之藥品居留該地點(十二)戰事以前屬於俄魯士各國之土地現有德軍駐紮者均應撤退至一千九百十四年八月一日以前屬於德國之境內(十三)在俄國境內之德軍應即拔隊退出而德國之教練俘囚平民以及軍隊代表今在千九十四年以前俄國境界之內者亦應調回(十四)德國軍隊在魯俄兩國徵取或施行他種辦法意欲取得糧食以供德國之行為應即停止(十五)廢棄卜加勒斯多與貝勒司特里達司克各條約及增加條約(十六)協約國在其東方邊界德兵撤退境內應有自由進口之權並可由丹坼或取道威司杜拉輸運食物以接濟該境內人民或為之維持秩序(十七)東非洲之德國軍兵限於一個月內無條件的撤退(十八)關於被囚人民回國之事略見第三條(十九)德人於停戰時不得移動其公債等以備對於協約國作為賠償戰事損失之保證德人應即行復還比國國家銀行儲存之現金並送還其文件與現金幣制債券紙幣及其器具等凡俄魯兩國所讓與德國及被德國奪取之現金應移交協約國代管至簽押和約之時(二十)即行停止洋海各處戰事德國應切實通告其各軍艦調動及停泊之地點並通告各中立國凡協約聯盟等強國之水師商船在各海境均可自由航行並無中立之問題(二十一)協約聯盟等強國海軍及商船之戰事犯被德人拘留者應即送還並無交換之條件(二十二)德國潛水艇及潛水巡洋艦地雷施放艦一百六十艘及其完全軍裝器械應在協約

强國與美國所指定之口岸投降於協約國與美國(二十三)德國海面艦隻經協約强國及美國指定者應即行卸去軍械囚禁于一中立口岸或囚禁于協約國與美國所指定之協約國各口岸只留工匠在船上看守茲將德艦隻數列下計巡洋艦六艘戰艦十艘輕便巡艦八艘內有地雷施放艦二艦又破壞艦十五艘其他海面艦隻以及飛機應聚集於德國海軍鎭由協約國與美國監督遣散人員統行卸去軍械其關於副艦隊之船隻亦應卸去軍裝備有艦隻內艦隊叛亂未經移交者協約國應有主權佔領赫里谷藍海軍鎭令其切實履行停戰條件(二十四)協約國與美國應有掃遴德人在其海境外所施放之地雷區域及他妨礙物之主權其地點應由德國示明(二十五)協約國與美國之海軍及商船等應有波羅的海進出口之自由欲保持此等自由彼等應有權柄守據由加葛口至波羅的海之德國各江岸砲台及各種防壘並掃遴德國內外海境各處地雷無何中立問題之可言而此等地雷之處所應行示明(二十六)協約國與聯合强國所定立之現行封鎖海岸之條款均不得更改在海上若遇德國船隻應行捕獲協約國與美國擬於停戰期內供給德國以所必需之糧食(二十七)各海軍飛機應聚集於協約國與美國所指定之德國海軍鎭(二十八)德軍退出比國海岸及口岸之時德國應捨棄其各商船貨車駁船以及各種海口並內河航路之材料器械軍需等物(二十九)德國應退讓黑海各埠德軍在黑海擒捕之俄國各種戰艦均應移交協約國與美國而各中立國船隻均應釋放凡在該各埠捕獲之軍用及其他

各種貨物應當復回而德人之貨物均應放棄（三十）德人捕獲之商船屬於協約聯盟强國者應將復回（三十一）退兵投降恢復之前不准炸毀艦隻成貨物（三十二）德國應通告各中立國云與協約國貿易之限制均行取消（三十三）禁止德人引渡艦隻於各中立國（三十四）停戰之期限定爲三十日准其延長如當此期限內德國未能實行上列之各條款則訂立停戰條件之一方面可於四十八小時以前發出通告廢棄停戰條件（三十五）此項停戰條件德國應於發出通告之後七十二小時內使各方面一律承認

自停戰條約簽押後雙方同時中止戰鬬即行籌備議和事務協定以巴黎附近之威爾賽故宮爲和會地點惟協約國方面自顧本團體內份子有三十三國之多若不預行接洽妥定和約條款深恐和會一旦開議諸國使者爲圖維本國權利之故難免自相爭執因此由英美法三大强國發起先在巴黎組織協約團和議預備會以便將列國應得權利配定由該會起草和約授交敵使至協約團中各國委員可得出席該會之人數復經英美法日義五大强國協定如左

美國	五人	南非洲	二人	法國	五人
英國本國	五人	紐絲蘭	一人	義國	五人
附屬地 加拿大	二人	紐芬蘭	一人	日本	五人
澳大利亞	二人	印度	二人	比國	三人

巴西　三人　厄瓜多　一人　羅馬尼亞　二人
中國　二人　危地馬拉　一人　塞爾維亞　三人
古巴　一人　黑德倭斯　二人　捷克斯拉夫　二人
波蘭　一人　閔都拉斯　二人　葡萄牙　二人
秘魯　一人　利比利亞　一人　烏拉乖　一人
希臘　二人　尼加拉瓜　一人　暹邏　二人
玻利非亞　一人　巴拿瑪　一人　海地　一人

由是各交戰國皆派委員前往巴黎赴會我國亦派外交總長陸徵祥爲領袖委員駐美公使顧維鈞駐英公使施肇基駐比公使魏宸組及前參議院副議王正廷爲委員到法京參預會議不意英美法日義五大强國把持會事對於重要問題專横武斷强迫他國遵行茲將我全國同胞所力爭之靑島問題確實詳述俾國人得熟知此一段痛史之眞相也

我國代表爲山東問題出席於和議預備會議共三次第一次係一月二十七第二次係一月二十八日第三次係四月二十二日此問題在和議預備會最初提議者實爲日本方面時民國八年一月二十七日下午三時也我國委員其始本無所聞至是日午前方得美國方面知照謂日本將有提案囑我速即準備應付然時已不及矣是日之會場在法國外交部外交總長辦公室出席者美

爲威爾遜總統及外交總長蘭辛等法爲克理孟梭總理及外交總長畢雄等英爲首相路易喬治及外務大臣巴爾福等義爲首相俄郎多及外務大臣索尼諾等日本爲牧野男爵松井大使等我中國爲王正廷顧維鈞魏宸組三君開會後日本代表牧野出日本政府宣言書一件朗誦大意謂日本政府以爲應要求德政府無條件讓與(一)膠洲灣租借地以及鐵路並德人在山東所有他種權利(二)所有德國領有之太平洋中依廓多以北各島并其上各種權利財產次述歐戰開始後德國以膠洲灣爲海陸軍根據地深爲國際貿易航行之障害日本爲極東平和起見根據一九一一年日英條約與英國商定致最後通牒於德國要求交出膠洲灣以便將來歸還中國日本因未得德國依限答復乃與英軍開始爲軍事行動占領膠洲灣及膠濟鐵路日軍自占領膠州灣及鐵路後凡從前德國享有之權利自是悉爲日本占有德國在遠東軍事上政治上之根據因以破毀商業交通乃得恢復無阻日本爲剷除德國勢力犧牲不少故不能任德國勢力復活因此日本對德要求實爲正當而又公平者也云云顧使維鈞起言僅聲明本案關係中國極爲重大希望各强國俟聽中國意見後再行決定

次日(一月二十八日)上午十一時復在法國外交部外交總長辦公室開會英美法義出席者與二十七日會議相同日本係牧野男爵與松井(駐法)珍田(駐英)兩大使我國係王正廷顧維鈞兩君當由我國代表正式提出關於青島之詳細說帖如左

中國要求膠澳租借地膠濟鐵路暨其他關於山東省之德國權利直接歸還中國

甲　德國租借權暨其他關於山東省權利之緣起及範圍

一　初德國亞東艦隊欲於遠東得適宜之地爲海軍根據及商港曾遊弋於中國沿海一帶竭力搜求德政府調查員嘗以膠澳地方最爲相宜之說進適一八九七年十一月有德國教士二人在山東內地之曹州被害論厥情形本爲地方官防範所不及而德政府方欲以武力遂其素志久思有所藉詞至是卽挾爲口實遣軍艦四艘至膠澳派兵登岸聲言佔領中國政府見德兵入境事勢危急迫不得已乃與德國訂立一八九八年三月六日之約

二　該約規定膠澳海面潮平周圍一百里內准許德國官兵過調惟主權仍歸中國復以膠澳之口南北兩面及島嶼若干處租與德國以九十九年爲限

三　該約復准德國在山東省蓋造鐵路二道並於鐵路附近之處相距三十里內開挖鑛產此項路鑛事業由專設之德華合股公司舉辦華德商人均得投入股本選派董事中國政府又勉力允從在山東省內如有開辦各項事務需外國幫助或用外國人或用外國資本或用外國料物應先問該德國商人等願否承辦

膠濟鐵路及支綫共長四百三十四基羅邁特爲山東鐵路公司投資建築兩路之一該公司於一八九九年六月一日奉德政府特許於是年六月十四日成立一千九百年三月二十一日該公司與山東巡撫訂立中德膠濟鐵路章程一九〇四年六月路工告竣開車營業

一八九八年三月六日之約所准之開採鑛產權利由山東鑛務公司承辦該公司於一八九九年十月一日奉德政府特許於是年十月十日成立其已經開辦及正在開辦之鑛產爲淄川坊子之煤鑛及金嶺鎮附近之鐵鑛

一九一三年二月五日山東鑛務公司復將所有權利負擔讓與山東鐵路公司管業於是路鑛兩權均爲鐵路公司所有

四 保護膠濟鐵路之權屬於中國一千九百年三月二十一日訂定之膠濟鐵路章程其（第十六款云）

倘在百里環界外有須兵保護鐵路之處由山東巡撫派兵前往不准派用外國兵隊

又第二十六款云

該公司在查路時及行車時儻因事稟請山東巡撫派兵保護應立即准如所請

至保護山東鑛產一層則有同日訂定之山東華德煤鑛公司章程其第十款云

或在勘查鑛苗或在開採時在百里環界以外倘須稟請山東巡撫派兵前往保護一切屆時查度情形見稟隨即照准不准請用外國兵隊

一千九百年有德國軍隊派往租借地以外百里環界以內之高密膠州二處屯駐嗣經中國山東巡撫與德國青島總督於一九○五年十一月二十八日訂立中德膠高撤兵善後條款德國將該項軍隊撤回青島並承認百里環界以內中國之鐵路警察權與環界以外之鐵路無異又承認環界以內中國有施行山東省警察章程之權中國隨於膠州設立警署接管環界內鐵路警察事務

五 此外德國尙有關於山東省之鐵路借欵優先權按一千九百十三年十二月三十一日之換文中國一面以兩鐵路投資建築並供給物料之優先權畀德國此二路者一自高密至津浦路路綫之某點暫時擇定爲韓莊一自濟南至京漢線上順德新鄉之間德國一面則讓還其德州正定間及兗州開封間兩路之優先權以及一八九八年三月六日專約所准之山東省南部鐵路之優先權此外並允批准一九一一年七月二十四日山東巡撫與山東鑛務公司所訂之收回鑛權合同嗣因一九一四年六月十日中德換文德國又獲得濟順鐵路向西續展路線與煙濰線濟寧開封線之優先權

按一八九八年三月六日之約德國在山東省本有附近鐵路相距三十里即十英里內之鑛權嗣因訂立上述一九一一年七月

二十四日之收回鑛權合同其權遂大爲縮減按照該合同所訂山東鑛務公司除仍自留辦淄川坊子煤鑛及金嶺鎮鐵鑛外其餘鑛權均行取銷其所留辦之三處則劃淸鑛界而讓還鑛界內如有開辦所需應借用德國資本購用德國所產機器材料聘用德國工師

乙　日本在山東軍事佔領之緣起及範圍

一　歐戰初起中國即於一九一四年八月六日以大總統命令宣告中立兩星期後日使通知中國政府稱日本曾於八月十五日以最後通牒遞交德國勸將該國軍艦及一切武裝船隻立即退出中日兩國之領海並於九月十五日以前將膠澳租借地全境移交日本以備日後交還中國且要求於一九一四年八月二十三日正午以前對於此項勸告爲無條件之承認按該最後通牒所稱此舉之用意乃在除去遠東和局擾亂之根且爲保衛英日同盟之公共利益計中國政府雖未見商於前然對於所擬關於膠澳租借地之辦法亦曾表示願爲同袍之意旋以未見嘉納始不堅持嗣日本以最後通牒未見答復乃於一九一四年八月二十三日向德國宣戰

二　日軍首隊二萬餘人本係派往攻擊青島不意竟擇龍口爲登陸之處龍口處山東北部海濱南距青島一百五十英里日軍於九月三日登陸橫穿山東半島以達膠州沿途佔據城鎮收管中國郵電機關徵取人工物料困苦居民皆視爲必要之舉其先鋒隊於九月十四日始抵該處而會攻青島之英軍則於九月二十三日在德國租借地以內之勞山灣登陸勞山灣距青島較近沿途所遇之障礙自亦較日軍前進時爲少故與德軍交綏之第一役猶及與焉

三　龍口旣有日軍行動中國政府爲較易保障中立起見不獲已於九月三日宣告參照日俄戰爭先例所有在龍口萊州及接近膠州灣附近地方交戰國軍隊行用本政府不負責任此外各處仍嚴守中立同日將此項宣告照會各國駐北京公使是時復

西

四　詎於九月二十六日有日軍四百名突至濰縣佔據車站十月三日復迫中國軍隊退出鐵路附近地方三日後即十月六日又不顧中國政府之抗議進至濟南將車站三處悉行佔據於是膠濟全綫皆爲所佔沿路分駐日軍路員亦漸易日人鐵路附近之鑛産亦於是時均被佔據並續開採時圍攻青島之舉方在進行迨十一月七日德人以青島降於英日聯軍是月十六日聯軍入城次年一月一日復開港貿易

五　中國政府以德人既以青島完全投降戰爭已畢交戰兩方之軍事設備業已解除遂請將山東內地之日軍撤回青島並卸除龍口至張店之輕便鐵道以及附掛於中國電桿之電線而日本政府無可理喻中國政府以昔日不得已而宣告劃定特別行軍區域之理由今既不復存在遂取銷當日之宣告復於一九一五年一月七日將取銷之舉照會駐京英日公使旋於一月九日據日使照復謂奉本國訓令此項取銷之舉實屬獨斷處置輕視國際信義不顧邦交措置誠有未當並謂日本政府決不使山東帝國軍隊之設施行動受此等取銷之影響及拘束云云

六　日本佔據青島及膠澳之後要求自派日本人約四十名充當海關人員之權所謂海關乃指一八九九年四月十七日中德青島設關條約所訂設復經一九〇五年修訂者而中國政府覺此等提議無可允許蓋一從其請恐海關組織將因之而紛亂且在德人管理之日青島海關人員亦全由中國自派也此事磋議未畢而日本神尾總司令已奉命將青島海關之文件財產遽行押收矣

七　山東省之情形如是而日本駐北京公使於一九一五年一月十八日向中國大總統提出二十一款之要求頗令中國寒心此項要求已膾炙人口計分五號其第一號即涉於山東省問題磋商之事延至五月日本政府遽於是月七日以最後通牒送達中國政府限四十八小時以內爲滿意之答復同時有滿洲山東日軍增多之消息傳至北京中國政府實逼處此舍屈從日本外他無

可擇不得已於一九一五年五月二十五日與日本簽訂關於山東省之條約附以三項換文暨其他各約雖非所願祇以欲維持遠東之和局使中國人民免受無端之痛苦而諸友邦爲伸張正義自由公道之故方與中歐强國爲空前之戰爭尤不欲見其遠東利益之受損不得不委曲求全且深信此項問題與二十一款要求所發生之其他問題止能於平和會議中爲最後之解决也

八　日本政府復以一九一七年之第一百七十五號上諭設民政署於青島復設分署於坊子張店濟南此三處者皆沿膠濟鐵路而在百里環界之外者也三處中以坊子距青島爲最近然亦九十英里之譜坊子民政分署竟有擅理華人詞訟徵收華人賦稅之舉而膠濟鐵路與各鑛則置諸民政署鐵路股管理之下

九　山東鐵路深入腹地距沿路日軍逗留不去而民政各署之設在中國人民視之似有久踞山東之意山東本中國人民所深愛於是舉國惶恐而山東爲尤甚政府迫於衆議不得不思所以安人心以俟戰事告終和會召集以解决一切關於世界將來和局之問題也乃與日本開始蹉商一九一八年與日本訂立草合同借款築鐵路二道此二路者即一自膠濟綫至徐州連接津浦滬甯鐵路一連接京漢鐵路者也日本政府以此合同之故乃於同日即一九一八年九月二十四日換文中允將膠濟沿路日軍除濟南留一支隊外餘均撤回青島並裁撤山東省內之日本民政各署借欵已墊交日金二千萬圓惟正合同尙未畫押

丙　中國何以要求歸還

一　膠州租借地包括膠澳及其島嶼而言之素爲中國領土中不可分拆之一部分其地之屬於何國從未發生問題且膠澳租借條約中本有主權仍歸中國之明文一八九八年之租與德國實發始於德國侵略之行爲中國劫於威力不得已而允之其情形已詳本說帖之甲段德國在戰事前所有在山東省內之路鑛權利亦即此次讓與之一部分此項權利及租借地之歸還中國實不過依據公認之領土完整原則爲公道之一舉若仍舉以畀德或轉給他國是不予中國以公道矣

二　膠州租借地爲山東省之一部分昔日德人所造今爲日本所據之鐵路自青島入內地綿亘二百五十四英里有餘者亦在

該省該省人口三千八百萬皆志節高尚熱心愛國之民爲純粹中華人種其語言文字及尊奉孔教與他省人民咸無以異不特於國籍之原則毫無欠缺抑亦爲備具此項原則之模範而其志願殷切欲其桑梓之得免於德國或他國之凌迫尤無疑焉

三　以歷史言之山東爲中國兩大聖賢孔子孟子所誕生中國文化所發始實人民之聖域中國崇奉孔教之文儒每歲跋涉至此省謁聖蹟於曲阜者數以千計全國人民之目光胥集於此蓋中國之發展此省之力爲多今猶然也

四　山東省人民稠密致經濟競爭頗爲劇烈以三千八百二十四萬七千之人口聚集於三萬五千九百七十六方英里之地面衣食之源不外農業謀生自非易事蓋人口之多幾與法國相埒而地面之廣不過四分之一其不能容納他國羨餘人民亦已明甚此地而創立他國特殊勢力範圍或特別利益關係則除居民橫被朘削外無他結果也

五　不甯惟是山東一省備具中國北部經濟集權之要則其人民之衆可增外貨之暢銷鑛產之饒亦利於實業之發展抑尤有重於此者則將來膠州一灣必成爲中國北部外貨輸入土貨輸出之第一要路是也數百年來膠州久爲山東省之重要商港該省貨物取道於十二世紀所闢之運河而至此處與內地最重要之商場曰濰縣者相聯絡雖膠澳北部爲積淤所塞膠州今不復爲海市之城然青島今爲山東省之海口其所坐落之沿岸地位正與膠州相同復爲新闢商務孔道如青膠濟鐵路者所灌注而此路又與京津甯滬鐵路會於濟南且處於膠澳之邊膠澳地勢屏蔽爲寒風所不及經年不凍非天津之北河可比故此新立商場實足以激截中國北部全境之商務職是之故植立外國勢力範圍足以危害國際商務及實業者莫甚於山東維持門戶開放主義以普益各國者亦莫利於山東而最能維持之者則莫過於中國也

六　以形勢言之膠澳爲中國北部門戶之一膠濟鐵路至濟南而接津浦可以直達北京實足以扼自海至京最捷之一途尙有一途即自旅順大連至奉天而達北京之鐵路是也中國政府爲鞏固國防計益以他項理由久欲杜絕德人之盤踞青島今幸得英日聯軍驅而出之中國深願留此重地於自己掌握也

七　就各方面審察之膠澳租借地以及附屬權利之題止有一法可以滿意解決苟平和會議以此地及鐵路等權歸還中國則不特德國肆意橫行之罪惡藉以矯正且各國在遠東之公共利益亦藉以維護山東人民感覺靈敏其餘外人之侵入桑梓以圖政治經濟之集權乃所厭惡且不憚表示其厭惡之意德人之盤踞膠澳使人山東固其所痛惡即今日共戰之友邦暫時佔據租借地與鐵路亦其所不喜觀者議會商會之抗議可知也他省人民亦同此感政府防範人民使其表示反對止於抗議不進而為更激烈之行動頗非易事可見其於此問題感情之深矣設不歸還則不特中國與將來掌握該租借地及鐵路暨他項德國權利之國必生糾葛而山東人民與該國人民之間必且尤甚既與攻擊青島時宣言鞏固東亞長久穩固和局之用意難以相容亦與英日同盟之宗旨所謂保中國之獨立完整守各國在華商工業機會均等之原則以全各國在華之公共利益者亦不相符合矣

丁　何以應直接歸還

中國政府陳說各項理由以明膠州租借地膠濟鐵路及附屬權利應完全歸還中國既不含有日本向德國索得租借權及鐵路權之後將不肯交還中國之意尤無疑慮之心中國對於日本保證之聲明固深信不疑所以注重於完全歸還中國一節者不過欲引人注意於此舉之為根本上之公道而已

一　抑歸還之法厥有二途即直接歸還中國與間接由日本歸還是也於此二途中國願擇其直接者其理由之一即取其程序簡單不致滋生枝節蓋一步所可達者自較分作兩步為易也且中國從諸聯盟國與共戰國之後得與於克捷之光榮者向德國逕直收回青島及山東權利則足以增我國家之威信而聯盟國與共戰國敵愾同仇以維持之正義與公道之原則亦從此而益彰矣

二　中國之請求直接歸還非不知日本將德人驅出青島時所受之犧牲與其所損失之生命帑欵中國政府人民於日本海陸軍隊英勇慷慨以助鄰國之舉實深銘感而英國於歐洲戰事危急之時仍能力助此舉亦所深荷即其他聯盟國與共戰國之軍

隊與敵人相持使不得分兵以援遠東而延長是處之戰事中國政府人民亦不能忘其惠中國鑒於山東人民當攻陷青島時因聯軍之行動受種種苦楚犧牲愈覺此等援助舉動之可感然感激雖深中國終不能承認其領土之權利可因他國之戰爭彼時身處局外而輒受影響也且日本固宣言戰爭之目的在使遠東和局不爲德人所危害目的旣完全達到則其雖有所犧牲而食報之豐已無以加矣

三 中國政府亦非不了然於日本四年以來對於此項租借地及鐵路等項權利處於軍事佔領者之地位然徒因戰事期內之佔領不能遂獲得所佔土地或產業之主權總之不過暫時辦法必須經平和會議綜計諸聯盟國與其戰國之普通利益而追認或取銷之此日本軍事佔領租借地與鐵路自中國對德奧宣戰之日起卽爲反對其戰國權利之舉而其佔據鐵路則自最初之時卽已不顧中國之抗議矣

四 中國固曾於一九一五年五月二十五日與日本訂立關於山省之條約其第一條云

中國政府允諾後日本國政府擬向德國協定之所有德國關於山東省依據條約或其他關係對中國政府享有一切權利利益讓與等項處分概行承認

然應憶此約與此外關於滿洲東內蒙之一約暨多數之換文皆發生於一九一五年一月十八日日本無故向中國提出之二十一款要求中國政府本所不願經日本送遞最後通牒限四十八小時以內爲滿意之答復始勉強允之

無論當時訂約情形在中國極爲痛苦總之中國政府視之至多不過爲暫時之辦法必須經平和會議爲最後之析正因其所涉首要問題本爲戰事所發生故舍最後之平和會議外不能爲滿意之解決也卽較近所訂關於膠濟鐵路暨昔日讓與德國他項路權之合同中國對之亦同一看法

不特此也就以上所引條文而細審之可見日本並未獲得關於山東租借地與鐵路暨他項德國權利不過得有保證謂所有關

於德國權利利益讓與之處分倘經日本與德國協定中國即從而承認之耳此項保證自係設想中國始終中立不能參與最後之平和會議而言若加以他項解釋則勢必指日本爲另有用意與其所明白宣告如英日同盟條約所謂顯保中國之獨立等事者不能無悖蓋苟不認中國有宣戰及列席平和會議之權卽不啻不認其政治獨立所發生最要權利之一也中國既入戰局則該約所設想之情形卽已根本改變故依據事變境遷之法理此約已不復有效

五　進而言之中國既於宣戰布告中顯然聲明所有中德兩國從前所訂一切條約合同協約皆因兩國立於戰爭地位一律廢止則一八九八年三月六日之約德國因之而得據有租借地暨鐵路以及他項權利者當然在廢止之列而德人所享之租借權利按法律言之卽業已回復於領土之主權國卽出租該地之主權國易言之則德人業已喪失其租借地等各項權利故已不復享有所謂關於山東省之權利可以讓與他國者也卽謂租借之約不因戰事而廢絕然該約中本有不准轉租之明文亦未見德國能轉租其他與他國也至鐵路一節則按一九〇〇年三月二十一日之中德膠濟鐵路章程本有中國國家可以收回之規定卽含有不准轉讓與他國之意

中國鑒於上列各理由深信平和會議對於中國要求膠澳租借地膠濟鐵路暨關於山東省之他項德國權利之直接歸還必能認爲合於法律公道之舉苟完全承認此項要求則中國政府人民對於諸國秉公好義之精神必永永感激於無涯而對於日本必且尤甚此一舉也不特日本與諸友邦所願維持之中國政治之獨立與領土之完整藉以鞏固而遠東之長久和局亦藉此新保證而益堅矣

同時顧君首起言云中國代表應向和會請求將膠州灣及山東鐵路以及德國戰前在該省享有各權利交還中國其理由已詳於所提出之說帖中今請簡單述之自此遂述說該地地理歷史之

關係及德國强占該地之因果次述該地經濟上軍事上之重要又稱中國對於剷除德國勢力之日本海陸軍亦深謝其忠勇奮發即英國値歐洲大局危機一髮之時猶不惜以兵力幫助日本驅逐德國勢力中國對之亦不勝感謝而歐洲協約方面諸國奮勇與德國相抗使德人無力分兵東侵延長東方戰事中國國民對此亦甚爲感激惟感謝另是一事中國代表誠不敢以酬報情誼之故賣其國人生產之邦也

日本代表牧野氏答言中國代表適間所言已注意傾聽日本所有提出要求之理由昨已述過繼又讀日本對德最後通牒中要求各條謂日本自占膠州後迄今爲事實上之領有中日兩國間已有交還膠州灣之約對於租借鐵路亦有成約兩國業經交換公文此項文件四國會議英法美意應有注意之價値至是威爾遜總統問日本代表是否有意將所述各處文件提示會議牧野答云彼以爲日本政府當不反對此事惟須先請示威爾遜又問顧使維鈞云中國代表能否將各該文件提示顧維鈞答云中國政府極願提出法總理克里孟梭云中日兩國應將交還青島之條件向會議聲明牧野云如彼政府許可彼必提示要之此案所關係之土地今事實上在日本手中係出對德戰勝之結果日本於交與第三者之前希望由德人方面得自由處分之權也威爾遜云本會議今日所議乃德人從前占有租界之地非即與德人商議也牧野云現在所議之件即爲預備對德和約之一事讓受膠州灣一案自當於未實行前先令德國承認至日本得膠州灣後所應出之

辦法則中日兩國已有意見交換顧維鈞答云關於交還膠州灣一事中國意見與牧野男爵不同蓋中國深信日本必能履踐其對於世界之宣言將膠州灣交還中國但交還之際有直接之差中國寧取直接交還法誠以其事至便也至日代表所引中日交換意見之件係由一九一五年二十一條要求而來此項山東問題本爲歐戰而起二十一條所訂不過權宜一時之計不應有效即令有效而中國自對德宣戰後地位一變彼訂二十一條條約之時未嘗預定中國有參戰之舉亦未料到中國參戰後參列和會亦不能謂該約含有不許中國向德國要求直接交還之意况中國對德宣戰時已聲明所有對德條約一律無効且即令有効德國亦不能將膠州灣訂新約轉讓他國蓋中德條約固訂明不許轉讓也於是並無何等決定而散會矣

其後威爾遜總統回美本案停頓三月十三日威氏復往法三月二十四日顧使維鈞往謁威氏請其將本案從速會商決定以便列入和約威氏頷之特以威氏公忙久未踐約四月四日顧使又往見美國務卿兼外交總長蘭莘君託其代催總統早日提議八日復將本案中國所持理由製爲節略送交蘭莘供其參考緣美國其時已知日本與英法義均有接洽此案頗爲棘手此項節略卽注重說明中國對於英法與日本密商之意見也四月十四日五强外交總長會議（日本係由牧野男爵出席）蘭莘即提議膠州灣應由德國交與五强於中國宣布開放該埠通商時還付中國而日本代表反對之英法外交總長列座不發一言蘭莘以勢孤亦不再論次日即十五日蘭莘又提

議凡德國本土以外各地均應交與五强然後分別處分日本代表聲明日本在中國有特殊利益中國膠洲灣應當別論蘭莘氏云中國問題甚大美國不敢專擅解決亦不願有他國出而解決應候列强會商再定云至此英法帮助日本之形勢業已顯然無法打消四月十七日顧使維鈞又謁威爾遜總統懇其相助威氏允出最後之力相助其時日本方面運動亦力以人種平等問題爲策戰之兵實則目的僅在得青島耳人種平等問題英國殖民地代表反對最力蓋此事關係英國殖民地前途較關係美國爲大日本以此問題大可要挾英國也會意大利代表以菲爾謨問題不慊於美國拂袖而去和會幹部頗見動搖日本人利用機會術散流言謂人種平等案與膠洲灣案如不得滿意願將步意大利之後塵云云自是山東問題日見緊急矣

至四月二十二日午後四時三十分鐘美總統威爾遜法總理克里孟梭英首相喬治又在威總統住宅開三大强國會議專招我國代表前往告以英美法三國對於山東問題之意見而我國代表出席者爲陸徵祥顧維鈞二君開會後美總統威爾遜主席朗誦一九一五年中日條約之大要及一九一七年日本與英法兩政府交換公文之大意完畢路易喬治云一九一七年英日交換公文時已值德國潛水艇戰劇烈之時英國戰船多在北海而地中海一面缺乏船隻亟須日本幫忙故日本有挾而要求英國只得承諾云威爾遜又讀一九一五年中日條約換文及一九一八年中日兩國關於膠州灣鐵路等條約（讀至中國政府欣然承諾一語加重朗讀）嗣云中國代表現在當

知事勢之困難英法與日既有成約喬治與克里孟梭兩君均有維持日本要求之義務中國自身亦與日本有約今日會場中不受拘束者僅一美國而已並云彼本曾主張膠州灣委託五強處置又曾主張各國應拋棄其在中國之特別權利以便中國脫去勢力範圍自由圖其發展然日本不允交出膠州灣英法又拘於成約故美國竟無法維持中國之希望於是我代表顧維鈞云中日一九一五年之約實出於日本最後通牒所強迫不能有効英首相喬治遂問云所謂最後通牒何指威爾遜問喬治云君豈絕未聞二十一條要求事耶喬治答云未聞至此顧維鈞細述日本占領青島後之情形及二十一條第五項要求各欵喬治問云彼時曾否詳諸美國威爾遜答云美國當時亦知其事曾有所主張顧以事太秘密不能十分明白顧維鈞云日本以重罰脅迫中國不令宣洩據聞日本曾通告各國謂向中國要求十一條實則二十一條中國向來忠於條約但此約與他約不同係出威迫去年(一九一八)關於鐵路之換文情形亦復相同蓋日本駐重兵設民政署肆意橫行民心惶惑中國無法遂與換約俾其撤兵撤署也

喬治云照中日條約看來日本所得權利較德國原有者尤大又問顧維鈞君究竟願照中日條約實行抑願照中德條約將德國所享利權移轉日本二者孰為較利於中國又云英國僅於移轉德國權利於日本一點受一九一七年換文之拘束對於中日條約英國無維持日本之義務也顧維鈞云現在事機危迫中國代表祇得明白言之日本距中國最近復有南滿鐵路之交通若再得膠

州灣則北京無異受其覊鎖是以僅僅移轉德人享有之權利於日本已大足危害中國喬治云英國視條約爲神聖一經訂立即應遵奉此次大戰亦爲德人不守條約而英國對於日本實有履行成約之義務今假定三國會議決定(又云此實英國地位使然蓋彼實拘於成約也)令日本移受德國權利或實行中國與日本各約二者孰爲中國所取望中國代表明白答覆因英國在條約範圍以內願爲中國謀利益也自是中國代表等自行商議少頃顧維鈞云兩種辦法均不能行因中日條約所云交還青島不過一種空名就兩辦法比較德國權利自較日本所得爲輕然即此已大足爲將來之害中國要求直接交還並非欲以此爲參戰之報酬實僅爲將來遠東之平和起見喬治見中國代表意見堅決乃倡議將本案交三國專門委員核議再定並告顧維鈞云英國與日本交換公文係出於事機所迫現在不能反汗然條約所許之範圍內苟可爲中國利者無不幫忙國際聯盟會成立後英國必爲中國幫忙令中國不再受人壓迫英國人不似德國人視條約如廢紙也至是英美法三國代表議決以比較中日條約中德條約何者有利於中國爲題目交三國專門委員核議二十三日我國各代表分頭向英美法三國專門委員運動終知所抱目的不能完全達到乃以調解辦法商之美國委員維廉氏彼完全贊成主英法方面均頗袒日且謂委員所奉委任祇在比較兩條約之利害輕重不能超出範圍有所表示一再相商英委員僅允於喬治等特別諮詢意見時可述其意見爲中國幫忙法委員則完全拒絕二十四日三委員會議法委員提議本會

議僅以審核條約之適用爲限美國委員聲稱彼願於委員會報告書之外另具意見書陳諸本國之首領（即威總統）是日會議係在午前十一時半會議結果以中德條約令日本承繼德國權利於午後五時造送報告書於三國會議是日午後四時我國代表亦致一說帖於三國會議說明中國所擬讓步法如下

一、德國將膠州灣等權利移讓於五强以便五强還付中國

二、膠州灣現爲日本占領應限日本於一年後按照中日條約付還中國

三、中國賠償日本青島戰爭之軍費其額由四國會議定之

四、中國開放青島并可應協約國之希望開闢外人之居留地

以上四條即先與英美專門委員接洽者故美國委員於呈遞報告書時多附節略陳明威總統主張中德中日兩約均不應適用而以中國所擬讓步者爲調停之適當辦法英法委員因美委員別有意見書亦允中國代表之請各向其首領另呈意見書顧其時日本代表亦奔走甚力卒以犧牲人種平等問題爲買歡英美之具及至四月二十八日午前十一時三國會議（英美法）開會日本代表出席己將膠州灣交付日本之事完全決定美國亦未便反對惟要求日本聲明得膠州灣後之辦法而已然其時外邊尙未之知也二十九日午前三國會議又開會招日本代表出席美國請以書面聲明將來還付膠州灣於中國日本代表不允僅允以口頭聲明是日午後三國會議開會

另議他案日本代表未受通知書仍往會所三十日午前十一時三國會議日代表列席至十二時半方散迄無何等交還之保證而案卒決定日本人員大占勝利矣是日午後七時我國代表聞知是事比以公緘要求三國會議說明情形五月一日午前英國外務大臣巴福氏受三國會議之委託召我國代表前往面告會議結果以政治權歸中國經濟權付日本云云問其詳情彼亦不知我國代表回旅館後一面正式緘致巴福氏託其向三國會議詢明會議詳情開示關係膠州灣之對德和約條文一面照會三國會聲明抗議二日發布宣言書送致歐美各報巴福氏自得我國公緘後迭經催問久久不復直至九日始來一信僅將和約中關於膠州灣之條文鈔送而已實則該約七日已交付德國代表八日巴黎各報均經載出何勞英代表之鈔示是見日本在三國會議并無何等交還膠州灣於中國之保證也茲將五月七日由協約國和議預備會會長克里孟梭代表協約諸國在威爾塞故宮面交德使和約之要旨譯左

緒言　緒言略述此次戰爭由來與德人之休戰請求臚叙各締約國一方面爲美英法日意五大强國會同比利時波利非亞巴西中國古巴厄瓜多希臘危地馬拉海地漢志關都拉斯里比利亞尼加拉瓜巴拿馬秘魯波蘭葡萄牙羅馬尼亞塞維亞暹邏捷克斯拉夫烏拉圭一方面爲德國並臚列上述諸國全權代表之姓名下接（各代表已互閱全權字樣查皆正當茲約定如下）自從本約實行日戰爭狀態即告終止從彼時起並遵照本約規定協約國與共同作戰國可恢復對德正式交際

第一節　國際聯盟會

聯盟會員即爲盟約之簽字國其他國有被介紹加入者應於兩月之內以無保留之聲明提出於盟會　任何國邦或自主國或附屬國若得會中三分之二同意得許加入聯盟　若有國邦已履行其萬國義務欲退出聯盟會時應於兩年以前通知　會址擬定在基尼華應於此處設一永久秘書處聯盟會會員之代表應於指定期內集會投票爲各國邦各會員只得一票其代表不得過三人　議會時爲五大協約國之代表暨他四國由會中隨時選出者所組織議會得選舉加入國邦爲會員每年至少須有一次之會議　會議時所討論有關係之問題會員不能出席得派一代表蒞會投票爲各國邦每國應有一票其代表不得過一人　議會所定之決議應與集會同意惟除在盟約及和約之特別案及特別手續應由大衆取決者　議會得議定減少軍備之計畫以便討論採用此項計畫於十年修改一次各會員得交換關係軍備大綱之詳細報告並設一永久委員會爲議會之海陸軍事問題之顧問在戰時或主戰時議會得開會討論取普通之行動　會員得將爭執之事提出於仲裁會議若在判斷後三個月內不得開戰　會員若同意將爭執原端提出於裁判則不開戰設有一會員拒絕提出時則議會取相當手續　議會得規畫設一永久國際裁判所以備裁判國際間之爭端或提出勸告會員不將各案提出裁判則須受議會或集會之法權設聯盟會員一致贊成遵守條約而不訴於戰事則議會應具一報告書由執行會之會員及其餘之多數贊成者解決之設執行會不能具報告書則議會自有權以維持權利與公道若兩方面竟出於戰則視爲對於其他各聯盟員之戰爭而他聯盟員立刻與之斷絕往來且議事會於是時當取軍事上之聯合行動以便維持盟約凡國際所訂之各項條約在聯盟組織以後成立者應於秘書處註明及發表　集會得隨時規勸會員將所有不通用及危害之條約再行提出討論　盟約當取消會員間之不平等之義務但與仲裁之效力及畛域主義如孟維主義等無關以維持和平凡民族有無力自主者得委託其相當有力之民族保護之　盟約內規定三種管理法以爲施行於三級土地之手續（甲）例如屬土耳其之民族可暫認爲自主而聽從一管理國之規勸及協助者得有發言之權　（乙）例如中亞非利

加之民族應由管理國施行政權其行政法須得聯盟會承認並得有平等通商之權但如販賣黑奴及軍火酒精等之貿易暨在厲禁又建築海陸軍根據地與强迫軍事習練等項均非所許　（丙）其餘民族如太平洋諸島應從管理國法律行政視爲屬地者其管理之情形及其法權之程度當每年報告按萬國會議所規定聯盟會員得於萬國工會所設立之國際各機關設法維持其本國及他國之男女小兒之工作現狀並施行公正待遇於其管理之各邦各工會得委託聯盟會隨時監督各種條約關於壓制婦孺之貿易以及軍火貿易之約束　各工會得規定交通之自由並對於聯盟各國商務之平權及戰時受損區域之特別利權以及萬國拒土會　所有一切之國際機關無論已設立或將來設立應置於聯盟會管理之下

第一節　德國疆界

內有兩條述明德國之疆界一關於日耳曼本境一關於東普魯士　波蘭新國與日耳曼及東普魯士相互間之界線及東普魯士與立陶宛間之新界線皆詳細說明留待當場畫界委員會解決　德比間界線另詳於本約比國界線中　德國與盧森堡間及與瑞士間之境界仍依一九一四年八月原界　德法間境界除薩爾外恢復一八七〇年七月十八日原界德奧間境界仍照一九一四年八月三日原界直至捷克斯拉夫新國界線起處爲止　捷克斯拉夫境界係沿德奧間舊界直至波蘭新國界線起處爲止　德與丹麥間之境界及東普魯士與波蘭間之線一部份須留待平民會議解決之

第二節　歐陸政治條款

比國　德國允註銷一八三九年所立規定比國爲中立國及畫定其疆界等事之條約並預先承認協約國將來所決定用以代替上述條約之任何公約　德國承認比國有完全主權加於所爭之摩萊聶土地及普魯士屬摩萊聶之一部分並放棄在歐本與瑪爾梅第兩處人民得於六個月內提及對於此項變遷全部或一部之抗議其最後解決由國際同盟主持之所有畫界詳則由委員會決定凡個人更易國籍之各種條例皆註明於此款比國所得之土地可免各項義務　**盧森堡**　德國取銷與盧森堡大公國所立之各種條約承認盧森堡自本年一月一日起不復爲日

耳曼關稅同盟邦之一放棄所有鐵路開拓之權詳錯盧森堡之中立並豫先承認協約國與共同作戰國將來所定關於盧森堡之任何國際契約　來因河左岸　德國必照本約軍事條款內之規定不得在距來因河不足五十基洛邁當內各處維持或建築任何砲壘德國在上述境內無論久暫不得維持武裝軍隊行何種操演亦不得維持便利動員之任何事業德國如破壞本條規定則當視爲對於本約署名各國施行仇意的行爲意在擾亂世界和平　依照本約如國際同盟會執行部對德有所質詢德國必須答告之　薩爾　爲賠償法國北境煤礦損毀計德國將薩爾流域煤礦之完全所有權與其附屬物補助物及器用一幷讓與法國各項其價值由賠款委員會估定而在賠款內扣除之　法國之權利以休戰時所實行（除戰爭法律外）之德國法律管轄之法國代爲礦主其原主由德國担任賠償法國照目前比例繼續以煤供給地方需用幷照公允比例繳納地方稅項薩爾流域從法國所收回勞蘭之邊界起北至舉溫德爾鎮包括薩爾河兩岸直至薩爾克士巴施東至賀穆堡鎮爲確保境內人民之權利與幸福並保障法國辦理礦務之完全自由起見薩爾流域由國際同盟派委員會管轄之該委員會以五人組成一爲法人一爲當地人民其餘三人爲除法德外之三國人國際同盟會指派委員會中之一人爲領袖以委員會執行人之資格行事該委員會有完全權力管理前屬於日耳曼帝國及普魯士與巴維里亞政府之該地鐵路與其他公共事務並有全權解釋本約條文至當地法庭仍如舊貫但須受該委員之節制　現有之德國人法制仍爲法律之基礎但該委員會得與其所組織之地方代表議會商酌後修改之該委員會有徵稅之權但僅供地方用途新定稅項必須由該議會核准勞動法制須研究勞動機關之志願及國際同盟會之勞動規條法國工人與其他工人可自由利用法國工人得自由加入法工聯合會境內無軍役僅有警察隊以保治安境內人民可保持其地方議會與宗教自由以及學校語言但有僅地方議會之選舉權人民得保留其現有之國籍但私人有願更易國籍者聽之凡願出境者得享處置財產之種種便利　薩爾流域得爲法國關稅同盟之一部凡煤與治金物運往德國者及德國貨品運往薩爾者免出口稅再五年內薩爾出產物運入德

境者與德國出產物運入薩爾以供地方銷用者皆免進口稅　法國圜幣得流通無限制　十五年後由各市區召集一公民大會以確定人民意旨是否願繼續保持在國際同盟下之現制抑或願與法國或德國合併凡居於薩爾境內人民在本約簽定時年逾二十歲者皆有選舉權迨民意既經表示國際同盟可據之以決定最後主權如境內任何部分交還德國德政府必照估定價值收買法國礦產若期後六個月德政府不付代價則此部份即歸法國所有　如德國買回礦產國際同盟得決定礦煤若干應運至法國　亞爾薩斯勞蘭　德國承認道德上之義務應修復一八七一年加諸法國與亞爾薩斯勞蘭人民之冤屈故自休戰條約簽定日起依照佛蘭克福條約割與德國之地土交還法國其疆界悉如一八七一年原狀所有之公共債務一律免除該境居民之應即恢復完全法國公民權者與正式求得法國公民權者及三年後始克入法籍者有詳細條文分別規定之至三年後始可入法籍之居民包括境內之德僑而言與本約所規定得稱亞爾薩斯勞蘭人者不同　所有公共產業與德國前君主之私產悉數歸與法國免繳其值亦不負債務　鐵路之所有權與電車之主權皆由法國代有　來因河橋亦讓與法國附有維持之義務　五年內亞爾薩斯勞蘭之製造品可免稅輸往德境一年內免稅貨之總額以不逾戰時三年前之平均額為限紡織品可免稅輸入與萊因河右岸所訂供給電力之合同須展續十年凱爾與斯特拉斯堡之口岸應由一法國行政官管轄之此員歸中央萊因委員會指派並歸其監督此兩口岸之財產權須予以保障各國人民船隻與貨物須享有貿易上之平等待遇亞爾薩斯勞蘭與德人所訂合同除法因公共利益有權注銷者外仍繼續有効戰中之政治犯皆注銷無効而償還戰時罰金之義務照他處協約國土地同一辦理此節附有各種條款以修正本約之普通規定尚有執行事件留待德法兩國日後協商　日耳曼奧地利亞　德國承認日耳曼奧地利亞之完全獨立　捷克斯拉夫　德國承認捷克斯拉夫國之完全獨立包括卡巴西安山南面魯其尼亞人之自治土地德國并原認該國將來所畫定之疆界德國方面之疆界則依一九一四年波西米亞之原界其他所得及國家地位之變遷細則另訂於後　波蘭　德國以西利西亞之一

大部份波森省西普魯士省維斯士拉門左岸之地割讓波蘭和約簽定後十五日內應組織勘界委員會計委員七人代表協約國與共同作戰國者五人代表波蘭及德國者一人同甚定界線保護種族上或宗教上少數人民必要之特別條款日後由協約國及共同作戰國與波蘭另訂條約規定之

東普魯士　東普魯士南面與東面之疆界而波蘭者由平民大會決定之一爲在東普魯士南界與里吉倫斯此受克亞倫斯訂北界間亞倫斯訂治區域由北而接東西普魯士兩省之界線進達與哇里賫格及哇薩爾斯堡區域間界線相交之點哇里賫柯北界線由是而達與日下相交之點二爲包括斯士姆羅森堡及瑪里安堡與媽里安韋特兩地維斯士拉河東岸部分之區域以上二地之國兵及法員應於和約訂定後十五日內移出其零方由國際委員會管轄該委員會由五協約委及共同作戰國派委員五人組織之有籌備自由公允秘密投票特殊責任該委員會於公民會議投票後以所得結果報告五大國附以關於界線之建議一俟界線已定新地方實以設其職務卽告終止五協約國與共同作戰國將訂定規則使東普魯士得以充分公允通入及航用維斯士拉河波蘭國與丹齊日後商訂條約規定越過波蘭丹齊間往斯士拉河右岸德境之相當鐵路交通其條文由協約國與共同作戰決國定之波蘭應許由東普魯士達日耳曼本境之自由通過東普士東北隅之美末爾地方由德國割讓與共同作戰國德國允承認關於居民國籍種種之解決

丹齊　丹齊及其四圍緊接之地構成丹齊自由城歸國際同盟會保障　同盟會所派駐於丹齊之大員應依正當舉定之丹齊代表意見編擬憲法并應首先處置丹齊與波蘭間所發生之各種爭點丹齊城之實在疆界應由於和約簽定後六個月內所派之委員會劃定此項委員會由協約國與共同作戰國選出三代表並由德國與波蘭各選一代表組成之　波蘭與丹齊應訂一條約其條文由五協約國與共同作戰國決定之此約應規定丹齊雖爲自由區域然列於波蘭稅關疆界之內此約當確使波蘭得利用丹齊所有之水道船塢與他種之口岸便利並管理經過丹齊之鐵路與維斯士拉河以及波蘭與丹齊間電報與電話之交通此約當規定波蘭人民在丹齊城內不受歧異之待遇并責成波蘭担負丹齊之對稅關係與加於在

外丹齊人民之外交上保護丹麥德國與丹麥間之境界須依照當地人民之志願而決定之此項民意由北部施勒斯維克全境與中部施勒斯維克數處之市區投票表定之自和約簽定後十日內德國軍隊與官吏必須退出自施里河口沿愛爾白河直至唐寧以南之北海一線北面之境凡境內所有之勞兵議會必須解散　在投票之際該境由國際委員管轄該會以五人組成璐威與瑞典可派二人該會暫時有行政之全權　投票之結果既經宣布丹麥政府可佔領投票傾向丹麥之土地德國對於此項土地應放棄主權然後居民除在特例外可入丹麥國籍　**希里弋倫**　希里戈倫與特維那島所有之砲台軍事設備並海港應由協約國監視以德國之人力並財力拆毀之此後不許再築此項或同樣之工程　**俄國**　德國須承認並尊重各土地前為俄羅斯帝國部份者之完全獨立德國須切實承認取銷白萊斯特里土夫斯克條約以及自一九一七年十一月俄國革命後德國與俄國政府或政府所訂各種契約　協約國有權可為俄國依擬本約之主義向德國索取賠償及滿意辦法

第四節　歐洲外之政治條款德國在歐洲外之政治權利　德國在歐洲外自有土地及聯盟國土地內之各項權利所有權與特權均放棄以予協約國與共同作戰國五協約國關於此事所訂之任何辦法德國允承認之　**殖民地與海外屬地**　德國放棄其海外屬地及屬地內之各項權利與所有權以予協約國及共同作戰國　凡屬於德國及任何德之聯邦之動產與不動產均應屬於操該地治權之政府　此項政府得訂遣送德人之任何適當辦法及歐種德人僑寓置產經商之條件　自一九〇〇年一月一日至一九一四年一月一日喀麥隆或該地邊隅之法人因德國文武官員及個人之行為所受損失應由德國賠償　德國放棄一九一一年十一月四日及一九一二年九月二十八日條約所得之各項權利並允按照法國提出經賠償委員會核准之清單以此項條約所載之各項貨品債項預付之款種種交與法國　德國允承認及遵守協約國與共同作戰國所訂斐洲軍械與烈酒貿易一則並一八八五年之柏林條約與一八九〇年之布魯塞條約

前德國殖民地之居民由操該地治權之政府給予外交保護

中國　德國對華放棄由一九〇一年拳亂條約而得之各種特別權利與賠欵與其在天津漢口德國租界及其他中國境內除膠州外所有之房屋碼頭營房砲台軍火船隻無線電台及其他產業惟使署領署不在其內並允將在一九〇〇年與一九〇一年所奪取之所有天文儀器一律歸還中國　中國未得署名拳亂條約之各國同意不得施行處分北京使館界內德人之產業之計畫德國承認放棄漢口與天津之租界中國允將兩處租界闢爲萬國公用德國對於中國或對於任何與國之政府不得因在華德人被幽禁或遣回及因德人利益於一九一七年八月十四日後被收沒或被清理之故而有要求德國放棄其在廣州英租界內之國有產業讓與英國並放棄上海租界內德人學校之產業讓與中法兩國

暹邏　德國承認凡德國與暹邏所訂之各種契約連治外法權均於一九一七年七月二十二日斷絕所有德國公共產業除領署與外交房屋外皆讓與暹邏免予賠償德人私產則依經濟條欵處置之德人對於其船隻之被扣留充公與財產之被清理及人民之被幽禁不得向暹邏有所要求　里比利亞（西斐黑民國）德國放棄因一九一一年所定關於里比利亞之國際條約而得之權利尤放棄其指派稅關收稅員之權並不與聞里比利亞將來善後之任何談判德國取銷與里比利亞所定之各項商約與合同並承認里比利亞有決定境內德人地位與狀况之權　摩洛哥　德國放棄其基於亞爾基細拉斯條約一九〇九年與一九一一年法德條約及與施里芬政府所定各條約各合同而得之各項權利所有權與特權德國允不干涉法國與他國間關於摩洛哥之任何談判承認法國對摩洛哥保護權之各種結束並放棄特別條約施里芬政

府對於德人有行動之完全自由凡德國所保護人民應服從普通法律所有德人財產不分動產與不動產連礦權在內可撥歸政府（此處有闕文）從賠款內扣除德國並放棄其在摩洛哥國家銀行之利益摩洛哥各種貨品運入德國應如法國貨品享有同樣之特別利益　埃及　德國承認英國於一九一四年十一月十八日所宣告加於埃及之保護並允於自一九一四年八月四日起放棄德國與埃及所定之特別條約及各種條約與合同　德國允不干涉英國與他國間於埃及之任何談判此條附載關於德人與財產受裁判權及公債委員會如有改變德人毫無異言之規定　德國允將前所給與土國前皇可在蘇彝士河自由航行之航權讓與英國　埃及德內境人所有之產業其處置方法悉照摩洛哥等國所行者辦理　英埃及之貨品運入德國應如英貨享有同樣之待遇　土國與布國　協約國及共同作戰國與土國布國所訂之各種辦法關於德國或其人民前在土布兩國所有之權利特權或利益者德國允認之

山東　德國以膠州各項權利所有權特別權利與因一八九八年三月六日與中國立約及其他關於山東條約而得之鐵路礦產海底電線讓與日本　屬於青島至濟南鐵路之德國各項權利連同器用礦權開掘權一併讓與日本自青島至滬至煙台之海底電線亦讓與日本免償其值又膠州德國國有之一切動產與不動產亦歸日本所有免償其值

第五節　陸海天空條約　爲便利各國開始實行限制軍備起見德國允即履行下述陸海天空條款　陸軍

和約簽定兩個月內德國除動員並施行其他之軍事限制此爲萬國裁減軍備之初步德國境內取銷強迫軍役德國軍制採用基於自由之徵兵條例規定下級士官與兵士服役年限至少須連接十二年軍官須服役二十五年非至四十五歲不得退伍不許有後備級軍官　德國軍隊總額限定十萬人其中軍官不得逾四千員在此額外不許有他種軍官稅關與森林之官

吏與警察其數不許加增尤不許加以軍事之訓練德國軍官之職務限於維持國內治安與管轄邊界總司令限於執行職務不許有參謀部凡陸軍部與同樣機關在職人員須照一九一三年人數減至十分之一步兵不得逾七師騎兵不得逾三師工程隊不得逾二師餘多之陸軍學校士官學校等皆須裁廢未裁之軍事學校留心訓練軍官者其所招之學生人數以軍營中缺額爲限　德國軍備軍火軍器之製造以認爲陸軍必需之數爲限　現有之軍備槍礮器用超過限定之額者須交與協約國處置之不得私留　不得製造或輸入毒氣或火液或湯克礮車或武裝車　德國須以製造軍火之廠名及其產額等詳情告知協約國以便核准德國應裁撤官辦兵工廠並遣散其職員　礮壘應用之子彈以十生的邁當半口徑礮位每尊有彈一千五百枚更大口徑礮位每尊有彈五百枚爲限德國不許代外國製造軍械軍火亦不許由外運入德國不許在萊茵河以東不足五十基洛邁當處保存或建築任何礮台並不許上述境內永久或暫時屯駐武裝軍隊　至於德國原有南疆之礮台現狀則可保存德國不得舉行軍事之操演亦不得保留可助動員之永久工程限三個月內拆毀礮台　海軍　海軍條欵規定兩個月內德國之戰役海軍僅可有德意志倫式或洛慈林根式之鬬艦六艘輕巡洋艦六艘驅逐艦與魚雷艇各十二艘不得加入潛行艇其他軍艦則留待後用或改作商船　德國可遣用限定數目掃雷艦俟北海與波羅的海指定區域內水雷掃盡時爲止兩個月後德國海軍人員總額不得逾一萬五千人其中軍官與下士至多以千五百人爲限　德國之水面軍艦被扣留於協約國或中立國之口岸者終須由德國讓交而和約所載之後批軍艦刻在德國口岸者亦須於兩個月內在協約國口岸由德國讓交所有德國水面軍艦刻尚未造成者德國必須拆毀之輔助　巡洋艦須解去武裝用爲商船　有德國潛行艇海底撈救艇與潛艇船塢之開自動或被拖行者皆須於個月內遞交協約國口岸所餘者及未造成者德國須於三個月拆毀之德國拆下之材料除實業外不得用於他途除經特別規定供抵償者外不得售與外國　德國不許建築或維致任何軍艦尤不准建造或維致任何潛行艇軍艦所需之軍械彈藥及軍器皆有限額逾出限額者悉須繳出不許收藏海軍人員

必全依自願軍役制而募集之軍官與下士至少須接連服役二十五年兵士至少須接連服役十二年德國爲担保入波羅的海之自由航路起見允不在指定區域內與築炮台亦不裝置礮位以控制波羅的海與北海間之航路該區域內現有之礮台皆須拆毀而礮位亦須移去其他防禦工程在德國海岸五十基洛邁當以內或在德國海島之上者可視爲防衞性質而保存之惟不得建築新砲亦不得增置砲位　此項防禦工程所儲之彈藥皆有最高之限額四寸一以下口徑之砲位每尊有彈一千五百枚更大口徑砲每尊五百枚德國無線電台設於勞安漢格佛與柏林三處者在三個月內苟未得協約國許可不得用以傳遞海陸軍事或政治之消息但僅可在檢察下傳發商業消息德國在此三個月內不得建築電力更大之無線電德國可修理其已被割斷而目前未爲協約國利用之海底電線及被割斷後業已撤去或目前未爲任何協約國與共同作戰國利用之一部分海底電線凡海底電線一部份海底電線之被撤去或被利用者仍爲協約國與共同作戰國之產業故指定十四條海底電線或局部海底電線不復交還德國　天空　天空條款規定德國武裝軍中不許有陸海之航空隊但德國在一九一九年十月一日以前至多可維持無武裝之水面飛機一百架專用以搜尋水下水雷德國於兩個月內須解散航空隊全體條員僅留一千人連軍官在內至本年十月一日止如一九二三年一月十三日以前德國未加入國際同盟或加入國際天空各約則協約國與共同作戰國之飛行器有完全自由可飛過或落在德國之領土與領海直至一九二三年一月十三日爲止德國全體在六個月內不許製造飛行器或飛行器之部份　德國在三個月內須將所有之陸海飛行器連同氣球與航空器品除指定之一百架水面飛機外一律繳與協約國與共同作戰國　普通條款普通條款規定修改德國法律以適合上述人款本約所載之各項條款由德國實行之而受協約國與共同作戰國特派聯合委員會之監督德政府對於該委員會應供給必要之便利並担任維持之經費陸海天空監督委員會之職務皆有詳細之規定

第六節　戰俘德兵之被俘者與平民之被幽禁者其遣回事宜由協約國與德政府代表組成之委員會偕同當地之副委

員會行之被俘德兵與被禁平民由德當道運回自籌經費凡於一九一九年五月一日以前因破壞紀律而定罪者無論罪期完滿與否一律釋回惟所犯之罪不僅爲破壞紀律者則不適用此條德政府苟未將破壞戰爭公法與習慣之人交出則協約國可擇留德軍官凡德人之不願遣回者協約國有權自行酌量處置所有遣回事宜以協約國人民之仍在德國者立被釋放爲條件　德政府須以便利給予調查團以徵集關於戰中失蹤者之消息並懲戒藏匿協約國人民之德員　德政府須給還協約國被俘人所有之財物凡關於已死戰俘與其墳墓之消息雙方宜互相交換　墳墓　協約國與德政府須尊重與保全葬於其國境內海陸兵士之墳墓須承認與贊助凡與墳墓有關之委員會並允對於遷墓與改葬情事予以各種實際上之便利

第七節　戰爭罪惡之責任

協約國公訴前皇維廉侵害國際道德與條約尊嚴之至大罪行擬請荷蘭政府引渡前皇並由五大國各派裁判官一員組織特別法庭該法庭將受國際政策最高原則之指導而有判定應加懲罰之責任　協約國將設軍事法庭審訊被控違背戰爭法律與習慣諸人德政府應交出被控之諸人　協約國各將設同類之法庭審訊施於該國人民之罪行被控者得自延律師辯護德政府應供給必要之公文與消息

第八節　賠償

德國及其與國因侵略而釀成之戰爭致使協約國與其同作戰國政府與人民蒙受損害協約國與共同作戰國政府茲說明德國及其與國此項責任而由德國承認之　協約國與共同作戰國政府於研究德國財力因條約上他種割讓致見減少後承德國財力不敷完全賠償各項損害故欲德國依照下述七大項補償平民所遭之各種損失(甲)平民直接或間接因戰爭或天空轟擊而受身體傷害之損失(乙)平民在陸地與海上及在被佔境內因敵人所行各種殘暴行爲而受之損失(丙)因苛待俘虜而受之損失(丁)協約國人民之損失如簽約時核計之撫卹金與養家費所表明者(戊)海陸軍用品以外之產業損失(己)平民因被迫作工而受之損失(庚)因敵人徵稅或科罰而受之損失　德國又承認代償比

國於一九一八年十一月十一日以前因德國破壞一八三九年條約而向協約國借得之各項債款德國爲此原故立即發行一九二六年到期之五厘金債券交與賠償事務委員會德國應償付上述各項損失之總額由協約國共同賠償事務委員會於公允調查後決定之儘於一九二一年五月一日以前通告德國同時幷送交儘於三十年內清償此項債務之計畫如遇某種意中事件清償限期可許展緩　德國絕對承認該委員會之完全權力且允供給必要之消息並制定法律以實行該委員會之議決事件德國允交還凡可認明之協約國財物　德國於二年內應付英金一千兆鎊或以現金或以貨物船隻及他種指定物抵付此爲賠償之第一步此數卽爲下述之第一批一千兆鎊債券某種費用如佔地軍之經費及食物與原料之款項可由協約國酌量扣除之賠償事務委員會按時估計德國償付之能力應隨時研究德國徵稅之制度第一使德國所應付各賠款以德國各種稅項爲抵較清償國內公債尤有優先權第二使德國稅制在比例上確如該委員會所代表各國稅制之重如德國故意不履行其義務則協約國與共同作戰國有權採行包括經濟的與財政的禁阻與報復之方法及各該政府所決定認爲必要之方法德國允不視此方法爲戰爭行爲　該委員會以英美法意比五國代表各一人組織之如塞國或日本之利益遇有關係時則塞國與日本之代表可代比國代表主席其他與國遇考慮其要索時有派代表入席之權但無票決權該委員會許德國呈出關於償付能力之證據並予德國以發言之公正機會會所設於巴黎可自定手續自雇職員有管理賠償問題之全權並爲協約國之惟一機關以保管賠款上收受變賣分配事宜　多數票決應作有效惟問題涉及任何協約國之主權者關於取銷德國全部分或一部分義務者關於發售分配及變賣德國債券之時間與方法者關於展緩一九二一年與一九二六年間每年付款至一九三〇年以外者關於在一九二六年展緩付款逾三年者關於另行採用估計損失之新法者及關於解釋條文者則須得一致同意凡各國有欲撤退其在該委員會之代表者須於十二個月前預先知照方許出會該委員會可令德國隨時發行債券或他種證券以抵付非此不能滿意之要求現當德國承認債務而發行之債券如下債券英

金一千兆磅於一九二一年五月一日以前償淸無息債劵二千兆磅於一九二六年起付在一九二一年一九二六年間年息二釐半此後年息五釐加淸償儲款一釐二德國允續發債劵二千兆磅年息五釐其條件由該委員會決定之德國債款之利息除經該委員會將來決定增減者外應爲五釐若賠款無現費該委員會可收受產業貨品商業或權利等以代之該委員會可發證劵交與有關係之國家以代德國所交出之債劵戰貨品德國債劵既經分給而脫離該委員會之管轄則德國之一部分債務等於其債劵面値者可謂業已淸理　船隻　德政府承認協約國有權索賠戰中損失或受損之商船或漁船故允將德國所有在毛重一千六百噸以下商船全數及毛重一千六百噸與一千噸間之商船半數又捕魚汽船及他種漁船四分之一讓與協約國　此項船隻連同請交證據儘兩個月內交賠償事務委員會　德政府爲陸續賠償計允爲協約國建造商船每年不逾毛重二十萬噸以此後五年爲限　所有行於內江之協約國船隻爲德國拘用者應於兩個月內交還其所遭損失應由事務取德國江船至十分之三以補償之　被毁區域　德國允盡其經濟能力直接從事被攻區域內物質的恢復賠償委員會有權令德國出其國內現有之動物機器等以代所毁之物品並製造建設須用之材料而對於德國內必要之需求亦將加以相當之考慮　煤　德國應於十年內每年以等於法國北部與加萊口煤礦戰前每年所產出較諸後十年內每年所產相差之額之煤供給法國　德國且允隨意於十年內照和約所開定之價率每年除前數之外以煤七百萬噸售與法國以八百萬噸售與比國及於一九一九年至一九二〇年以四百五十萬噸一九二三年至一九二四年以八百五十萬噸售與意國枯炭亦可代煤以枯炭三噸作煤四噸計算　另有後三年內以石腦油煤脂亞摩尼亞硫酸鹽供給法國之規定　以上之供給如過度妨碍德國實業之需要該委員會有權展緩或取消之　顏料與化學藥品　德國可隨意於和約實行時以國內所存顏料與化學藥品連金鷄那總數百分之五十以下及至一九二四年底止每六個月以出產總數百分之二十五以下交賠償事務委員會以抵現款　海底電線　德國放棄指定之海底電線所有權如屬私人所有者其價値可抵德國之賠款

特別規定　德國應交出寫本與初版書籍印刷品等物等於洛文圖書館被毀之數以償該圖書館之損失　德國應將所指定之比國祭壇中雕刻品現在柏林及他處者交還比國　德國須於六個月內將前在麥地那之歐資芒所編哥蘭經送還漢志王並將前在德屬東斐默克華華王之頭顱送交英政府德政府並須將德當道於一八七○年取出之某種文字送還法政府並交還一八七○年與一八七一年戰中所得之法旗

第九節　財政

收取德國土地之國對於德國戰前債務得担負若干部分其數由賠償事務委員會以戰前三年稅項間之比例爲依據而決定之但一八七一年亞爾薩斯勞蘭爲德國割據時德國不承認法國公債上任何部分故法國應於昔日特殊情形今不担負德國戰前債務之任何部分再波蘭亦不分認用以壓制波蘭之德國債務德國官有產業之在割讓土地內者其價值歸入德國賠款內扣除但在亞爾薩斯勞蘭之德國官有產業則不算入德賬委託代管國不担負德國任何公債亦不付德國官有產業之代價德國對於國有銀行與各項委員會及其他同類國際財政與經濟團體放棄其代表權或管轄權德國須繳自休戰日起至撤退時止之佔領軍一切經費此項經費須首先清付至於賠償款項於協約國規定其認爲必要之償付入境貨款辦後則爲第二種應先清付之款　德國應將土國與奧匈戰中以財力資助德國時在德國所儲存之各款一律交與協約國並將對奧匈布土基於戰時合同所可要索之權利一律讓與協約國　德國承認取銷德羅與德俄和約德國一經賠償事務委員會之請求須拋棄其國人在割讓土地或被代管土地及在土國中國俄國奧匈與布國公共事業中所享之權利與利益交與該委員會由該委員會將其價值收入德國賬內德國前不允巴西從德國撤回其咖啡今德國担保將此項咖啡進出之款給還巴西

第十節　經濟條欵　稅務

和約載有詳細之規定使德國不得直接或間接妨碍協約國與其同作戰國之商務此項規定非經國際同盟會展長期限其効力須滿五年　亞爾薩斯勞蘭盧森堡及割讓波蘭之德境物產自由輸入德境至限

定之數額均有暫時之規定德國施於協約國物品之入口稅則其初不得過一九一四年之最低率　六個月後德國可自由
增其稅率但須對於各協約國一律平等適用之惟某數種指定之物品如農業出產品等則不能加稅關於此項物品之限制
須展長兩年半　協約國在佔領境內遇必要時有權施行特別之稅關制度　航業　協約國之航船得在德國受國有及最
優惠之待遇至少五年若非由國際同盟會修正則此項規定於是可以相互待遇之條件繼續實行　德國對於協約國漁業
海岸貿易與拖船業須予以最優惠國之待遇其年限與稅務事件同　德國須承認無海岸國所屬船舶之執照與其註册地
點不公允之競爭　德國允保護協約國商業以防不公允之競爭允許重禁止僞冒商標並允互換的條件尊重協約國與其
同作戰國關於各本國酒精花名之法律及司法裁判人民之待遇　德國不得以戰前未實行之任何限制與捐稅加諸協約
國之人民與其財產惟德國人民所適用之限制與稅則始可適用於協約國人民德國對於營商之運用不得加以各外人所
不適用之限制　以上規定須實行五年　如國際同盟執行會多數議決可將有效時期展長一次以五年爲限　凡已入協
約國或其同作戰國之國籍者不得復以德國之籍加之　多方面條約德國與協約國等所訂之多方面公約約四十種繼續
有效惟有數種如郵電公約類須於德國之復入加於特殊條件　德國對於新建國家所定之特殊辦法必不反對　德國對
於無線電公約必允履行將來所通知之臨時條例並允遵守將來公布後之新公約檢察與巡查協約國漁船之權基於北海
漁業與北海酒業之公約者須僅由協約國船艦執行之至少以五年爲限　德國喪失基於一八九九年薩摩亞條約第三款
所得之特殊權利　並因中國加入戰局放棄其對於拳亂賠款之權利　兩方面條約　每協約國於六個
月內通告可隨意與德國恢復不妨碍和約之任何條約德國自一九一四年八月一日起與其他敵國所定之條約及在從前
或以後與羅國及俄國或代表前俄屬土地一部之政府所立之條約一律作廢而被迫給與德人之讓與權一律註銷　協約
國得享有基於一九一四年八月十四日以前德國與他國間條約及戰時德國與中立國間條約所給與德國之特別利益

戰前債款三個月內在德國與在採行此法之各協約國共同作戰國國境內設立清債處凡戰前債款及他種指定資財上債務者由此處清理不得直接算給　敵產清理所得之款亦由該清債處處置各參戰國須爲其本國人民對於對敵國人民負上述各種債務之責任惟在開戰時負債人已無支付能力者則不在此例所有債務上要求由有關係之兩國清債處討論之如雙方不能同意則可交仲裁人或下述之混合仲裁法庭公斷之　各國人民應得之欠款由各該國清債處清付之而人民所欠之款由清債處收之　債款以有關係之協約國之貨幣付之　應行採用之匯率如未有合同中之特殊規定則以有關係國向德國開戰前一月內該國之平均電匯率爲准　上述辦法各協約國願否參與悉聽其便　敵產　協約國內與德國內依據特殊戰爭條例所採關於敵人產業與營業之清算管理等行爲今被承認有效惟協約國人民財產等之損失混合仲裁法庭所決定而以該要求國管轄下德人產業爲抵者須給與賠償　德人所應得之賠償由德國自付之德國內之清算管理等行爲現須中止凡協約國產業尚未完全清理者須由德國交還　協約國有未清理德人業產者則該國人民可要求德政府交還其原有之產業　德國交還之產業與營業另有保護之規定　協約國有權可扣留及清理其境內所有德人之產業此項產業在戰中與戰後售出之淨款收入德國賬內由該國支配之以應付該國人民關於在德財產及德人欠款之要求契約　協約人民與德國人民間之戰前契約自雙方成敵之日起一併取消其不在此例者爲產業轉讓已成立者之合同地與房屋租契典押抵質之合同鑛產之讓與權與政府及公共團體所立之契約及保險合同關於保險類合同另有詳細規定　各國有權可保存其認爲關係公共利益應仍執行之　契約　如屬必要得由混合仲裁所決定公允之賠償　美利堅巴西日本三國因憲法上之困難得免爲戰前契約之規定所拘束　火險合同雖保險費未付亦不得視爲因戰事而消滅但在和約後三月第一年保費滿期時始爲無效壽險合同不僅因戰事而消滅但若業已作廢則已繳之款可以索還若因戰爭條例之實行不能繳付保費以致合同失效則可將未繳之保費加利繳足以恢復該合同　水險合同苟未兼保兵險則因戰

事發生作爲無效 如戰事已作復保兵險則新合同可視爲繼續舊合同而生效力 如戰事發作時未曾保有兵險則已付之水險保費可以索回 協約國或共同作戰國可取銷其國人與德國保險公司所締結之壽險合同德公司須交付此合同在比例保險應得之資財 每一協約國與德國間得組織混合仲裁法庭兩國政府各派一代表並公舉一主席組織成之如雙方對於主席人物不能同意則主席可由國際同盟執行會選出之如國際同盟執行會尚未組成則由瑞士聯邦議會之現在議長選出之 凡關於和約簽定以前協約國與德國人民所定契約之爭議不歸入協約國或共同作戰國或中立國法庭之司法範圍者得由混合仲裁法庭判決之 工藝產業 工藝與文學及美術之產業皆具所有權惟德人所具之權則須受協約國戰爭條例之影響協約國爲共同利益或爲確保德國履行其義務起見有對於德國專利權與某版權加以條件之權除美德間者外戰前憑照今皆取消惟執有舊憑照者得依照將來特定之條例請求新憑照再除美德間者不承認控訴戰事侵犯之權 鴉片 締約國有未署名或批准一九一二年鴉片公約者允將此約施之實行

第十一節 天空航行

協約國與共同作戰國之飛行器有經過與飛落德國土地之完全自由關於德國飛機場之利用可與德國飛機得同等之待遇關於德國境內之商務可與最優惠國飛機得同等之待遇 德國認允協約國所發關於飛機國籍與飛機資格及飛行家執照之憑券並將該約國及共同作戰國間所立關於天空行之公約適用於德國境內之德國飛機 在德國未加入國際同盟會或上述航空公約以前此項公約可以適用直至一九二三年爲止

第十二節 口岸水道與鐵路

德國對於人民貨物船隻車輛等之前往或來自任何協約國或共同作戰國而行經德國土地者須與以輸運之自由與國民完全待遇 過境之貨品免繳關稅輸價率須公允不得直接或間接視船隻之國旗而定取費之多少或便利之厚薄不得以輸運貿易之管轄稍分歧視並不得有何種間接之歧視 國際之運輸不得留難而易毀之物品尤當予以迅速運行之便利 運費宜統一不得有所區別 凡商務必要之便利宜給予之不得視國際而

異　自由口岸僅許取若干限定之費　自夫爾太伐河與摩爾道河合流處起之愛爾白河與濮萊格以下之夫爾太伐河自與歐沛河合流處起之歐德河以及格洛特諾以下之尼門河烏爾穆以下之多瑙河連其各支流之一部份皆開放爲國際河流　各國人民產業與旗幟須與沿河諸邦人民等受完全平等之待遇各種便利應收合理之費而水道之維持應由國際同盟與國際委員會監視之凡此事件附有條文規定此項委員會不久須集議以準備修改現有暫行契約之計畫　德國須於通告日起三個月內交付一部分江船拖船與材料　多瑙河舊有之委員會仍有戰前之權力惟該委員會中僅有英法意羅四國之代表俟該委員會職權終止時宜組織一國際委員會以管理全部多瑙河上游事宜直至切實律例成立時爲止來因河之深水運河如決定於二十五年內開築則照規定之辦法辦理之　來因河與摩塞爾河各有特別條款一八六八年公約大體今仍有效附有重要之修正中央委員會須在斯特拉斯堡集議以法人爲主席荷蘭爲署名於此公約者之一故修正各點須得荷蘭之同意　三個月內德國須將萊因港內之拖船江船一部分或德國航業公司股票一部分送交法國　德人於一九一四年八月一日在荷蘭洛特丹港所有之建築與拖船等一部分或此種營業之股票一部分亦須交出　法國有完全權利可在邊界全線以來因河流來之水供運河等之用並可辦理傳引動力之工程但須擔負若干付款並得委員會之同意德國允在法國邊界對面之右岸不築運河並許法國享有在右岸設立某種工廠之特別權利但附有償付損失之條件瑞士在來因上流亦可要求同樣之權利　如二十五年內比國決定建築來因末斯之運河德政府應依照比政府所擬之圖開辦在德國境內之工程其經費則由德國各邦分認　委員會如欲以盧森堡政府之同意將其管轄權展至摩塞爾河下游或以瑞士政府之同意展至來因河上游或展至將來開築以利航行之側面運河與水道德國不得反對之　德政府須將享僕與斯台丁兩港內自由區域地租與捷克斯拉夫民國以九十九年爲限期　鐵路　鐵路條款規定由協約國運至德國或由德國運至協約國或行經德國境內者應受所可有之最優惠條件並規定若干鐵路稅則辦法目前德國依照一八九○年瑞

士京城公約辦理道鐵路新公約業已成立德國即須受新約之拘束德國須會同辦理使行客與行李可依優惠條件直接聯運協約國間行經德境車票及關於通車事宜德國須以機械裝配其車輛使可與協約國貨車接合不妨礙輪掣定制 德國須繳出讓與境內路線之裝置及該路所用車輛之適當部分 凡接連甲國兩處而穿行乙國之路線或由甲國行經乙國支路線其應如何辦理由委員會決定之二十年內如有人得國際同盟之同意請德國築造此項路線時德國苟無特殊契約則應將此路築成或隨時勢之必要而改良之以確保協約國與彼協約國間之良好交通 德國應從瑞士與意大利政府之請求取消關於聖戈柴路一九〇九年公約 協約國名義所頒發之訓令關於軍隊材料彈藥等之輸運與糧食之輸運及關於恢復輸運郵電交通之常狀者德國須執行之此係暫時辦法 五年內協約國所議定關於輸運水道口岸或鐵路之任何國際公約經國際同盟國核准者德國允署名認可 爭議可由國際同盟會決定之某種條款如輸運事宜平等待遇之規定類得於五年後由國際同盟會修正之如不修正則此項規定惟對於以互換的待遇施諸國者發生效力 基爾運河 基爾運河凡將來未與德國失和之各國其軍艦商船皆得自由行駛 各國之人民貨物船艦於利用此運河時皆得享同等之待遇所徵各費以維持與改良此運河所必需者爲限德國負有維持與改良運河之責任如有違此項規定或有對此規定意見不同情事則有關係之國可訴諸國際同盟所設立之法庭並可請求委派國際委員會

第十三節 勞動條約

(一)每年由組國際同盟會之各國開國際大會一次提議勞動改良事件以便採行(二)設一管轄團體執行各事並預備大會議事程序又設一國際勞動局以取發消息與報告此局長須對管轄團體負責(三)年會以每一國家各派代表四人組成之其二爲國家代表餘爲工人與傭工者之代表各一人每代表可單獨投票大會有權可以三分之二之多數成立建議案或勞動事件之草約此項成立之建議案或草約必須由每一國家提交有權核准此事之當道以便實行或立爲法律或他種行動如草約經適當當道之核准則該國負有批准及實施該約之義務任何國家有不履行

其義務管轄團體得派委員調查之國際同盟可因調查之報告施行反對背約國之經濟計畫（四）另立專使以阻免與合衆國或其他聯邦之憲法發生衝突　（五）大會爲應合各國氣候特殊或實業未全發達或有他種特殊情形致令勞動狀況於實際上異於他處者之需要起見故於編擬任何條約必須取此異點加以研究此約草案規定第一次大會今年在華盛頓舉行並擬先行組織國際籌備會以便召集開會草約又載有第一次大會之議事程序內有每日工作八小時之議則失業問題與危險工業雇用婦女與幼孩之問題本節附載各締約國對於各方法與主義以支配工價者之確認此項方法與主義各實業社會應就其特殊情形所能行者勉力適用之因勞動不可僅視爲一種商品雇工者與工人同有正當集會之權工人辛金應酌視其時代與國內之生活程度適合人情者而給之凡未採用每日工作八小時或每星期四十八小時之制者宜採用之每星期至少休息二十小時連星期在內幼童宜不要工作而青年工作時間亦限制俾可繼續求學而得體育上之適當發達男女工人同一工作應同一工資各國對於住在其國內之各種工人宜予以經濟上之同等待遇各國制定考察辦法予以保護內有婦孺之工人主義是也

第十四節　保證

西歐　爲保證本約之實施起見來因河以西之國土地與橋端由協約國與其同作戰國軍隊佔守之以十五年爲限如德國履行條約則某部土地連同柯洛恩之橋端可於滿五年時由協約國撤退軍隊某部土地連同柯白倫資橋端可於十年後撤退駐兵其餘土地連同梅恩斯則於十五年後撤退駐兵但若協約國之賠償事務委員會查見德國在佔領時期內或在十五年後未履行其全部或一部之義務則已退出之土地可立即重行佔領之如在十五年以前德國已履行因本約而發生之各項義務則佔領軍可立即撤退　**東歐**　德國軍隊刻在新疆界以東之境內者得於協約國認爲適當時遣回本國此項兵士須免除各項軍役亦不得與聞德國臨時政府所採行關於國防之計畫　**土地之佔領**　關於佔領之各項問題未經本約規定者以將來所締結有同一之效力公約整理之

第十五節　雜欵　德國允承認協約國及共同作戰國與德國及其與國間所締結之各和約及續定公約之完全效力　德國允承認對於奧匈帝國土地處置之決斷並承認協約國所決定疆界內之新國　締約國認法國與芒那科國間一九一八年七月所定之條約　締約國公認凡各委員會之主席遇某種情勢時有決裁投票權　德人前在協約國或共同作戰國所接收或所管轄境內所設立之教會事業得於協約國或共同作戰國派委保管之下繼續行之　德國不得根據和約實行以前之事件向署名本約之任何協約國提出資財上之要求　德國承認任何協約國捕虜品裁判所德船德貨之判決　協約國有權可審查德國捕虜品裁判所之判決本約以法英文爲准應儘速鈐印在巴黎彙集　此係附有關印之各種外交規定　本約於每國鈐印之日起發生效力

自巴黎籌備和議大會開幕時世人幾同如醉如狂慶幸二十世紀之新紀元以爲公理果勝強權人道果獲恢復當不再有侵略壓迫之事矣故近來素被侵略壓迫之民族其狂喜熱度較之強者爲尤高迴顧民國七年十一月十一日北京慶祝戰勝大會之熱鬧即此種愚狂之表現但至今日一再思之則所慶祝者無異一場大夢曩昔所望之公理人道又見絕望而所謂強權侵略將更有張大之勢蓋山東問題我國以對德參戰關係列席和會於是我全國人民均以中德條約既以參戰之結果全行解除而交還膠澳之說又經日本政府兩次正式聲明因此提出和會應由德國直接交還中國誠以膠澳租地本屬我國固有領土不可分拆之一部山東省路鑛權利又爲我國北部經濟集中之要點當時訂立各項中德條約情形在我國實屈於威力不得已而允之今在和會要求將山東權利及租借權交還我中國乃依據國法學上領土完整原則當然不能仍畀德國或轉給日本也且青島命運即我國存亡問題蓋使日人承襲德國之權利除青島一地外山東路鑛

悉歸日人掌握而山東爲京都咽喉握南北中驅日人侵入我遼東據建瓴之勢我北京已岌岌可危今山東復爲所有則北京益在日人包圍形勢中且燕趙地瘠財賦仰給東南日人更得以山東而斷我南北之樞紐則靑島一去而山東不保山東不保北京亦不可保也且前代外患多在北方受其壓迫猶得偏安南渡今則局勢又一變矣倘中日以兵戎相見日人除以主力經由遼東山東兩路攻入破我首都而外尚可由山東分略長江以協助其攻我蘇皖及長江腹地之海軍再以一支勁旅海陸相輔出閩擾粵以牽制我南方援應之師勢苟至此雖求偏安亦不可得然則靑島問題實我國存亡所繫今日人既迫我於死地我國民豈甘爲朝鮮之續惟有捨命力爭何所顧忌於於是我國代表對於和約應否簽押已處於進退維谷之境電致政府請訓而駐義王公使駐西班牙戴公使亦先後電陳簽字之利害閱王使五月八日電云爲表示不平計畫然不能不簽字惟權衡利害之輕重似尙有討論之餘地查國際締約本有不簽字或簽字而將某條款聲明保留原爲消極之作用藉免履行之義務今之膠州事實上早爲日本兵佔據而此次和約條文內之當事人爲日德兩國若因地主之中國不肯簽字可使日德之間發生障礙則不簽字之作用斯有關係如其不然深恐我不簽字於日德間應有之效力既不能變更而中日之關係處置轉多棘手是徒保持日人於條約所得之權利仍可繼續完全享受於承認交還一事轉可藉詞別爲計畫即其對於三國會議所切實聲明等事均可因此變計日後我雖欲向三國責言彼亦振振有詞不負担保之

責任故不但對德問題有國際聯合會之關係是否可不簽字即與條款是否利於保留事關大局不敢不貢其愚誠全權諸公目前情勢為個人計自以不簽為宜若顧及國家豈宜出此云云駐法胡公使五月十六日電陳此次和約不可不簽字情形（一）不簽字於民國七年之約仍難廢（二）和議載明經三大國批准即能實行我之簽字與否實無足輕重（三）國際聯合會於中國國際地位關係綦重此會列在和會首章該會辦法國分三種甲協約國簽字者即為入會之國乙和約開列之中立國由簽字國隨後介紹入會丙德奧等敵國與日入會須俟該會議決我不簽字既自屏以甲種之外列在乙種將來加入尚須審查提議似無把握（四）國際聯合會乃世界和平基礎弱國持以保障獨立故日本不堅持種族問題義全權亦不敢冒世界不韙以期順序入會我若自屏於國際團體之外在勢為孤立在理為背衆仇我者更覺有詞助我者末由援手（五）山東問題英法美大使非無意助我奈英法拘於成約美以堅持種族平等之故不得不徇日本所求事非得已心實無他如不簽字徒傷三國感情（六）此次和約中對於敵國除恢復已失權利外尚可享受協商國公共利益若世界和議告成中國尚處戰爭地位與日單獨媾和恐敵國多方要挾迎拒兩難蹤此六端足見不簽字於山東已失權利仍未收回於中國應得權利轉多拋棄又致外交委員會汪會長電云查我國參戰初意原期列席和會增進國際留地位非專為收回山東已失權利一端此次東事失敗原可痛心顧念和約全部關係我國受益較大至國際聯合尤為重要強如義日且

有還就讓步以期加入敗如德奧猶且抗議運動不甘自外若舍此已得之機會似覺可惜山東縱不簽字仍難挽回而此次憑藉大會之力所有對德恢復各項權利皆應得均霑各項權利勢必一筆鉤銷單獨媾和困難更甚義大利尚不冒致此不韙全權去而復來況在中國云云駐西班牙戴公使五月二十電云膠州問題我國羣情憤激僉主拒絕簽字此事關係太鉅其中利益輕重竊嘗平心靜思此次在大會中並未有意外之失敗況主權完全歸還中國一層既由三國與日議決即可藉商實行交還辦法於我不爲無利約文雖未明載然三國會議言猶在耳且有英外部復函可據日本決難食言即使有所托詞延不履行三國似究不能坐視若不簽字則我國將在聯合國之外勢更孤立而日本以我既未承認則原議自可取消轉有藉口三國憾我不受調停亦將袖手漠視均在意中遠東情勢終須借列强以相牽制未便有傷感情且中日成約並不能因此不簽字而可取消作廢是實際上於前途毫無希望而先使目前對德所獲利益懸而無着似不可貪一時之氣而忽久遠之圖即保留一層無論大會未必許我縱許我保留亦徒畀日以悔翻之餘地我仍無收回之能力其害與不簽字無異等語

我政府接到來電之後再三討論竟主簽字除電令陸使相機辦理外又於二十四日由國務院通電各省區說明情形文曰議和草約事最後主張大體簽字於膠澳問題特別聲明保留詳情已見諫電茲又准專使等電稱保留一層雖經在會聲明而簽約時能否辦到殊無把握倘難如願是吾

決計不簽時期日廹請速裁定並准迭次電稱日本所允交還靑島及早撤兵暨不侵犯開放門戶主義各節迭經在會切實聲明英法當局均担保將來決無變更英外交總長並已來函聲明日本將膠澳連同完全主權交還中國一層係實云云又准駐日莊代辦來電稱內田外部聲明日本對於山東問題當然恪守公法將山東半島及完全主權付還中國中國因參戰所得之有利條件如賠欵之停付關稅之增加莫不極力協助各等語政府熟籌利害草約簽字不難拒絕後對日各約依然存在一切義務仍不能有所解除或減輕是日本之主張不能推翻而於其餘各項先自明示放棄殊爲失算且與協商各國邦交及國際地位均有妨碍同時駐義王使亦來電痛陳利害略謂我不簽字於日德間應有之効力毫不變更日人於條約所得權利仍可繼續完全享受卽於三國會議所允交還各事均可因此變計故不但對德問題有國際聯合會之關係不能不簽字卽關膠澳各款是否利於保留頗待斟酌等語既有以上情形經熟思審慮第一步自應力主保留以俟後圖如保留實難辦到祇能簽字當經徵詢兩院議長及前段總理意見亦屬相同因時期促迫已於昨日電復陸專使照此次青島交涉羣情憤激舉國騷然政府初志本主由歐會直接交還屢經切實提議嗣因義國出會日本青島問題抗爭甚力歐會將成破裂一變而成今日之局政府如爲曲徇輿論計固不妨拒絕簽字後弊害迭見勢必歸咎於主謀之不臧熟權利害再四思維如竟不簽字則嗣後挽救惟難簽字後仍須國會議決元首批准尙不乏操縱餘地惟是國際詳情外間慮難

周悉淺識者幾以一經簽字即同割讓羣潮震盪殆可立見世局難處已極非內外協力負責無以度此難關希將此中詳情相機披露幷詳晰解釋務期了解此時國家爲重地方秩序自應切實維護京師地現已嚴飭主管認眞辦理尙各省區有不肖之徒藉端煽惑務希悉力制止用遏亂萌諸公愛國熱忱艱苦不辭定能一致維持統祈藎籌示敎至幸院敬

民國八年六月二十八日爲和約簽押之日協約諸國全權代表先在威爾薩故宮會集後即請德國兩專使入席至三點零五分宮內各席均滿法總理克理孟梭氏行開會式略謂協約係協商各國政府對於和議條約已表同意其簽押即表忠誠嚴守此約云云克氏說畢即請德意志民國代表先行簽字德代表貝氏等即起立簽字次由威總統及美國代表簽字再次英首相路易佐治及英國代表簽字後則法義日等各國代表簽字惟我中國代表先是已接本國各團體電告如山東問題不達目的萬勿簽押和約而和會對我最後之要求竟不應允致使臨時拒絕簽押茲將我國代表報告拒絕簽字之原電列左以備參考

（銜略）和約簽字我國對於山東問題自五月二十六日正式通知大會依據五月六日祥在會中所宣言維持保留去後迭經各方竭力進行業已電呈在案此事我國節節退讓最初主張註入約內不允改在約後又不允改在約外又不允改爲僅用聲明不用保留字樣又不允不得已改爲臨時分函聲明不能因簽字而有妨將來之提請重議云云豈知直至今午時完全被拒此

事於我國領土完全及前途安危關係至鉅祥等所以始終不敢放棄者因欲使此問題留一線生機亦免使所提他項希望條件生不祥影響不料大會專橫至此竟不稍顧我國幾微體面曷勝憤慨弱國交涉始爭終讓幾成慣例此次若再隱忍簽字我國前途將更無外交之可言內省既覺不安即徵諸外人論調亦羣謂中國決無可以輕於簽字之理詳審商榷不得已當時不往簽字當即備函通知會長聲明保存我政府於德約最後決定之權利等語姑留餘地竊以祥等猥以菲材謬膺重任來歐半載事與願違內疚神明外慚清議自此以往利害得失尙難逆睹要皆出祥等之奉職無狀貽我政府主座及舉國之憂乞明令開去祥外交總長委員長及廷鈞組等差缺一併交付懲戒並一面迅即另簡大員籌辦對於德奧和約 補救事宜不勝待罪之至

祥廷鈞組二十八日

按當時國人對於山東問題所得結果多以一九一五年及一九一八年中日協定條件有因果關係定之而不知日本於一九一七年已與英法義俄四國交換文書（見中國宣戰篇中）約定該四國將在和會贊助日本向德要求讓受山東權利及太平洋領島故此次關於山東問題之三國會議以日英日法日義日俄各密約實爲最有力之障礙以致各該國對於我所提交還理由雖均表同情終爲此約所拘束莫敢誰何而美總統外交不秘密一語又怵於國際間種種關係不能貫澈其主張然使無義大利問題決裂於先美總統堅持之心或可始終一貫五大國各顧其私惟強是

遝所有各案先儘英國其次爲法其次爲義然後及於日本不幸義國各問題中爲飛烏滿案即先破裂日本得乘機爲種種之表示美總統究不能爲中國問題再使日本步義後塵況對義問題有英法之贊成而對日問題則甚覺孤立並聞日本於三國會議迭次堅持之後竟向英法兩國總理致一最後通牒其措詞之嚴重至有英法應遵守一九一七年密約維持日本關於山東各項條件云云蓋美總統甚注意於國際聯盟會之成立乃日本先提種族平等問題以爲抵制該問題美國大息英尤不能容納彼此磋商日本遂讓步而提邦國平等議案英仍不能照允又日本於聯盟股所提各聯盟三個月內不得有軍備一節原係議決通過之案至第十五次會議又經英代表之動議卒致删去英國固注意於日本體面且尚有同盟及其他關係於自國利益既不能稍有犧牲則他國問題當然可藉調劑故日本不惜拋棄其上述兩端之主張以別項問題爲交換英國即不能不以膠澳問題維持日本以向美總統力爭國際專變瞬息萬端似此情形美總統以種種關係卒不能不遷就而日本亦間見及此故致有上述之最後通牒雖然本問題發生之初倘非美國協助則一月二十七日五國會議日本所提要求或於不知不覺之中完全通過亦未可知也

夫我國要求直接交還之目的雖未達到然國民始終不怠一致進行共謀挽回之策而世人對於日本非僅我國人民益加仇視即各國輿論亦爲山東問題均代抱不平僉謂日本之帝國武斷主義更暴露於世界今日種此因子將來當有報果之一日尤以美國爲最如其參議院外交委員會

之迭次開會通過將和約內關於山東各條欵所有日本全以中國代之意即將德國前在山東權利直接歸還我國至其輿論亦如醉如狂實無一日不見鼓吹其所以如是者以美國既倡和平於先又倡公理於後山東問題非僅關係我國生死存亡且關太平洋頗巨而和約又更關世界和平之成敗此正美民不得不主持公理思有以達到倡言之初心無如威總統堅持原案以致惹起民主共和兩黨絕大之紛爭至今尙未平息也

共和黨上院議員對於山東修正案自在預備會試驗投票少數否決之後因贊成反對相差二十票修正案難再提出惟美人仍多不平之聲故共和黨議員麥克柏爾復提出和約保留案約爲六條(一)國際聯盟會之退會(二)國際盟約第十欵之用(三)美國處理內政之全權(四)孟羅主義(五)山東問題(六)國際聯盟會須公正之投票以上六條爲共和黨對於批准和約之新議案又共和黨羅基氏聲稱關於山東問題美國對於日本雖多辯論然恐終歸失敗爲美國計似擬採取少數保留以盡美國之義務可矣聞羅氏之主張頗得多數之贊成而美國輿論亦贊成保留辦法蓋一般美人對於和約中山東條欵向悖不直和會所爲然終以該約磋商數月之久已經美代表簽字若按修正案辦法亦非國際通融之道不若主張保留可以援助中國於實際此爲美人多數之心理延至十一月中旬美參院對於山東保留案果見通過其文曰（美國未能承認和約之第一百五十六款第一百五十七欵及第一百五十八欵而關於中華民國與日本帝國因此三欵無

論發生何種爭論美國自有完全自由行動之主權）此次保留案以羅基氏出力最多查羅基氏素以盡力援助吾國自任即昔年提倡退還美國庚子賠款者吾人尤當特別致謝並爲國人告者也山東保留案經美國上院通過後各國均爲注意聞外交界中人云英法兩國已承認美上院對於和約通過之各項保留條件英首相魯意佐治及法首相克理孟梭均謂現宜於此時承認美國上院之各項保留條件俾和約即時得各國之批准不宜遲延繼續磋議蓋繼議之結果尚未可預料云云上項決定彈交還山東於中國亦包括在內也

第十七節　學生風潮

在巴黎和會青島問題終歸完全失敗之消息傳到我國內以致各界人士無不憤怒日本之專橫他處那論即就京師一方面言之已激起古今未聞絕大之風潮幾乎動搖國本蓋於民國八年五月四日午後突有京中各學校學生三千餘人手執白布旗幟大書特書日人致奪我青島嗚國亡了同胞起來呀中國的土地可以征服而不可以斷送等等字樣均在天安門前會集意欲赴東交民巷進英美法諸使館表示中國學界對於日本佔得青島異常激憤請求諸國維持公理列隊前行至東交民巷西口忽被巡捕攔阻因人口衆多且無中國政府之通知不許通行該學生無奈舉出代表數名分赴各使館接洽其餘衆遊赴東城趙家樓前交通總長曹汝霖私宅強欲入內面見曹氏雖經守衛警察苦言勸阻學生不聽衝開大門蜂擁入內尋找不獲即將家中陳設物品搗毀

以洩其氣氛尋縱火焚其屋並將前駐日公使章宗祥痛打頭部腰背皆受重傷後經警察護送至同仁醫院醫治警廳得訊立派警察及保安隊三百餘人前往鎮攝當場逮捕首事者三十六名其餘學生始漸散去

風潮發生之後各國務員即開緊急會議以討論對待辦法其結果發布大總統命令二件列左

本月四日北京大學等校學生糾衆集會縱火傷人一案方事之始曾傳令京師警察廳調派警隊妥爲防護乃未能即時制止以致釀成縱火傷人情事迨經警察總監吳炳湘親往指揮始行逮捕解散該總監事前調度失宜殊屬疏誤所派出之警察人員防範無方有負職守著即由該總監查取職名呈候懲戒首都重地中外具瞻秩序安寧至關重要該總監職責所在務當督率所屬切實防弭以保公安倘再藉名糾衆擾亂秩序不服彈壓者著即依法逮捕懲辦勿稍疏弛

此令

據內務總長錢能訓轉據京師警察廳總監吳炳湘呈稱本月四日有北京大學等十三校學生約三千餘名手執白旗陸續到天安門前齊集議定列隊遊行先至東交民巷西口經使館巡捕攔阻遂至交通總長曹汝霖住宅持磚亂擲執木毆人兵警攔阻均置不理嗣將臨街後窗擊破蜂擁而入砸毀什物燃燒房屋駐日公使章宗祥被其攢毆傷勢甚重並毆擊保安隊兵亦受有重傷經當場拿獲滋事學生多名由廳預審送交法庭訊辦等語學校之設所以培養人材爲國

家異日之用在校各生方在青年質性未定自當專心學業豈宜干涉政治擾及公安所有當場逮捕滋事學生應即由該廳送交法庭依法辦理至京師爲首善之區各校學風亟應力求整飭着該部查明此次滋事確情呈候核辦並隨時認眞督察切實牖導務使各率訓誡勉爲成材毋負國家作育英髦之意此令

次日交通總長曹汝霖深憂學生再行法律範圍以外之舉動向當軸提出辭職書以平學生之心而謝反對派之仇恨並通電全國說明眞相其呈文及電文如下

呈爲信望未孚責難交集懇請罷斥以謝天下事竊汝霖本月四日上午奉派入府公讌午後二時半回抵東城趙家樓私宅適與駐日公使章宗祥晤談忽聞喊聲甚厲由遠而近勢如潮湧漸逼巷口巡警相顧束手約十餘分鐘突見學生約千餘人破門踰牆而進蜂擁入內遇物即毀逢人肆毆汝霖生父就養京寓半身不遂亦被毆擊旋即縱火焚屋東院房屋爲汝霖起居所在立成灰燼其餘亦悉遭毀損章公使當火發之際倉猝走避鄰舍爲羣衆見執摔地狂毆木石交加頭部受傷九處傷及腦骨流血不止立時昏倒不省人事幸警察廳總監吳炳湘及步軍統領李長泰聞信先後到場强迫解散凶徒飭警護送章公使入醫院調治據云腦筋震動遍體鱗傷性命尙無把握而汝霖宅內暴徒聞軍警捕拿遂紛紛竄散此汝霖因公被禍家室焚毁及章公使同時毆辱重傷瀕危之實在情形也事後探聞各學生集衆暴動理由乃爲青島問題溯及遠因

在民國四年五月七日之二十一條提案近因在民國七年九月二十四日鐵路借款換文以上二事汝霖適當外交之衝市虎殺人以此斥爲賣國卷查二十一條要挾事件汝霖時任外交次長與總長陸徵祥前任該部參事現駐美公使顧維鈞前駐日公使陸宗輿內外協力應付千迴百折際一髮千鈞之時始克取銷第五項經過事實我大總統在國務卿任內知之甚詳不敢言功何緣見罪至於濟順高徐各路借款汝霖比時兼長財政適逢我大總統就職之初政費軍儲羅掘罄盡危疑震撼關係匪輕而歐美各國戰事方酣無力接濟汝霖仰屋旁皇點金乏術因與日本資本家商訂濟順等路借款預備合同並同時要求日本將山東膠濟鐵路沿線撤退日軍由中國自行組織巡警隊保護鐵路又撤廢膠濟沿線民政署諸重要問題一律解决日本顧念鄰交始克成議查合同內第二條但書之調查濟順高徐二鐵路線路若於鐵路經營上認爲不利益時得由政府與銀行協議變更其線路等語又查合同第八條云銀行預備合同成立時對於政府墊借日金二千萬元十足交款並無回扣等語查指路墊款慣例甚多如法國之於欽渝比國之於同成隴海成案具在自可覆按此項合同內亦並無承認日本繼承德國權利之文果係承認日本繼承德國權利則此項鐵路本屬德國權利之內何須另行墊欵始能允此路權顯係路權之外其他不得繼承尤可反證而明況路線聲明可以變更確屬臨時假定斷非許其繼承德國權利與二十一條尤無關係汝霖歷來經手承借日本款項均無絲毫回扣無非欲矯世

俗流弊冀稍有補於國庫不特先例所無竊恐後來借款未必有此優點借欵既為目前財政上不可免之事實則汝霖又何能為無米之炊青島外交日本因有英法維持其繼承德國權利之先約始有强硬主張陸顧專使報告甚詳汝霖决難分過以此歸咎豈得謂平此又汝霖歷辦外交財政交通各事問心無愧被誣賣國萬難忍受之實在情形也伏思汝霖久竊重寄備位閣員際內憂外患之紛乘復衆謗群疑之交集神明內疚淸議滋漸應請大總統立予罷免交通總長本職另簡賢能以謝天下不勝悚惶冀幸之至理合呈請大總統鑒核伏乞訓示施行謹呈大總統中華民國八年五月五日

各省督軍省長都統巡閱使護軍使省議會教育會商會上海和會朱唐總代表各代表各報館同鑒汝霖於本月四日午後二時半由公府歸宅與駐日章公使晤談忽聞人聲喧嚷勢如潮湧由遠而近直逼住宅約十餘分鐘突有學生多人破門踰牆蜂擁入內遇物即毀逢人肆毆家父就養京中病臥在廂亦被毆擊旋即縱火焚屋宅內器物毀損一空章公使被多人捽地狂毆木石交加頭部受傷九處傷及腦骨流血不止立時昏倒不省人事幸警察廳總監及步軍統領先後到場分別捕拿餘衆始紛紛鼠散事後探聞學生集衆滋事原因乃為靑島問題溯及遠因在民國四年五月七日之二十一條提案近因在民國七年九月二十九日鐵路借款換文以上二事汝霖適當外交之衝市虎杯蛇誣以賣國卷查二十一條要挾事件其中第五項關係國權國

人當能記憶汝霖時任外交次長與陸子欣總長暨前任外交部參事顧少川公使前任駐日公使陸潤生總裁內外協力應付千迴百折始將原提之第五項打銷當時雖陸子欣總長負責主持汝霖襄贊斯案不敢言功何來云罪至濟順高徐各路借款乃因彼時中央財政恐慌已極而歐美各國戰事方酣無力接濟汝霖兼長財政無米爲炊因與日本資本家商訂順濟等路預備合同並同時要求將山東膠濟鐵路沿線撤退日軍由中國自行組織巡警保護鐵路又撤廢膠濟沿線民政署諸重要問題一律解决輾轉磋商由國務會議議决定議查合同第二條但書之調查順濟高徐二鐵路線若於鐵路經營上認爲不利益時得由政府與銀行協議變更其綫路等語又查合同第八條銀行於預備合同成立時對於政府墊借日金二千萬元十足交款並無回扣等語查指路墊欵慣例甚多如法國之於欽渝比國之於同成隴海成案俱可覆按中國鐵路除京綏一綫外均係借欵修造管理權自我操該項合同亦與現在已成借款各路合同性質相同並無承認日本繼承德國權利之文果係承認日本繼承德國權利則此項鐵路本屬德國權利之內何須另行墊欵始能允此路權况路綫聲明可以變更顯屬臨時假定更可證明並非許日本繼承德國權利與二十一條尤無關係近年財政困難借款爲國家不能免之事實而外交借款久爲衆矢所歸汝霖所自信者歷來經手借款均無絲毫回扣冀稍有補於國庫案牘俱在不特先例所無竊恐後來借款未必有此優點世間所傳中日各項密約均已由政府宣布其

中有無實國證據國人諒已共見至青島外交日本因于歐戰期內取得英法維持繼承德國權利之先約始有今日强硬之主張陸顧等專使報告甚詳當專使赴會之初閣議提出修改稅則收回領事裁判權免除庚子賠欵撤退京津駐兵各問題關係國家命脈至今未聞專使有所提議僅就青島手續虛耗半載近以意國退出和會外交形勢一變消息日趨險惡舉國駭惶汝霖亦未嘗不太息痛恨於我全權未能審愼機先致陷我國地位於困難之境也汝霖待罪閣員自應同負責任惟是他人嫁禍重誣賣國實難忍受名譽爲第二生命用將實在始末情形縷晰奉聞以免訛傳滋生誤會至青年學生不明事實不辨是非血氣未定受人煽惑軼越常軌其行爲雖觸犯國法其心迹亦自屬可憫所望嗣後主持教育者補偏救弊盡心啓牖不至以學生爲黨派私人供政爭之用尤願各學生辨別是非不爲浮言所動供人利用以盡心於學業則汝霖今日雖因誤會而犧牲身家章公使因誤會而幾瀕於死對於青年諸生尤有厚望於將來也汝霖久竊重寄無補時艱內疚神明外慚清議業已呈請大總統立予罷免交通總長本職另簡賢能以謝天下特電布達即祈公鑒曹汝霖蒸

當時大總統因曹氏爲公受累不准其請而各省當道亦多來電勸慰茲將五月八日之大總統指令及各省電文摘要彙列於下

呈悉據述歷辦外交財政交通各情形該總長從政有年體國公誠爲本大總統所深識流言詆

毀致釀事端馴至燬屋毆人擾害秩序該總長因公受累實疚於懷業經明令將當場逮捕滋事各生及疏於防護人員分別懲辦時艱孔亟倚畀方殷務以國家爲重照常供職共濟艱難所請應毋庸議此令

奉天張巡閱使電　交通部曹總長鑒此次京師學生藉口外交以不法之行爲作無意識之舉動國事如此可爲寒心我公磊落光明不但對於交涉無失敗之可言即關於借款亦無絲毫之沾染公道猶存天壤是非自在人心至於少數人之鼓簧大抵別有私見無足計較我公明達不待贅陳自來當局負重之人未有不遭議謗者德高謗來古今同慨伏望爲國惜身善自珍衞共維大局云云

張家口田都統電　交通部曹總長鑒本月十四之事殊出意外是非自有定論公法天昭天壤時艱孔亟正賴維持幸勿稍萌退志爲禱云云

湖北王督軍何省長電　交通部曹總長鑒我公謀國公忠舉國共諒而對於青年學生尤示淵涵之度宏濟艱難非異人任此朝野所同爲屬望者也爲國珍重馨香祝之云云

山東張督軍電　曹總長鑒我公歷辦外交折衝樽俎久爲同人所共佩此次變出意外子産遭謗伏波受讒古今同轍可爲扼腕乃尤殷殷爲彼學生惋惜襟度淵涵詢非人所能及遙天引領不盡欽馳云云

至教育方面教育總長傅增湘亦引咎自責提出辭職呈文當經元首慰留而學生受人慫恿益現强硬態度各學校皆派代表至北京大學開會組織聯絡機關並議決呈請政府速將被拘學生釋放在未釋出以前一律罷課以示堅意於是京師總商會爲之特開臨時大會議决一面呈請政府俯允學生請求一面電致我國在巴黎之專使文曰今聞五國會議將青島及鐵路交與日本國權喪失全國惶駭人心憤激萬難承認祈速向和會堅持力爭務企直接交還我國萬勿簽字云云而章宗祥在醫院中亦命其夫人具書呈請國務院釋放學生大致謂宗祥此次被學生毆傷一事其原因總係外間認宗祥有不滿意於國民處所使然以故特請政府下令將被拘學生即日釋放等語因此政府即責任各校校長至警廳暫行保釋靜待法廳判决惟須各學長担保學生上課至學生釋放之後各校經教育部說項一律照恒開課

除學商兩界之外北京報界對於青島問題亦一致鼓吹無日不攻擊日本並由報界同志會會長萬國新聞記者俱樂部會長京津時報社長汪建齋代表北京報界電致巴黎英美法三國和議委員請求持主公道其電文如下

巴黎中國公使館轉威爾遜總統路易喬治首相克里孟素總理鈞鑒北京中國報界於昨日特開會議以中國要求將膠州及德國以前所有租界悉數交還中國一事英法美諸國應表同情設或不成則將來野心政治家尤得肆其妄爲荼毒東亞人民今山東一隅旦夕不保雖婦孺皆

明大勢無不痛心疾首也自國際聯盟之發起及一千九百十四年密約之宣布歐美政治家咸以爲强權之末路而强國之以弱國爲俎者亦因之而結束也今我國民已醒悟甘言誘我非所受也中國報界因此特訴諸全球及世界同業新聞家切勿膜然視此爲等閒之事願予以公言協助中國如昔日之鼓吹歐洲以脫離强權之羈絆也設無法解決則擬仿二十五年前遼東半島之贖回辦法施諸山東而我國民無論貧富皆當犧牲一切以求恢復我故土也

細察當時一般人士對於學生界四日舉動之議論均以各學生方在青年血氣未定一爲愛國之說所激自易發生軼出範圍之動作故雖肇出意外之事端而內外人士猶爲之曲意保釋者正爲此也惟自學生保釋之後外間一部份好事挑撥之徒猶造爲一種奇特之謠言若實行解散大學兵圍大學付之一炬等說以冀再挑起學生之感情而便彼坐牆觀火且有一派政客欲利用學生界推倒新交通系（曹汝霖陸宗輿爲該系中堅）之勢力藉收漁人之利以使本派乘機竊取政權於是教育部特下部令頒發京內各學校文曰查學生在校修業期間一切行爲言動自爲束身法則之中不得軼出規範以外乃本月四日因外交問題本京各校學生聚集一二千人開會遊行竟至釀成事端殊堪驚駭本部爲維持秩序嚴整學風起見用特切實通令各校對於學生當嚴盡管理之責其有不遵約束者應即立予開除不得姑寬以敎士習而重校規此令不意北京大學學生首先固結團體違抗部令仍然積極進行分乘汽車上插小旗書有勿忘青島急起直追字樣遊行

街市以促國人之注意而其他諸校學生隨聲附和仿效大學辦法各自組織講演團分途遊行沿街向衆演說散給傳單其言詞皆爲驚告同胞促醒國民惟其間亦有不明事實者未免被人暗中利用藉排日之舉攻擊政敵而認曹汝霖陸宗輿章宗祥三人爲最要之目標查曹陸章三人係日本留學生出身精通日文熟悉日本情形在前清末季歷任京官修改法律鼓吹憲政迨至民國後任政府要職贊助國際交涉及改良司法當日本提出二十一條要求案時曹任外部次長陸爲駐日公使皆適當其衝對於交涉全案平心而論以實情言之無不全力襄助政府修削要求條款圖保國權惟因國勢過弱且日本已加入戰團與英法諸國均爲協商國而美政府亦爲德國潛水艇擊沉本國商船案件專心對德交涉於是我國實處於孤立之地位萬難抵抗絕對拒却不得不稍行退讓據歐美外交家評論皆謂於表面上中國似歸失敗推其實際則認日本失敗蓋查日本要求案二十一條欵多半權利已爲日人所得此次不過展加年限而已如中國一旦轉弱爲強自可設法收回否則亦無挽回時期至其餘者除第五項已作爲懸案之外以弱國與強國交涉所失無幾可稱外交之成功焉茲將陸宗輿呈請解職呈文附列於下以明眞情

呈爲瀝陳歷辦交涉情形以待公評懇請免去幣制局總裁以謝國人事竊閱近日報紙喧傳謂歐洲和會之青島問題我國外交將見失敗應歸咎於曹章陸三人交通總長曹汝霖已陳情在案章使尚在病危而宗輿則交卸使任已閱四年久居閒散並未經辦交涉何能有賣國行爲務

夜徬徨百思不得其故無已則惟有將在使任時所經辦之膠案等大要陳述以質公論第一則攻膠問題方日本之對德宣戰攻膠灣也宗輿適在使任即主張宜以中英日三國聯合攻取時袁大總統頗採此議嗣日外部八月十五日面遞節略謂日英政府以中國既守中立不必預戰惟若中國自生內亂英日爲保持東亞和平起見當相平亂此時則惟望中政府能自保秩序而已是宗輿因詰加藤外相以攻膠主旨所在謂無佔領土地野心宗輿謂既無佔領土地之心將來貴國攻得膠灣必當還我此時即無謝絕合攻之必要彼謂藏望貴國於開戰之地予以便利而將膠灣爲還付中國之目的當可於今日聲明當時宗輿聲明如有內亂中國自能戡定毋勞代平一方面即據以達部而爲後日得議青島應由日本交還中國條約之張本者也其二則山東戰區問題當彼攻膠之始日本要求戰區甚大幾及全省嗣經曹次長汝霖與宗輿內外磋商十餘次扣住假道一言始將戰區範圍極力縮小僅爲登陸必經之地決不使以滿洲日俄之戰區爲比例其時山東留日學生亦來使署質問宗輿曾告以外交事毋取空談激昂如戰區等問題得縮小一縣即萬人受其福聞者亦爲感動此膠戰縮小戰區之問題之一段落也其三則即因歐戰發生二十一條案之五號問題五號條件關我國權至大國人皆能記憶然民國四年五月初五日東三省已布戒嚴令初七日愛的密敦書之來忽將五號撤去此雖由於日政府猶有顧念邦交之意而所以致此者究何因也當時外部參事顧維鈞方策意欲以西洋制東洋故頗

利用西報利用英美其時日外部因此倍加激昂謂日本非打破李鴻章以夷制夷之故策不可因亦對我再接再厲宗興則知能顧全東亞大局之人日本大有人在固已早爲之所至五月初四初五極不得已時勢不能不對其有心有力之要人力陳利害爲秦庭之哭惟事關機密現尚未便盡宣顧彼實因是感動提議撤銷五號者也其時曹汝霖任外交次長與宗興內外堅持文電俱在可以覆按此固賴有顧全東亞大局之人乃得復歸和平俾我國權得以保全非區區一人可以言功但若使臣祇知意氣而戰禍頓開抑或聽其要求而國權盡喪雖欲處我誤國之罪而國家已抵危亡則今日和會有無列席之資格已屬疑問更何論乎和會專使外交之若勝若負也至於前年春季命再游日本實爲探訪對德宣戰之機宜因與彼邦朝野預爲接洽交換意見與曹汝霖章宗祥力主對德宣戰認爲有利國家陳說於我大總統及段總理始克力排異議決定參加協商當預計時之國利尙有自定關稅收回領事裁判權取銷庚子賠欵及使館界撤兵等問題因爲此重大之宣戰且日本允還庚子賠欵業經日外部面告章使矣乃迄今和會專使了未提及上項問題而僅將靑島還付之手續鬨煽全國責難鄰邦自知弄巧成拙乃委過於巴黎寄廣之政客北京卸任之公使宗興等雖欲任咎亦有未敢冒任承者也至於幣制總裁任內惟阪谷顧問一案關係日人但阪谷係汪大燮上年赴日爲專使時所面請而又爲梁啓超財政總長任內所約訂阪谷來京時汪梁且面告以公早來華一日則中國幣制早發一日之曙光

至曹汝霖長財政宗輿任幣制局時則轉請阪谷綏來論以親日資格汪梁爲優而陸曹媚日頭銜日人方面或恐未願容許也惟衆口足以鑠金解官當能止禍宗輿既未能見諒于國人尙請早日罷免以謝國人不勝屏營切禱之至所有瀝陳下悃及請免職緣由理合呈請大總統訓示施行謹呈大總統中華民國八年五月九日

呈悉該總裁瀝陳在駐日公使任內辦理膠州案件如歸還膠澳縮小戰區等事具臻妥協其於二十一條案件與前外交次長曹汝霖協力挽救所全尤大至對德宣戰問題尤能見機事前多方準備有裨大局該總裁等相從辦事有年勛勤夙著未可以流言附會致掩前勞當茲時局艱屯正賴同心匡翼所請免職之處著毋庸議此令

北京學生團對日舉動既見日益激烈尤以北京大學爲最甚該大學校長蔡元培畏責任之難免遂向大總統提出奉職無狀懇請辭職呈書出走京門以示決意引退於是高等專門各校長決議步蔡後塵一致辭職當經教育部將呈辭發還而大總統亦以指令留蔡然大學學生仍懷疑慮發起開學生聯合會提出實行罷課議題說明若各學校不贊成罷課則北京大學定必單獨實行各學校深恐以後行動分離均蒙不利乃尤大學之請政府爲保維公安勸導學生起見發布大總統命令二道如左

前因北京大學等校學生糾衆滋事釀成縱火傷人重案當經令飭京師警察廳總監隨時力圖

防弭以保公安近日外交經過事實政府自必開誠宣示俾釋羣疑惟是謠詠滋多人心浮動影響所及易滋搆煽京師爲根本重地各友邦使節所在尤應切實防衛以期弭患銷萌著由京畿警備總司令督同步軍統領京師警察廳總監軍警督察長京兆尹等等一體認眞防護共維秩序遇有糾衆滋事不服彈壓者仍遵照前令依法逮懲其餘關於保衛治安事宜均責成該總司令等悉心調度妥慎辦理至各省區地方治安該管督軍省長都統責無旁貸並著切實籌維勿涉疏弛是爲至要此令

近年以來民智日新人知愛國此爲吾國文化增進之徵第愛護國家則必遵重法律若勵學之年質性未定其始傳聞誤會亦激於愛國之誠而流弊所極乃至破壞秩序淩蔑法紀而不恤甚爲諸生惜之凡茲莘莘學子皆國民優秀之選夙習文教當知大義須知綜持政綱責任有屬以言愛國同此心期惟當挽濟艱屯端在持以鎮靜稍涉紛擾恐速淪胥名爲愛國適以誤國況秩序安寧足覘國家統治及人民自治之能力尤必審愼維持踐圖上理自此次通令之後京外各校學生務各安心向學毋得干預政治致妨學業在京由教育部在外由省長同教育廳長隨時申明誥誡切實約束其有不率訓誡糾衆滋事者查明斥退總期成德達材及時效用異日敷陳政論共抒謨猷是固國家無窮之望其共勉之此令

然學生對於大總統命令仍不過問堅守會約相繼罷課以致教育總長傅增湘不願陷入苦境猝

上辭呈突然出京元首無法維持即令教育次長袁希濤代理部務特下命令二道以釋全國羣疑並誥誡學生文曰

國步艱難外交至重一切國際待遇當悉準於公法京外各處散布傳單集衆演說前經明令申禁此等舉動係由青島問題而起而羣情激切乃有嫉視日人抵制日貨之宣言外損邦交內緊威信殊堪嘅喟抑知青島問題固肇始於先清光緒年間德國藉口曹州教案始而強力佔據繼乃訂約租借歐戰開始英日軍隊攻佔青島其時我國尚未加入戰團猶賴多方磋議得以縮小戰區聲明還付迨民國四年發生中日交涉我政府悉力堅持至最後通牒始與訂立新約於是有交還膠澳之換文至濟順高徐借款合同與青島交涉截然兩事該合同規定線路得以協議變更又有撤退日軍撤廢民政署之互換條件其非認許繼續德國權利顯然可見曹汝霖迭任外交財政陸宗輿章宗祥等先後任駐日公使各能盡維持補救之力案牘具在無難覆按在國人不明眞相致滋誤會無足深責惟値人心浮動不逞之徒易於煽惑自應剴切宣示俾釋羣疑凡我國人須知外交繁重責在當局政府於此中利害熟思審處視國人爲尤切在國人惟當持以鎭靜勿事驚疑倘舉動稍涉矜張轉恐貽患國家適乖本旨所有關於保衛治安事項京外各該長官自應遵照迭次明令切實辦理仍着隨時曉導咸使週知此令

國家設置學校愼定學程固將造就人材儲爲異日之用在校各生惟當以殫精學業爲唯一之

天職內政外交各有專責越俎而代則必治絲而棼譬一家然使在塾子弟咸操家政未有能理者也前者北京大學等校學生聚衆遊行釀成縱火傷人之舉政府以青年學子激於意氣多方啓導冀其感悟直至舉動逾軌構成非法行爲不能不聽諸法律之裁制而政府咎其暴行憫其蒙昧固猶是愛惜諸生意也在諸生日言青島問題多所誤會業經另令詳切宣示俾釋羣疑諸生爲愛國計當求其有利國家者若徒公開演說嫉視外人既損鄰交何裨國計況值邦家多難羣情紛擾苟有挾過激之見爲駭俗之資雖凌蔑法紀破壞國家而不恤潮流所激必致舉國騷然種所託命神州奧區坐召陸沉以愛國始以禍國終彼時蒿目艱危雖追悔始謀之不臧嗟何及矣諸生奔走負笈亦爲求學計耳一時血氣之偏至以罷課爲要挾之具抑知學業良窳爲畢生事業所基虛廢居諸適成自悞況在校各生類多勤勉向學以少數學生之憧擾致使失時廢學其痛心疾首又將何如國家爲儲才計務在範圍曲成用宏作育茲於大義正告諸生於學校則當守規程於國家則當循法律學校規程之設未嘗因人而異國家法律之設亦惟有依罪科罰不容枉法徇人政府雖重愛諸生何能偭棄法規以相容隱諸生劬業有年不乏洞明律學之士誠爲權衡事理內返良知其將何以自解在京着責成教育部在外着責成省長暨教育廳督飭各校職員約束諸生即日一律上課毋得藉端曠廢致荒本業其聯合會義勇隊等項名目尤應切實查禁糾衆滋事擾及公安者仍依前令辦理政府於諸生期許至重凡茲再三申諭固期

有所鑑戒勉爲成材其各砥礪濯磨毋負諄諄誥誡之意此令

同時內務部亦通電各省區至切誥誡文曰查自靑島問題發生以來我邦學子感於外界之激刺發其愛國之熱忱奔走呼號不遑寧處冀以國民之朝氣策助政府之進行用意至深殊堪慰許惟是愛國之道應以擇術爲先旣以拯救祖國爲前提應有恪守範圍之表示若夫徒尙意氣激生事端招友邦之責言貽國家以鉅患是其志願本欲愛國而其行動適成禍國之媒當非莘莘學子所忍出此諭背之懼原爲血氣所同第救國之方當求正軌無益之舉必誤歧途本部有維持治安預防危害之責用特掬誠相告俾期弭患無形邦人君子其鑒斯言除分行外相應電請查照轉飭布告各屬一體周知是爲至盼

自大總統命令發表後學生聯合會卽開緊急會議討論辦法議決各校學生所組織之講演團仍赴街市演說惟不題靑島問題亦不說抵制日貨專以勸人愛國宜用國貨爲演說之要旨以爲恪遵總統命令之至意並決定如有學生因之被捕卽全體赴該管官廳聽候處置又發刊一小報名爲五七（意卽不忘日本於五月七日提出二十一條要求案）以代演說至次京中各街市處處見有執旗演說及販賣國貨分送報紙之學生於是警備總司令部步軍統領衙門見京師警廳因學生衆多恐其肇事立派保安警察馬隊四出彈壓先勸學生勿再演說以免妨碍交通繼見學生終不服從加之地方秩序頗形紛擾仍將實行講演員派保安隊送至北京大學法科前後約有千餘

名之多而法科大學周圍更由軍警支棚露宿武裝防護並電告教育部派員到場管理當時京中輿論如益世報國民公報晨報等對於學生舉動甚表同情故警廳按照戒嚴法第十四條將益世報查封國民公報晨報暫行監視發稿並分致布告與京中各報社文曰查自青島問題發生以來各校學生奔走呼號引起一般人民之浮動本廳以其激於愛國熱忱始終和平對待所以曲諒各學生者已無微不至乃近日風潮愈演愈烈散布傳單之不已進而集衆演說進衆演說之不已進而相率罷課復有一種五七報之組織並不呈報本廳遽行出版其中論調偏激鼓煽爲多長此紛紜地方治安將無維持之法迭經京畿警備總司令部本廳遵奉內務部令先後布告懇切詰誡禁阻在案須知愛國之心人所同具救國之道擇術先若徒尚意氣激生事端是外交之挽救未能而秩序之安寧先擾愛國之舉適爲禍國之媒報界不乏明達之士當已早見及斯報紙爲輿論代表對於該生等一切舉動自當是者是之非者非之其有踰越範圍之處尤當以正論糾正之庶不負新聞家之天職若不獨不加糾正又從而鼓動激盪之將來風潮寧息迄無其時就地方而言則妨害治安就學生而言則曠廢學業於愛護國家親愛學生之本旨豈不背馳本廳爲維持治安尊重言論起見爲此布告各報館嗣後務宜愼重登載勉爲公正健全之輿論則所俾益者大有不僅本廳跂望歡迎者矣先特此布告

代理教育總長袁希濤既得警信即與警備司令步軍統領警察總監熟商善後辦法先由各校長

將各學生分別領回本校再行設法恢復原狀不意一波未平一波又起各省商埠如上海天津漢口蘇州寧波一得京中學生被拘電音大抱不平相繼響應一律罷課其影響可及發現各地工商界實行罷市停止營業以表示與學生同情而居民亦相約不買日貨於是各地方設法勸慰而著名民黨鈕永建對之亦抱悲觀通電各處教育團體及各學校勸導學生云北京學生之行動雖出於愛國之至情但愛國之餘竟至拋棄學業吾人實不敢贊同夫中國之所以陷於今日之狀態者由於道德之頹廢及教育之不振我純潔之學生諸君正宜乘時勵學求道以養成他日之大匯如驅於一時之公憤致疏其寶貴修養之期間則將來國家難免於衰頹將不啻自種惡因所望全國學生注意斯點而有以早復學業爲國家根本上之救濟云

學生風潮既見日益擴大曹汝霖陸宗輿章宗祥三人爲除口實以維名譽起見特具呈元首堅辭職務元首雖挽留甚殷無如三氏去志堅決各向大總統聲言但求於大局有裨不惜犧牲個人地位至於爲公受謗其是非曲直可靜待日後世人公評現時不必爭辯云云於是元首俯允照准茲將陸氏辭呈附列於下以備查考

呈爲因病懇請准免幣制局總裁以資調理事竊定與前曾瀝陳下悃懇予免職猥蒙批令慰留幷荷明令宣示宗輿等歷來辦事情實手續之餘感悚交併當此風潮激盪之時疑謗叢集之際重勞我大總統曲加愛護固知受賜於無窮安敢求全於靡已惟是非毀譽久久自彰關於小己

者固重而與大局相衡苟可息事寧人則區區進退政府又何可靳惜況自海通數十年來凡當外交之衝者幾悉爲衆矢之的其間經歷不得已之情形非至時過境遷事實漸著則功罪無由而分即公論無由而定現歐洲和會將終遠東角逐方始世界目光咸注我國凡稍知大勢者當能有所覺悟宜可泯除政見羣趨一致以籌對付之策何忍更藉外交問題以爲傾軋之具長此相持誠恐蹈瑕抵隙者窺伺於旁馴至行政用人悉受他力之支配始則由黨爭以引重外力終則因外力以顚覆國家以名愛國實爲禍國以此救亡是爲速亡朝鮮覆轍痛史具在而宗輿尤有懼者禍中於大局釁啓於一人宗輿不敏何以堪此是小己之進退甚輕而關於大局者足重此可以不能不爲再三之瀆者也迭絡面懇未邀亮察近復感受外邪精神躁動腦力擾亂非加調攝不足以恢復原狀中西醫家悉主靜養以免變症爲此披瀝上陳伏乞鑒察准予免職以資調理不勝屏營待命之至所有懇請准予免職緣由理合呈請大總統訓示施行謹呈大總統

曹陸章三氏去職國内仇日舉動猶未平息而國外留日學生爲爭還青島一事亦在東京肇事以愛國之故反受異族司法裁判實爲傷心之極試閱下列函電即可知其情矣

莊代辦電（銜略）留東學生疊發通强佔使館開國恥大會璟珂恐惹日人誤會釀成國際交涉屢次婉曲堅拒各情業經先後電達外交部各在案電發後一面刊布説明單並摘要登報復張監督召集各同鄉同窗諸會長懇切說諭諄諄剖釋幾於舌敝唇焦方冀該生等知可悔悟則事

可消滅無形不意該生等執迷不悟傳單屢發仍堅持成見不顧大體本午十二時遂聚百餘人由神田青年會集合向使館方面出發各持國恥紀念日白旗揚言雖死不辭本日不達佔館開會之目的日本警視廳早經得訊立即添派警士幸得憲兵之協助四路解散十二時五十分又有學生二百人在德國使館前集合而來被警察拒絕前進折回日比谷公園向美國大使館出發三時又有學生一百餘人到美國大使館門內外會同由日比谷公園前前來之學生合共五人分往英法美俄瑞士國等各使館强求謁見各大公使一路日警尾行不肯稍懈其先鋒旗被日警取去作証四鐘又有學生六百人由葵橋來至校門前與日警衝突手持凶器鬪不乏人遂將日警手部砍傷登時被捕十人帶往警署此外為日警衆遣退四鐘半又有學生總代表四人來署要求謁見適璟珂進宮致賀之時學生聚有二百餘人不依解散日警遂認為有害治安依令强制解散之中有學生三人亦因抗拒被逮此本午至四鐘半學生騷動之情形查學生熱心愛國志固可嘉唯按照日本法律已有干涉政治之嫌况為國恥紀念為名强借使館倘因此而牽及國際交涉誰能負責使署拒之不聽監督勸之無效警官逮捕而以凶器相抗約至毆傷兵警觸犯法綱要皆璟珂事前預防無效事後處置乏術其責其咎因無可辭唯有辭職待罪除祇候鈞部訓電外懇速另派代辦即日來東接替以重職務並懇將本電登報公布以釋衆疑再新代辦未到任以前璟珂當率同館員勉持館務不敢稍怠職守祇待復命代辦莊璟珂七日

江監督電　北京各報館轉政學各界　公鑒五月七日留學界風潮之起也其始由於假國恥紀念為名要求使署假地開會庸當以使署萬難允許之故召集同鄉同國各會長剴切曉諭並以去就相要卒不見聽不得已宣布辭職並電請政府另派替人意在引咎並非卸責然使默然而去於此事之是非不一置辯則諸生將以種種惡名加於庸之一身此則庸有所不忍受且不敢受者不能不為我國人詳言之也一國之內各有主權所在自不容他人反抗易地而觀理有同然然則留日各學生所處之國為何國乎居其國之地域服其國之校服而昌言雪恥以排斥其國家則國之令行禁止固意中事耳庸到任以來所以為留學諸生謀便利假地以開會議者屢矣而獨於此假地之請不敢曲從者誠以反抗之舉決為彼國所不許知其不許而故請之請而不許則是失個人之名其事小喪國家之體面其事大也各生見不及此中於客氣不能中止遂發生異想以為使署乃特有治外法權之地不受駐在國之干涉群起要求不問使署之承認與否遍發傳單期在必遂致激成五月七日之惡劇使我青年士子遭縲絏之辱者凡三十餘人一恥未雪復添一恥嗚呼恥矣竊思留學各生所持之見解其誤點有二一曰不知國內國外之區別在國內者無論舉動如何暴烈言論如何憤激其所害者本國之治安所受者本國之裁判於國體固無所損至國外則屬他國主權所及之地處於其主權之下而反對其國家其結果必受其國之禁止與懲罰如此次兵警之捕拘微特直接辱及學生個人之身名抑且間接辱及國

家之體面此固不能與國內學生肇事之案相提並論其誤點一也一曰公使監督之地位不能與學生同一態度何也公使代表國家除與駐在國斷絕國交下旗歸國外確無顯然反對駐在國之理倘允學生所請假地開會是無異於一種斷絕國交之表示不將發生國際上之交涉問題耶至監督以管理學生爲職責而我國留東教育旣由政府委託於彼國則負管理之責者自不得不與彼國教育行政各機關各學校相接洽倘監督亦不問事理是非而附和不特嗣復學務棘手抑且重違國家委託之意而學生悍然不顧此其誤點二也吾人愛國誰無此心然其同者心理不同者方法也乃首事者以同其方法與否爲愛國不愛國之別反辱相譏觀聽易淆恐聞者昧於事實之眞相者終不免有以是爲非以直爲曲者此庸所以不敢安於緘默也狂瀾欲倒挽救爲難是非曲直能無辯別敬請國人爲我判斷令特此宣言並乞明教留日學生監督江庸八日

各報館政學各界公鑒留學諸生憤於外交之失敗以五月七日要求使署假地開會以籌雪恥之法事旣未遂乃聚集千餘人整隊執旗示威道上致干警令旋被拘捕辱我國體累我青年恥且增甚雪於何有庸也身爲監督自審責任之所在不敢放棄故於事前竭力譬解並以去就相要約以期息事事後又不敢不宣布意見以冀諸生幡然憬悟使學界秩序歸於寧靜前電具在想我國人猶憶之也乃者諸生鬱憤之餘繼以遷怒以爲事變之起庸不應阻止於前宣布於後

也於是攻訐之不足則繼之以誣衊馳函駁詰之不足則繼之以傳單近以擾學界之安甯遠則亂國人之觀聽此則庸之名譽所在責任所存不容不亟以辯之也彼罪庸者其詞有二一則謂日警捕人出於庸之指使試思被國領土以內其警察執行職務猶必待外國官憲之指揮則其國之主權將孱弱至於何地且庸又何故而爲越俎之謀乎使被捕而在監督處據可說也今在通衢大道之上叫囂奔走一方干涉一方抵抗交鬨不已遂至見繫此萬目共覩之事而謂實使之豈非大謬也耶繼則謂青島直接還付問題庸對於吳一峯柳飛雄二人曾有反對之言論庸抵東以後其職守限於管理學務已耳政治上外交上之一切問題自有負其責者主持其事庸又何故犯思出位之訓以謀之且留學生之研究政治通達世界大勢者亦夥矣又何爲獨對於一二學習工業之學生而語以國家大計耶試問數月以來庸對於政治有無如何之建議對於公衆有無如何演說其他則新聞雜誌紀載歷歷其中有無如何之宣言而乃不顧事實不論情理趁外交緊急民氣勃興之時强爲之辭以行其誣衊之計其甚者至加庸以賣國之名稱庸自顧生平經歷並未一厠足於外交界以過去言則司法事業上並無賣國之事跡以現在言則教育事業上又無賣國之機會抵任以來爲施行學務起見與彼國之教育家以及行政機關往來酬酢感情融洽固無庸諱然與外人並未訂一合同借一款項謂之賣國其誰信之庸抵任以前一年之間大小風潮凡十次東渡後盡心籌措孜孜不敢怠以迄於茲肇事之案此其第一次耳

倘庸而脂韋梯滑以希容悅事前不禁阻事後不勸誡則決不至於拂諸生之怒以一身為衆矢之的如今日者顧其如責任何也庸奉國家之命而來此此無異諸生之父兄師保以其管理之權授之我也倘於一事之起初不譬以利害使之改變終不曉以事理使之悔悟俾我留學界日陷於意氣用事眞理泯滅之境則庸即無異於逢惡長惡之人上之將無以對國家下之亦無以對諸生之尊長庸所懼者在此不在彼也諸生迷而不悟以好為讐忠告之言等於仇敵初則以勸止學生開會為賣國近且以撫慰受傷學生及援用裁判手續救濟被告為市恩指謫交加莫知所適庸也德薄能鮮既無以善其始復無以持其終日夜旁皇曷勝內疚已歷電請政府免其現職但念學界秩序日亂一日今日之事如此他日之事可知後此一年一開會一會一風潮滅裂之患恐尙有甚於今日者我國人其有以挽救之否也聊布愚衷敢希明察留日學生監督江庸五月十七日

北京大總統總理外交教育總長鈞鑒海北寺街灃陽會館王俊各報館寒電懇撤莊江係全體一致決議總務幹事葛學民已於文日辭職寒電竟敢冒稱總幹事挽留江庸否認寒電及宣言衆憤極日法庭已將保釋胡俊趙雲章七人判決徒刑初二起執行莊江坐視懇火速嚴重交涉務達取消人心洶洶勢難久待和約萬勿調印撤莊江懇解決詳情郵呈外派姚薦楠面陳留日學生總會叩昭

我國內外學生爲青島問題作此排日行爲然而日人猶不退讓更於激烈時由駐京日使照會外交部請求取締於是政府內外相迫內閣愈形動搖以致徐大總統頗覺爲難突於六月十日咨行國會辭職次日議院開會討論僉謂依約法第四十四條大總統不負國務上之責任此次徐總統引咎自責國會無法受理議定由王李兩議長將咨文齎府送還並面致挽留之意惟東海未允收受仍交王李帶回至晚王李二氏特備一函封送國務院大意謂准大總統咨文辭職查我國採取責任內閣制度大總統無辭職明文相應送請察收等語當時段合肥除發通電致各省主張一致挽留外亦入府勸慰請不辭職謂公如一去大局何堪設想東海頗爲動容後得各省來電一致挽留至是東海辭意始行打銷至內閣方面錢總理亦决計辭職時開臨時閣議討論結果即向大總統遞呈總辭職書除陸總長未在京曹傅兩總長已免職外其餘閣員一律簽署大總統接閱後先問合肥可否出山段力辭不就後命財政總長龔心湛暫代而學生風潮漸見和平矣

按此次學生風潮鼓盪全國毆辱現任公使焚燬閣員宅邸尋至工商罷市士子輟學人言嘖嘖皆謂此次風潮與某黨某系有關係余雖不敢深信唯以林宗孟先生歷次之演說及其重要人物之奔走運動觀之則亦不能無疑焉可異者當報紙發見詆毀在巴黎之某首領爲賣國賊不一週間而都下機關報羣起辨護於不知不覺之間移花接木某首領賣國之頭銜遂轉贈於曹陸章矣尤可異者曹陸章之賣國爲山東高徐濟順鐵路也某首領之賣國爲公同管理鐵路也而公同管理

鐵路問題又適爲曹陸所反對吾人猶記曹任交通時反對外交委員會主張之公同管理鐵路案觀其春藕齋會議主張七不可之演說及交通部呈請撤銷外交委員會電報之呈文未嘗不嘆其所見之正當表同情於曹之反對公同管理鐵路而竊嘆彼主張公同管理鐵路者不知是何居心也迨公同管理鐵路問題既爲社會所不直於是外交委員會汪林諸君子深爲煩惱未幾而學生風潮藉青島問題以起矣原夫青島問題與二十一條交涉有聯帶關係吾人業於二十一條交涉篇中詳論之矣二十一條交涉之時日本既宣言還付青島於中國矣迨巴黎和議開會我國全權委員勞顧提出青島問題並要求取消二十一條於是惹起中日間之齟齬致爲第三者所利用雙方全權再接再厲各趨極端迨意國退出和會和會形勢一變日本遂利用此機單刀直下英則助之法則中立而美遂變爲孤立乃不能不聽日本之主張而中國全權之主張乃完全失敗矣吾全權亦知不能慎之於始致僨國是也乃思嫁禍於人之計遂電報政府謂此次和會主張失敗之原因一由於一千九百十七年二月日本與英法已有青島應歸日本交換之密約一由於一千九百十九年九月我國當局與日本政府對於高徐濟順鐵路有借欵築造之換文遂使美無從爲力云云此電一出外交委員會即利用之以陰謀報復於是張大其詞鼓吹學子使全國之怨集矢於曹陸章吾國人向多盲從不暇考求問題之歷史與夫報復之內幕以誤傳誤開會演說突然演成五月四日之慘劇其後學生方面雖稍知其誤然大錯已鑄勢成騎虎利用者又從而鞭策之激動之

利之惟恐風潮之不大陰謀之不成也初則思倒閣而代之迨閣倒矣而各方面頗詗陰謀終難達其權目的乃不惜倒行逆施爲兩敗俱傷之計知軍閥之靈魂在新交通系新交系之頭腦則爲曹陸章故推倒曹陸章即推倒新交通系軍閥派無新交通系即失其靈魂而表面上又毫無侵害軍閥之嫌疑間接且可獻殷勤於舊交系爲將來政治上之拉攏故此次風潮不知者以爲出於學生之愛國其袒曹陸章者且謂學生徒逞血氣干預政治爲不合而其實皆爲陰謀派活動以推倒新交系爲目的直接報復反對公同鐵路案間接排斥一有力之政敵其用心之高妙手段之陰辣眞不可及也彼曹陸章者平日自負爲新式官僚負外交時望故攻擊者即從此點入手加以親日派之頭銜賣國黨之徽號利用國人排日之心理且使失聲譽於歐美外交界推翻其根本立脚點以殺其政治之性命陰謀派此舉眞可謂大告成功矣獨惜青年之學子拋其寶貴之光陰榮譽之生活始終居於被動而不自知冒越常軌之名爲他人製造地位且永留一恐怖歷史於社會是則大可憾也

至民國九年一月十一日協約國與德專使各將本國政府批准之和平條約正式交換即生效力是以駐京日使奉本國閣令於一月十九日赴我外交部晤陳部長提出關於山東問題之節略一件惜其原文關於外交秘密暫時不能公表大意分爲三段第一聲明平和條約現在發生效力日政府擬根據履行從前屢次宣言將青島交還中國第二關於山東善後各事主張由中日兩國組

織委員會商議解決第三日本軍隊在山東鐵道線內駐紮不必待新約成立即可撤退並希望中國組織巡警隊保護鐵路在組織未完備以前日本軍隊爲保持兩國合辦事業起見暫時不撤云當經陳部長答以此案關係重大暫時不能將中國政府所持方針有所表示云云至我國民氣對之極爲激昂政府所接各處來電均反對直接交涉

第十八節　長春案件

民國八年夏間吉省軍官高士儐等爲吉督孟恩遠經中央政府調京內用一事集兵長春意圖反抗以致發生中日兵士衝突一案查此案頗相當吉林風潮緊急時吉軍陸續向長春方面開拔至七月中旬有旅長高俊峯所部一團到長時南嶺已有吉軍大隊駐紮故暫以二道溝俄操場曠地幕營至十九日下午忽有日本南滿鐵路長春站站夫船津由該軍幕營處經過該軍軍士以幕營線內不得任意通行囑其他往該日人不服因之互相鬥毆致日人受傷日本守備隊聞信即派大隊副官住田中尉帶兵四名又出動武裝兵隊三十名以將校指揮開至吉軍幕營左近嗣由日本大尉松岡入營交涉當經該團第一營營長告以此事或係第二營兵士所爲惟第二營營長因事外出容查明辦理而日軍官要求立即調查該營長方擬請日軍官入帳休憩突聞槍聲數響該營長初意爲兵士擦槍走火正驚視時又聞多數槍聲雙方已開始攻擊該營長等高聲喊令停止無效於是中日將校遂向四處走散該營長擬赴旅部報告又爲日軍拘留至二十日始行釋放旋有

長春日本守備隊派將校兵士二十名携機關槍前往援助又長春日兵站副官山內帶日兵三十餘名又長春車站吉井軍曹亦帶部下五名前往併力向吉軍背面射擊吉軍漸向北方四散退却高旅長陶道尹及日本領事館員聞信先後馳往竭力勸阻方始停止射擊至死傷人數日本方面據長春日領署調查死十八名傷十七名中國方面據該團長等事後檢查死排長一員目兵十一名傷十四名事後經高師長與日領議定暫時辦法六條大旨均關華軍撤退問題所有長春團軍除裴其勳所部馬部二百五十名仍留駐外餘悉開離三十五里以外我國政府聞信即派專員前往吉省希即在吉就地解決奉天張巡閱使亦派員前往接洽惟因當時吉省風潮正烈高士儐從中作祟以致未能見諸實行及吉事平靖奉天張使乃與駐奉日領赤塚先行商酌嗣由日本外務省決定將此交涉案在北京奉天長春三處分頭接洽即凡屬於我國中央政府應行接洽之事件由駐京日使小幡氏向我國外交部提出概括之要求案凡交涉中之關於東三省者由駐奉日總領赤塚氏與張巡閱使協商凡關於此案交涉發生地點者之事件胥由駐長日領村上氏與吉林當局接洽之至九月八日下午四點三十分鐘駐京日使小幡氏奉日政府之訓令偕同西田參贊到我國外交部親向陳次長面交日本要求文件大意如左

一、民國八年七月二十二日之大總統命令外交部交付日本公使以表明遺憾之意

二、東三省巡閱使張作霖對於奉天日本總領事謝罪

三、懲辦當日肇禍之兵士及其將校
四、懲辦當日參加於此事體之警察及其指揮者
五、中國整頓軍事及軍事行動大操等事經過寬成子(長春)地點須先通知日本領事
六、死者遺族給償卹金傷者給醫藥費

以上六條其第一條屬於北京範圍在京交涉第六條屬於吉林範圍在長春交涉其餘二三四五等四條均屬奉天範圍之內其第一條先經雙方磋商意見極爲接近我國外交當局允俟交涉全體告竣時可以履行至第六條須俟奉省議有結果始可開議是以奉天方面最關緊要由張巡閱使派交涉員關海清與日本赤塚總領事聲開談判對於上列第三第四兩條無甚討論惟對於第二條關交涉員謂大總統業已發明令處分肇事軍隊之師長其中已含有道歉之意我國代表全國者祇有大總統一人何必又要巡閱使賠禮至對於第五條則謂日本軍隊通過我國境地須由日本通告我國而我國軍隊欲通過日本境地亦應由我國通告日本惟寬城子爲我國完全領土我國軍隊通過本國境地當然無通告日本之必要云云磋商再三方由我國提出對等之要求近聞交涉之結果除第一條已由京中辦理外第二條之道歉一層改由巡閱使以私函致日總領事請其轉達傷斃家屬表示惜悼之意此函已於十一月二十九日發出第三條之懲處滋事軍官兵士一節業由鮑督查出三名按照軍法辦理第四條之申斥長春埠巡警亦由長春道尹查明保護

不力之警察傳署面加申斥並儆戒其將來第五條一再改正當將條文易爲東三省軍隊應由巡閱使以最切當之方法儆戒將來對於日軍不得發生此項暴行等語又在長春商辦第六條之償邮一欵亦經陶道尹與駐長春日領商定共給日金二千元由其自行支配如何開支我不過問已由省公署令行財政廳速行撥付至我方提出之對等要求條件請日總領事嚴令駐東三省日軍遇有事端應請由日領事與我地方官商辦嗣後不得率衆持械巡行交涉致生前項枝節聞日總領事對於條文字面略加修正即照換文方法由日總領事以照會致巡閱使署大略謂接閣貴方面希望之件本總領事深表同意云云此項交涉由是完全解決

第十九節　福州交涉

長春案件方告結束福州交涉忽起查福建與日領台灣僅一水之隔日人垂涎已久因無良機可乘不能逞其野心直至八年我全國學生爲青島問題發生排日舉動後日人痛恨在心在閩日僑竟致行兇殺傷市民事後日政府非但不嚴懲兇犯以平人心反派軍艦駛入福州於是激起我國人民之公憤致交涉愈形困難誠爲可惜茲將八年十一月二十五日北京益世報所載福州日僑逞兇殺人案列下以明眞相

在閩日人頗多無賴之徒平日開設煙館私當動輒尋人起釁蠻橫無理最近該國天長節舉行提燈會竟闖入城內肆行叫囂及種種不規則行動經交涉署與其交涉甫了該國領事復提出取締

排日舉動四條(一)以督軍名義出嚴重之佈告(二)解散排日運動之機關及其團體(三)凡揭載排日記事之新聞勒令停止(四)保護買賣日本商品之保証我官廳爲媚外人之計亦即允從照辦詎該日人得寸進尺以中國官廳雖已曲從而學生商民方面仍事抵制日貨不遺餘力因懷恨於中本月十六日所有居留福州之日人羣集日領事署開會議決殺害學生以爲報復之計遂各往鐵器舖購鐵尺撲刀等兇器以蒼霞洲台灣公會中亭街平和電燈店爲集合機關先派數人梁於安樂橋以瞭望是日爲星期日青年會開演說會畢學生數人由會散出欲往過安樂橋友人家祝壽甫至安樂橋下新橋頭福聚樓飯館前突有數日人由後將前行二人用鐵尺刀砍下受傷撲地不起後行者急逃回青年會報告行走不及復被擒住攢毆市民見狀大譁欲前勸阻而大義橋新橋頭安樂舖復有日人百數十人各持兇器蠭擁而至將市民擊傷數十人中有小學教員某由大橋趨過亦被擊傷青年會一聞此信立即調集童子軍十餘人趕出同時警察第四署亦派武裝警察二十名馳至又有軍署憲兵十餘人路過該處一併上前救援被毆學生該日人見人衆各出手鎗四面亂射共放二百餘響童子軍遂退回青年會該日人復闖入會中開鎗有美國人段仿華(童子軍教習)出阻被日人擊傷腿部又有數日人將毆傷之學生四人用繩綑縛拖入附近安樂橋下順記洋菜館中將大門緊閉由上將酒罐頭椅卓什具等擲下復有數日人將行路者一人及清鄉處丁役一人亦拖入中亭街平和電燈店中用鐵尺亂打遍體鱗傷後經紅十字會向其索

回抬回醫院城內接到四署電話報告李督軍即派軍隊二營警察廳派武裝警察一隊乘汽車馳至擾事地方以學生被禁順記樓上遂將該菜館大門破開擁入當場拘護日人七名中有領事署警察長陸軍少將一人係在場指揮者當即將受傷各學生車送塢尾性醫院診治被拘之日人交由交涉署派探役四人會同日警數人帶回署中釋放當兵警擁入順記洋菜館內傷兵警十三人中有武裝警察史姓一名身中數鎗抬入城中至軍門前畢命同時兵警又於中亭街口拘獲日人三名一名福田原藏（日人刋行之時報手民）一名興津良郎（日人刋行之時報記者）一名三木小四郎（福新街日本館主）送交第四署暫行拘押城台各商店於是晚起即一律罷市次早（十七日）各學校亦一律罷學上午九時復有數日人持鎗各處擊打行人兵警亦莫如之何查十六日行兇中國學生之日本人及台灣籍民其姓名雖不能一一詳記然據官廳所查得者大略如下

在大橋開鎗擊斃巡士史孝亮之日本人名福田源藏當場爲我國警察捕獲在其手中奪獲手槍一枝在田磘搗毀順記菜館之日本人爲江口善海外山元三郎大森政春門脇富次李鴻江片由清夫滿茂律太郎等七名當場捕獲均有兇器由交涉署送交日領事署在田磘開鎗射擊人民之日本人爲興津良郎手執五響手鎗三木小四郎手執小刀其他尚有台灣籍民蔡雨全蔡國家郭阿魚陳元楊編允明棍楊頭詹匏萬張甘坤李四訓蘇有慶陳阿孤陳君吳豆達辛維藩徐廸坤鍾萬青王阿猴何燦萬成洋行之羅某榮記洋行之古某鍾郎恩第二十九人均於十六日持械行兇

者為警察廳調查所得籍交交涉署請為交涉懲辦乃日昨日領事照會王交涉員專責中國官廳對學生排日行動不寔行取締祇以官樣文章之示諭敷衍了事等語而置行兇之日人及台民於不問故閩人甚為憤慨各團體各社會假省議會議決四條(一)電請政府向日政府交涉撤換駐閩日領事(二)新領事來閩時應向中國官廳道歉(三)死傷損害一切賠償(四)此次擾事禍首及在塲兇手被捕者應由中日司法官會審懲辦二時半開國民大會到者七八千人當將該四項宣佈經衆表決推舉省議會議長林翰為國民大會代表向李厚基請求李允諾即行電京請政府向該國公使交涉是晚國民大會發出傳單略謂本日議決四項事體經本會臨時代表面謁督軍請求電達中央嚴重交涉已蒙面允即行照辦合亟通告倘希各界共維秩序照常開業靜候解決云云因此各商店各學校已於十八日一律開市開課矣

日政府得報即派嵯峨軍艦往閩示威至二十三日夜有台灣籍民李士永向寧波船行竊被船夥擒毆日本領事即以藉口復於二十五夜同艦長到交涉署向王交涉員要求兵士登陸游行經王交涉員嚴詞拒絕日本領事又提出種種條件交涉員又復嚴拒少頃日本領事與艦長告辭而去二十六日上午九時即有陸戰隊四十人上陸先到領事署少頃出署日人及台灣籍民尾隨者約數十人散隊而行該隊四五人即雜以日本人及台灣人數人先到倉前山游一週次過大橋入福新街馬路由洋中亭口折而上中亭街至台灣公會午餐午後又向上杭街下杭街等處游行傍晚

始回台灣公會宴飲罷即回艦中二十七日上午十一時又登陸該隊計五十七人整隊而行前一人持日本國旗爲前導由東門前入至東來閣登樓小甜嗣復起行經高節里大墻根東街鼓樓前西門街至公園攝影後遂出城時已一點半復赴台灣公會宴飲日本軍艦於二十六二十七兩日泊於鼓山邊夜用探海燈窺探城台

閩省當局對於日本海軍登陸進城旣經再三阻止無効特電外交部請向日本抗議外交部遂照閩督來電派熊秘書赴日使署向小幡質問而小幡答以此次日本派艦赴閩實因福州人民仇日起見不得不派之前往以保護日僑生命財產中國要求撤退不能照辦至對於日人行兇一節頗含袒護意思藉口須先調查事實眞相再行答覆因此我政府除電調海籌軍艦駛往馬江駐泊以定人心外復電令駐日莊代公使向日政府提出抗議嚴重交涉結果先由中日兩國政府各派專員赴閩調查肇事之眞相俟得詳細報告後再行正式辦理是以我外交部遣本部參事王鴻年日政府派松岡洋右書記官共赴福州實地調查見該地方甚屬平靜不至再有危險始由日政府於十二月三十日電允將軍艦撤回並在東京北京福州三處聲明如左

帝國政府曩因福州事變突發之結果該地形勢極爲險惡深恐對於我國僑民仍頻加迫害特不得已派遣軍艦赴該地以膺我僑民保護之任惟最近接報告之旨該地情況漸歸平穩當無上述之懸念帝國政府深加考量特於此際决定先行撤退該地之帝國軍艦此純由帝國政府

考察實際情況自進而所決定者也帝國政府衷心切望中國官憲對於各地秩序之維持與我僑民之保護更加一層充分之盡瘁幸勿發生事態使帝國政府為保護我僑民利益之被迫害再至不得已而派遣軍艦焉

福州事件發生後我全國人民莫不怒氣沖天在京學生特發起游行大會各處散佈傳單語多激烈警廳深恐此種舉動貽人口實曾函知教育部轉訓各學校其文錄下

教育部訓令第六二零號案准京師警察廳函開此次福建問題發生本京各學校學生發起遊行大會所散傳單內有催促對日本宣戰並有日奴及日本小鬼等語殊覺過行激烈查福州日人暴行一案政府正在交涉中交涉要素以理為先手續有次第詞氣緩急試一繙閱東西各國外交史其程序無有不如此者福建交涉今方開始即亦何至於戰戰之一字在兩國交際上同為至不幸之事無論何國當其未至於戰時舉國人民固無不日日以此事為危懼而未有以此為冀幸者也至於對外舉動尤宜出於文明即如此次歐戰英德兩國在報紙上彼此互相詆祺而對於國家暨種族上之名詞稱道一如平日彼以已成交戰之國家表示猶復如此何況中國對日彼此尚在交涉時間而遽出之以激烈是徒貽人口實而反無補於事機為此函達貴部務希轉飭各該學校學生愛國之心要當持之以恆不容操之過蹙對於國際上之言論務當力守文明不可流於偏激致使交涉上別生他項枝節總之該學生等此次舉動既曰愛國即當保持國家地位之尊嚴要使政府交涉得以著著進行而後愛國之眞目的乃易得達此則本廳與貴部對於該學生等同一勤勤勸勵之用心也相應檢同傳單數紙函請查照辦理並希見覆等因並附傳單十一件到部查原函所摘出傳單內詞語殊屬過形偏激此次各校學生出外遊行嚴守秩序既足表愛國之忱又無逾軌之舉惟傳單內此等詞語雖屬一時激於義憤究未免失於檢點實恐徒貽外人口實轉妨援助外交本義衛國固

貴義勇要宜以沈毅出之方爲有用警廳所稱各節實足爲正當之忠告合卽據情令行該校務須愷切勸導各該學生嗣後勿得散佈此種偏激傳單致引起外人注意執爲詰責之端斯爲至要總之人方無理於我世界必有公論國權所關政府亦斷不肯漠視萬不可取快一時尤而效之啟人輕視是則本部所爲諄諄勸誡者也仰卽遵照宣示切切此令中華民國八年十二月二日教育次長代理部務傅嶽棻

至十二月七日學界又在天安門內開國民大會各界與會者約達四萬餘人以學生爲多對於福州問題議決六個條件要求政府照辦(一)更換駐福州日本領事(二)由日政府謝罪(三)慰恤死傷同胞(四)懲辦行兇日人(五)日政府保證此後僑華日人不得攜帶武器(六)懲辦駐閩日領事署警長云云至人民直接對待日本辦法有三(一)禁止米糧出口(二)組織抵制日貨永久機關(三)由國民大會宣言廢止中日一切密約等條並由各界各推一人組織委員會執行以上各事由是學生團查禁日貨極形出力致存有日貨之商賈無法應付呼籲警廳警廳遂函請教育部阻止教部據之訓令各學校文曰

准京師警察廳公函內開據內右一區署報稱本月七日各界人民在天安門前開國民大會經衆要求商會會長各商號於三日內將所存日貨完全禁賣由該會長簽字負責並推出各界代表數十人組織一臨時委員會專事調查日貨以防私賣復據內左一區署外右一區署先後報稱有學生多名在東安市場廊房頭二三條大柵欄一帶凡洋貨商店逐家囑附將所存日貨一律收起不准再賣三日後如再查見定將原貨焚燬捕拏重罰各商到區環請設法等情查國際慣例兩國國交未至破裂時一切國際上之行爲均須受所締條約之拘束我國與日本通商載在條約福州問題方在交涉之中青島問題亦在力爭之際中日國交現時並無更變通商條約當然有效國民但言抵制日貨已與國際慣例相衝突政府本不能認爲合法行爲

即國民以感情之衝動對於日本貨物不願購買亦祇能限於各個人之志願不能强迫他人以必從況各商號原存貨物代價已付就物權上論所有權業已轉移在交戰國家戰利之品以物權已屬自身且將因以利用不顧物之屬於敵國所產拋棄而消滅之如此次我國處分德奧船隻即其明證中日交涉方當進行而遽欲舉未購入所有權業已轉移之物或擱置或毀損之是非抵制日本直將擾累各商有此理乎且調查京師商店所存日貨其資本之數大致可佔全市三分之一以現在市面蕭條金融停滯乃欲舉全市三分之一之資本盡强其拋擲於無何有之鄉試問現時商力何以堪此各學生不負責任空言犧牲抑何不思之甚也總之對外交涉以理爲先公理可憑我國自有能伸之日若必徒逞意氣先自紛紜在人無毫末之傷在我有邱山之損甚或授人以柄害事貽譏各學生愛國初志將成背馳是亦各學生所當自省者矣本廳始終本曲諒各學生之心不欲遽加干涉用特詳細函達貴部即請竭力阻止不得再有前項情事如各學生不能聽從則本廳以保護商業維持治安之必要行使職權加以干涉亦各學生所自取也等因到部除分令外爲此令仰該校即便查照切實阻止各學生等不得有擾及商店妨害市面情事並諭誡各該生徒等毋得加入各界從事調查等事務致廢學業仍將辦理情形具報此令

中華民國八年十二月十日教育次長代理部務傅嶽棻

按此次福州事件其曲在日固已爲吾人所洞悉及各友邦所公認吾國學生因此激動愛國思想作一種愛國之運動此亦爲國家應有之現象嗣經教育部發出阻止學生查禁日貨之訓令後各校學生遂遵守謹愿恢復上課靜待政府之交涉而我國政府方面雖經外交當局駐日莊代使向日外部提出嚴重抗議日外務省不過爲敷衍之答復並要求調查眞確後再議我國當允其請派出王鴻年爲調查員日外務省亦派出松岡會同赴閩實地調查迄今尚未竣事在未正式交涉以前未便宣布眞相將來若何結束則非記者所能知本書亦祇得至此告終結耳

敬啟

『民國專題史』叢書，乃民國時期出版的著名學者、專家在某一專題領域的學術成果。所收圖書絶大部分著作權已進入公有領域，但仍有極少圖書著作權還在保護期内，需按相關要求支付著作權人或繼承人報酬。因未能全部聯系到相關著作權人，請見到此説明者及時與河南人民出版社聯系。

聯系人　楊光
聯系電話　0371-65788063

2016年3月28日